# CONTROLE DA EFICIÊNCIA DO GASTO ORÇAMENTÁRIO

ANA CARLA BLIACHERIENE

*Prefácio*
Adalberto Americo Fischmann

# CONTROLE DA EFICIÊNCIA DO GASTO ORÇAMENTÁRIO

Belo Horizonte

2016

© 2016 Editora Fórum Ltda.

É proibida a reprodução total ou parcial desta obra, por qualquer meio eletrônico, inclusive por processos xerográficos, sem autorização expressa do Editor.

Conselho Editorial

Adilson Abreu Dallari
Alécia Paolucci Nogueira Bicalho
Alexandre Coutinho Pagliarini
André Ramos Tavares
Carlos Ayres Britto
Carlos Mário da Silva Velloso
Cármen Lúcia Antunes Rocha
Cesar Augusto Guimarães Pereira
Clovis Beznos
Cristiana Fortini
Dinorá Adelaide Musetti Grotti
Diogo de Figueiredo Moreira Neto
Egon Bockmann Moreira
Emerson Gabardo
Fabrício Motta
Fernando Rossi
Flávio Henrique Unes Pereira

Floriano de Azevedo Marques Neto
Gustavo Justino de Oliveira
Inês Virgínia Prado Soares
Jorge Ulisses Jacoby Fernandes
Juarez Freitas
Luciano Ferraz
Lúcio Delfino
Marcia Carla Pereira Ribeiro
Márcio Cammarosano
Marcos Ehrhardt Jr.
Maria Sylvia Zanella Di Pietro
Ney José de Freitas
Oswaldo Othon de Pontes Saraiva Filho
Paulo Modesto
Romeu Felipe Bacellar Filho
Sérgio Guerra

Luís Cláudio Rodrigues Ferreira
Presidente e Editor

Coordenação editorial: Leonardo Eustáquio Siqueira Araújo

Av. Afonso Pena, 2770 – 15º andar – Savassi – CEP 30130-012
Belo Horizonte – Minas Gerais – Tel.: (31) 2121.4900 / 2121.4949
www.editoraforum.com.br – editoraforum@editoraforum.com.br

| | |
|---|---|
| B648c | Bliacheriene, Ana Carla |
| | Controle da eficiência do gasto orçamentário / Ana Carla Bliacheriene; prefácio de Adalberto Americo Fischmann. Belo Horizonte: Fórum, 2016. |
| | 252 p. ISBN 978-85-450-0146-1 |
| | 1. Direito financeiro. 2. Direito administrativo. 3. Direito constitucional. 4. Gestão pública. I. Fischmann, Adalberto Americo. II. Título. |
| | CDD: 341.38 CDU: 336.2 |

Informação bibliográfica deste livro, conforme a NBR 6023:2002 da Associação Brasileira de Normas Técnicas (ABNT):

BLIACHERIENE, Ana Carla. *Controle da eficiência do gasto orçamentário*. Belo Horizonte: Fórum, 2016. 252 p. ISBN 978-85-450-0146-1.

*Dedico este livro a todos os que labutam nas áreas de controle interno e externo da administração pública no Brasil, com minha mais honrosa admiração pelo trabalho hercúleo, paciente e persistente que realizam.*

*A tantos que me permitiram chegar até aqui. À minha família por estar comigo, sempre...*

*Aos meus queridos alunos que inspiram minha estada e produção na academia.*

*Que os homens de amanhã que aqui vierem, tenham compaixão dos nossos filhos e que a lei se cumpra.*

(José Silva Guerra [candango e operário], 22 de abril de 1959 – inscrição, encontrada em 2011, no concreto do teto do Salão Verde do Congresso Nacional, por ocasião de uma reforma)

# SUMÁRIO

LISTA DE ILUSTRAÇÕES ..................................................................... 13
LISTA DE ABREVIATURAS E SIGLAS ............................................... 15
PREFÁCIO ............................................................................................... 17

## CAPÍTULO 1
## HISTÓRICO E FUNDAMENTOS DOS MODELOS DE GESTÃO PÚBLICA E DO CONTROLE DA *RES PUBLICA* ............................................................................................. 37

1.1     A Gestão Patrimonialista como o primeiro modelo de gestão da res publica ............................................................. 37
1.2     A Gestão Burocrática (GB) ou Gestão Pública (GP) como segundo modelo de gestão da *res publica* ............................ 41
1.3     A Gestão Gerencial ou Nova Gestão Pública (NGP) como terceiro modelo de gestão da *res publica* ............................. 44
1.4     A Gestão Societal ou Novo Serviço Público (NSP) como quarto modelo de gestão da *res publica* ............................... 51
1.5     Evolução histórica da gestão e controle da *res publica* no Brasil ........................................................................................ 55
1.5.1    Do patrimonialismo monárquico à reforma desenvolvimentista de 1967 ..................................................... 55
1.5.2    Reforma gerencial da década de 1990 ..................................... 70
1.5.3    A reforma administrativa pós-reforma gerencial: Gestão Social, Gestão Societal ou Nova Gestão Democrática ........... 79

## CAPÍTULO 2
## CONTROLE DA ADMINISTRAÇÃO PÚBLICA E SUAS CONCEPÇÕES ................................................................... 101

2.1     Da Relação entre descentralização e controle ...................... 101
2.2     Classificação e tipos de controle dos atos administrativos .. 116
2.3     *Accountability* e controle: por que e o que controlar ............ 122

2.4 Conceito jurídico do controle ................................................. 132

## CAPÍTULO 3
## MODALIDADES DE CONTROLE DO PATRIMÔNIO E DAS POLÍTICAS PÚBLICAS DO ESTADO ................. 143

3.1 Avaliação para Administração Pública ............................... 146
3.2 Proposição conceitual jurídica para tipos específicos do texto constitucional ....................................................... 152
3.2.1 Fiscalização contábil ............................................................. 154
3.2.2 Fiscalização financeira ......................................................... 157
3.2.3 Fiscalização orçamentária ................................................... 158
3.2.4 Fiscalização operacional ou auditoria operacional .......... 161
3.2.5 Fiscalização patrimonial ...................................................... 164
3.2.6 Legalidade e legitimidade ................................................... 164
3.2.7 Economicidade ..................................................................... 166
3.2.8 Eficiência ................................................................................ 167
3.2.9 Eficácia .................................................................................... 169
3.2.10 Efetividade ............................................................................. 172
3.3 Controles administrativos e controle interno .................... 175
3.3.1 Controle interno *stricto sensu* ............................................ 181
3.3.2 Controle interno *lato sensu* ................................................ 185
3.3.3 Ouvidoria: entre o controle interno stricto senso e o controle social ....................................................................... 187
3.3.4 Outros mecanismos de controle interno stricto senso ..... 191
3.4 Controles político-democráticos ......................................... 192
3.4.1 Controle do Poder Legislativo ............................................ 192
3.4.2 Controle do Poder Judiciário .............................................. 195
3.4.3 Controle exercido sobre a Administração Pública pelo Ministério Público ................................................................ 202
3.4.4 Controle exercido sobre a administração pública pelo Ministério Público que atua junto ao Tribunal de Contas ....... 207
3.4.5 Controle exercido sobre a Administração Pública pelos Tribunais de Contas ............................................................. 210
3.4.6 Controle exercido sobre a Administração Pública pela sociedade ....................................................................... 224

DESAFIOS E CONCLUSÕES ............................................................ 233
REFERÊNCIAS .................................................................................... 239

# LISTA DE ILUSTRAÇÕES

Quadro 1    Instituições Propostas pela Reforma Gerencial do Estado de 1995
Quadro 2    Variáveis Observadas na Comparação dos Modelos
Quadro 3    Tipologia dos Controles dos Atos Administrativos (segundo a doutrina de Gestão Pública e Ciências Políticas)
Quadro 4    Tipologia dos Controles dos Atos Administrativos: Tipologia em Bergeron (1965)
Quadro 5    Tipologia dos Controles dos Atos Administrativos: Tipologia de Censio (1976)
Quadro 6    Tipologia de Braibant, Questiaux e Wiener (1973)
Quadro 7    Tipologia de Giannini (1981)
Quadro 8    Tipologia de Hely Lopes Meirelles
Quadro 9    Tipologia de Odete Medauar (1993)
Quadro 10   Tipologia Proposta
Quadro 11   Áreas de Disputa Conceitual do Termo *Accountability*
Quadro 12   Paralelo entre os Conceitos de Eficiência, Eficácia e Efetividade
Quadro 13   Insumo-Produto
Quadro 14   Evolução do Posicionamento do Ministério Público nos Textos Constitucionais
Quadro 15   Processo de Consolidação do Tribunal de Contas no Brasil
Quadro 16   Síntese dos Principais Sistemas Mundiais de Controle de Contas
Quadro 17   Atribuições dos Tribunais de Contas
Quadro 18   Funções dos Tribunais de Contas

# LISTA DE ABREVIATURAS E SIGLAS

| | |
|---|---|
| **ABO** | Associação Brasileira de Ouvidores/*Ombudsman* |
| **AC** | Ato Complementar |
| **AGU** | Advocacia Geral da União |
| **ANOP** | Auditoria Operacional |
| **BGU** | Balanço Geral da União |
| **CGU** | Controladoria Geral da União |
| **CISET** | Secretaria de Controle Interno |
| **COAF** | Conselho de Controle de Atividades Financeiras |
| **COSO** | Comitê de Organizações Patrocinadoras |
| **CRFB** | Constituição da Republica Federativa do Brasil |
| **ESF** | Entes Supremos de Fiscalização |
| **FHC** | Fernando Henrique Cardoso |
| **GB** | Gestão Burocrática |
| **GP** | Gestão Pública |
| **IBASE** | Instituto Brasileiro de Análises Sociais e Econômicas |
| **IFAC** | *International Federation of Accountants* |
| **LC** | Lei Complementar |
| **LDO** | Lei de Diretrizes Orçamentárias |
| **LOA** | Lei Orçamentária Anual |
| **LRF** | Lei de Responsabilidade Fiscal |
| **MARE** | Ministério *da Administração Federal e Reforma do Estado* |
| **MCCE** | Movimento de Combate à Corrupção Eleitoral |
| **MP** | Ministério Público |
| **MPTC** | Ministério Público do Tribunal de Contas |
| **NAP** | Nova Administração Pública |
| **NDA** | Novo Direito Administrativo |
| **NGP** | Nova Gestão Pública |
| **NSP** | Novo Serviço Público |
| **OCDE** | Organização para a Cooperação e Desenvolvimento Econômico |
| **ONG** | Organização Não Governamental |
| **PAC** | Pedidos de Ação de Controle |
| **PAEG** | Plano de Ação Econômica do Governo Castelo Branco |
| **PBQP** | Programa Brasileiro de Qualidade e Produtividade |
| **PPL** | Plano Plurianual |
| **SECIN** | Secretaria Central de Controle Interno |
| **SEPLAN** | Secretaria de Planejamento da Presidência |
| **SEST** | Secretaria de Controle das Estatais |
| **SFCI** | Secretaria Federal de Controle Interno |
| **SGP** | Secretaria de Gestão e Planejamento |
| **SIAFI** | Sistema Integrado de Administração Financeira do Governo Federal |
| **SIGA** | Sistema Integrado de Gestão Administrativa |
| **TCE** | Tribunal de Contas do Estado |
| **TCU** | Tribunal de Contas da União |

# PREFÁCIO

Fico muito honrado pelo privilégio de ter lido a versão original e poder constatar a feliz sinergia resultante da sólida formação jurídica da autora, combinada com sua relevante experiência profissional, agora como Diretora do Departamento de Recursos Humanos da USP.

A obra que nos é apresentada pela professora Ana Carla Bliacheriene é extremamente didática e esclarecedora. O foco está centrado no controle da execução orçamentária, tema de máximo interesse para gestores públicos e cidadãos. Em suma, o texto oferece importante contribuição para o aprimoramento da relação entre o Estado e a Sociedade.

Cada vez mais os cidadãos contribuintes e usuários dos serviços públicos se apercebem que os impostos pagos não têm contrapartida equivalente nos serviços ofertados pelo Estado. Pior, quando muitos do povo ainda não têm sequer a consciência de que as políticas públicas só podem ser executadas graças à arrecadação proveniente de todos os seus gastos enquanto consumidores.

No processo de elaboração de políticas públicas a busca pela eficiência na utilização dos escassos recursos deve ser um fator importante, especialmente em países menos desenvolvidos, como o Brasil, onde a oferta por quantidade e qualidade dos serviços públicos deixa muito a desejar. De acordo com a Secretaria do Tesouro Nacional, no período entre 1995 e 2009, a despesa do governo federal saltou de 19% para 30% do PIB. Em recente estudo realizado pelo Instituto Braudel para verificar o excesso/insuficiência de gasto governamental de vários países em relação à média internacional, foi constatado que o Brasil teria um excesso de gastos entre 14% e 26%. Em 2015, o Ministério do Planejamento, Orçamento e Gestão atualizou algumas avaliações quanto à eficiência dos gastos governamentais brasileiros com saúde, educação e previdência, baseadas em comparações internacionais com países como a China, Coreia do Sul e Estados Unidos. Em linhas gerais essas análises levaram em conta os seguintes fatos:

- o Brasil gasta, per capita na área de saúde, três vezes mais que a China, mas tem indicadores semelhantes de mortalidade infantil e expectativa de vida;
- gasta mais que a Coréia do Sul em ensino universitário, no entanto a proporção de jovens brasileiros matriculados na universidade é de 18%, enquanto a de sul-coreanos é superior a 80%;
- os gastos previdenciários no Brasil equivalem a 11% do PIB e nos Estados Unidos correspondem a 6% do PIB.

Essas análises demonstram de forma bastante clara a consequência da ineficiência dos gastos do governo brasileiro.

Um dos pontos destacados ao longo do livro é o controle da economicidade, da eficiência, da eficácia e da efetividade. A autora denota esses quatro controles dos atos administrativos e das políticas públicas implementadas como 4Es. Sua avaliação é fundamental para indicar em que medida as ações empreendidas pelo poder público estão alinhadas com o controle exercido pelas instâncias legais. Em outras palavras, é verificado o resultado produzido pelas decisões dos gestores públicos vis a vis os preceitos estabelecidos pelos regramentos do Direito.

Uma interessante experiência no Brasil foi a adoção dos contratos de gestão em meados da década de 1990. Esses contratos constituem-se em documentos formais onde são estabelecidos e acordados compromissos mútuos das empresas estatais e dos órgãos de controle. O objetivo básico é o de regulamentar as relações entre empresas e governo, no sentido de um maior conhecimento comum e da compatibilização das ações empresariais com os planos e disponibilidades de recursos governamentais. No caso do governo paulista, os resultados indicaram um balanço relativamente positivo que concedeu maior autonomia empresarial e garantia de mobilização dos recursos acordados, em contrapartida ao cumprimento das metas de desempenho estabelecidas. De forma semelhante, poderiam ser pactuados acordos não apenas com a administração indireta, mas também dos entes da administração direta com o governo central. Assim, é imprescindível a evolução do instrumento de gestão que hoje se configura como contrato bilateral, para uma relação tripartite. Nessa nova concepção haveria a participação dos gestores das empresas ou dirigentes de secretarias de estado ou ministérios, dos órgãos de controle do Estado, e da sociedade como terceira parte.

A professora Ana Carla, ao final do livro, nos brinda com algumas reflexões que na verdade são desafios para se alcançar os 4Es:
- desmistificar a ideia de que controle é meio de punição;
- mudar a lógica marcada pelo descompasso entre planejamento geral de metas e a forma como a peça orçamentária é elaborada e executada;
- fortalecimento institucional dos órgãos de controle;
- construção de um banco nacional de indicadores e preparar especialistas para interpretar os resultados em comparação aos parâmetros esperados; e
- medidas de combate à corrupção.

Se forem superados os desafios propostos, o Brasil terá condições de alcançar posição semelhante ao que países como a Alemanha, Canadá, Reino Unido, Austrália e Coréia do Sul, entre outros, praticam no controle da eficiência dos seus gastos orçamentários.

**Adalberto Américo Fischmann**
Diretor da Faculdade de Economia, Administração e Contabilidade da Universidade de São Paulo. Presidente da Comissão de Orçamento e Patrimônio da USP.

# INTRODUÇÃO

*Todo o homem que tem em mãos o poder é sempre levado a abusar dele, e assim irá seguindo, até que encontre algum limite.*

Barão de Montesquieu

A preocupação com as formas de relacionamento do Estado com a sociedade e com a *res publica*[1] são temas recorrentes no debate acadêmico, sob o olhar da filosofia, das ciências políticas, administração pública e do direito. A recente história brasileira, de rompimento com um modelo de governo autoritário de legitimação do poder, justifica a corrida intelectual para delimitar as suas fronteiras, os meios para alcançá-lo, seus elementos, sua legitimação e seu controle.

Uma vez ultrapassada a gestão autoritária e plantada a semente da democracia, outras demandas e desafios intelectuais batem à porta da academia incitando-nos a questionar e formatar novos aspectos da inter-relação entre Estado e sociedade.

Os controles "do" e "sobre" o Estado sempre estiveram ligados à organização política e, por conseguinte, à sua organização

---

[1] "[...] a *res publica* inclui tudo o que é público, que é do povo, que é dotado de publicidade, e garantido ou afirmado por intermédio do Direito Público. Enquanto consubstanciação do bem comum, ou do interesse público, a *res publica* assume caráter valorativo. [...] é impossível defender a coisa pública se não existir república e se os cidadãos não tiverem claras para si as noções de espaço público e de bem comum ou de interesse público. [...] Inaceitável por que limitadora e, em última instância, enganadora, é a identificação da *res pública* com o estado, ou do público como estatal. Existe um patrimônio e um espaço que é público, mas não estatal. E tudo o que é estatal só é público no âmbito do dever ser. No âmbito do ser, efetivamente, conforme enfatizaremos nesse trabalho, a propriedade estatal é apropriada privativamente" (BRESSER PEREIRA, 1998, p. 88).

econômico-financeira. Grandes transformações culturais e até revoluções sociais[2] foram deflagradas por questões relativas à tributação e aos gastos governamentais, daí aferir-se a importância da compreensão de como o controle da *res publica* foi adquirindo novas feições com o passar do tempo e com as mudanças no marco teórico da administração pública no Brasil.

Quem controla? O que controla? Como controla? Perguntas desse tipo precisam ser respondidas em consonância com a nova ótica da Carta Política de 1988, que adotou, em abundância, a palavra controle.

Poder e controle são aspectos da vida em sociedade que se mostram indissociáveis no correr dos séculos. O que muda nos regimes políticos é a ótica sob a qual são analisados. Nesse sentido, essas perguntas receberão respostas distintas em modelos de gestão governamental diversos.

Tradicionalmente a doutrina jurídica aborda a evolução dos mecanismos de controle do patrimônio público a partir do histórico da consolidação da democracia e da criação do Estado Moderno até a atualidade, percorrendo as sendas evolutivas dos estados liberal, intervencionista, do bem-estar social e "neoliberal". O estudo das modalidades institucionais de controle não é, por si só, uma inovação nas pesquisas jurídicas. Autores de vulto, tais quais Miguel Seabra Fagundes, Ruy Cirne Lima, José Cretella Júnior, Odete Medauar, Regis Fernandes de Oliveira e Juarez Freitas já o fizeram, e com profundidade.

Não obstante isso, um levantamento da doutrina jurídica pátria sobre o tema do controle de contas nos faz observar que enquanto há grande profundidade nas pesquisas relativas ao controle, principalmente de legalidade – exercido diretamente pelo Poder Judiciário, Tribunais de Contas e pelo Ministério Público – em face dos atos administrativos; há uma zona ainda

---

[2] "Os mais notáveis acontecimentos sociais e políticos estão ligados a questões financeiras. Na Allemanha, o protestantismo surgiu da venda de bullas, ordenadas por Leão X; na França, a grande revolução de 1789 foi proveniente dos desastres de Law e dissipações da realeza; na Inglaterra, as execuções de João Sem-Terra determinaram a célebre carta de 1215 e as taxas arbitrárias de Jaques II, a Revolução de 1688; nos Estados Unidos a independência proveio de uma questão tributária; na República Argentina, a Revolução de julho de 1890, no Chile, a guerra civil de 1891 e no Brasil, a conjuração mineira, os golpes de Estado de 3 e 23 de novembro, foram sucessos políticos de ordem financeira" (VEIGA FILHO, 1906, p. 13).

pouco explorada com a devida profundidade doutrinária quanto aos mecanismos de controle interno, controle social e controle de eficiência, eficácia, efetividade e economicidade a realizar-se pelos sujeitos legitimados na CRFB/1988.

Essa observação nos fez questionar por que, nós juristas, respondemos com tranquilidade como os controles clássicos de legalidade dos atos administrativos devem ser manejados, mas não temos a mesma desenvoltura para responder, na ordem prática, como devem ser os controles de eficiência, eficácia, efetividade e economicidade, tão caros ao texto constitucional vigente, quando se trata de controle do patrimônio econômico do Estado.

Levantamos duas hipóteses para responder a este questionamento: (i) não haveria ainda institutos formais de controle ou, embora houvesse, não estariam ainda amadurecidos para o exercício desses mecanismos de controle pouco estudados; ou (ii) estaríamos lidando com expressões de outras áreas, apropriadas pelo Direito, e não estaríamos dando-lhes uma interpretação uníssona, causando ruídos de comunicação entre os gestores, Tribunais de Contas, Poder Judiciário e a sociedade, que mantém um senso comum de ineficácia dos mecanismos de controle da administração pública e proteção do patrimônio econômico do Estado do assalto permanente, fruto da corrupção enraizada no modo de gerir a coisa pública no Brasil.

O que nos pareceu novo e, portanto, merecedor de uma investigação foi o estudo transdisciplinar das modalidades de gestão da *res publica* e dos tipos de controle do patrimônio econômico do Estado que sejam mais eficientes; uma vez que sendo o controle uma função pública, também ele deve cumprir os princípios da legalidade, impessoalidade, moralidade, publicidade e *eficiência*.

Optamos, com todos os riscos que a escolha nos impõe, laborar em um tema transdisciplinar, na forma acolhida pela Carta da Transdisciplinaridade, produzida no I Congresso Mundial de Transdisciplinaridade, em 1994, com apoio da Unesco e que claramente aponta para um ponto de intercessão, e não de cisão das ciências no seu art. 3º, quando afirma que a transdisciplinaridade não procura a dominação de várias disciplinas, mas a abertura de todas as disciplinas ao que as atravessa e as ultrapassa. Assim, essa pesquisa e a tese que dela deriva, enxerga o controle como fenômeno que "ultrapassa" ou "transpassa" a Política, o Direito, a Economia e a Gestão Pública.[3]

Com o intuito de compreender esse fenômeno na seara da Gestão Pública, partimos do marco teórico da doutrina de David Osborn e Ted Gaebler (1995), Robert Denhardt's (2000), Bresser Pereira (1998, 1999, 2006, 2008) e daqueles que os sucederam no Brasil, que subdivide a gestão da coisa pública em quatro modalidades, detentoras de características próprias: (i) patrimonial; (ii) burocrática, (iii) gerencial e (iv) social (societal ou do Novo Serviço Público).

A doutrina da gestão pública aponta a existência de três modelos relevantes em administração pública: (i) o modelo da administração pública convencional, aquela cuja burocracia é que produz o bem público ou os serviços públicos; (ii) o modelo da nova gestão pública, no qual, o mercado é o principal alocador dos serviços públicos; e, ainda, um terceiro modelo, que seria (iii) o novo serviço público, em que o bem público ou o serviço público é coproduzido com a sociedade e pela sociedade. Os autores utilizam o conceito de Novo Serviço Público para denominar o modelo emergente que se mostra presente sempre que a comunidade ou o cidadão coproduz o bem público ou os serviços públicos em parceria com os agentes públicos (PASSADOR, 2012, p.34).

Assim, especificaremos alguns dados relativos às teorias da *Nova Administração Pública* (NAP) e do *Novo Serviço Público* (NSP) com seus reflexos na gestão pública e no chamado *Novo Direito Administrativo* (NDA), especificando seus impactos nos mecanismos institucionais de controle da administração pública e do patrimônio econômico do Estado, em cada um deles.

---

[3] A fronteira disciplinar, sua linguagem e seus conceitos próprios vão isolar a disciplina em relação às outras e em relação aos problemas que se sobrepõem às disciplinas. A mentalidade hiper disciplinar vai tornar-se uma mentalidade de proprietário que proíbe qualquer incursão estranha em sua parcela de saber. Sabemos que, originalmente, a palavra "disciplina" designava um pequeno chicote utilizado no autoflagelamento e permitia, portanto, a autocrítica; em seu sentido degradado, a disciplina torna-se um meio de flagelar aquele que se aventura no domínio das ideias que o especialista considera de sua propriedade. *O olhar extra disciplinar.* A abertura, portanto, é necessária. [...] "Uma verdadeira viagem de descoberta não é encontrar novas terras, mas ter um olhar novo". Jacques Labeyrie sugeriu o seguinte teorema, que submetemos à verificação: "Quando não se encontra solução em uma disciplina, a solução vem de fora da disciplina" [...] Certas noções circulam e, com frequência, atravessam clandestinamente as fronteiras, sem serem detectadas pelos "alfandegueiros". Ao contrário da ideia muito difundida de que uma noção pertence apenas ao campo disciplinar em que nasceu, algumas noções migradoras fecundam um novo terreno, onde vão enraizar-se, ainda que à custa de um contra senso (MORIN, 2003, p. 106-108).

A introdução do debate sobre o controle eficiente do patrimônio econômico do Estado insere-se no estudo transdisciplinar acerca da administração pública e da democracia, uma vez que o Estado Democrático de Direito é tido como finalístico e se assenta nos pilares do respeito aos direitos fundamentais e da implementação de políticas públicas desejadas e pactuadas em concordância com a sociedade.

Nesse sentido, a escolha sobre o que desejamos, quanto estamos dispostos a pagar pelo que escolhemos e, como a administração pública gasta o dinheiro público tornaram-se questões centrais nas sociedades de bases democráticas modernas.

Se de um lado a noção de civilidade nos impõe o dever de pagar tributos ao Estado, de outro a legitimidade da relação obrigacional tributária pode ser aferida a partir de mecanismos de controle da sociedade sobre os gastos do Estado. Esse controle pode se manifestar por meio de mecanismos institucionalizados, o mais desejado, ou não institucionalizados. Quanto mais amadurecido o sistema democrático, maiores os espaços institucionais de participação e controle. O senão a ser destacado é que a institucionalização desejável – por ser sinal de amadurecimento civilizatório do agrupamento social – não pode, ela própria, ser um limitador ao exercício do poder por aquele que é seu detentor original, o povo.

Controle e democracia são duas faces da mesma moeda e, portanto, inseparáveis. A transparência da administração e a eficiência dos mecanismos de controle conferem legitimidade ao Estado e aos que lhe representam. No quesito prestação de contas, a administração pública deverá fazê-la internamente, pela via do autocontrole, do controle interno e, externamente, à sociedade – na qualidade de centro gerador de todo o poder da República e de todo êxito da Democracia – e às instituições democráticas que receberam da CRFB/1988 o ônus fiscalizatório, como o Ministério Público, Poder Judiciário e Tribunal de Contas.

Um olhar mais acurado sobre a evolução histórica do Estado brasileiro aponta que, desde o primeiro livro de doutrina de Direito Financeiro genuinamente brasileiro, destacava-se como objeto deste ramo jurídico estudar:

> [...] as regras [...] no que é relativo à receita e despesa do império; à arrecadação, *fiscalização* e distribuição das rendas públicas; *ao desempenho das attribuições de todos os encarregados da guarda e da applicação dos dinheiros nacionaes; à tomada de suas contas*; e à maneira

de se lhes fazer effectiva a *responsabilidade* (PEREIRA DE BARROS, 1855, p. 1, grifo nosso).

Como referido por Veiga Filho (1906), ainda no início do século passado, nenhuma organização financeira dos estados seria bem instituída sem a observância de algumas condições básicas: (i) equitativa repartição do tributo, hoje conhecida como princípio da justiça tributária; (ii) simplicidade e clareza das leis fiscais, a fim de se obter uma arrecadação barata e cômoda para o contribuinte e produtiva para o Estado; (iii) competência e estabilidade dos funcionários encarregados da gestão das finanças; (iv) *contabilidade e fiscalização para não haver confusão ou obscuridade nas verbas orçamentárias e assegurar-se a realidade e legalidade das contas* e (v) *responsabilidade dos agentes* (p. 23-24, grifo nosso).

As transformações sociais, políticas e econômicas pelas quais o país passou ao cabo de duas centúrias apontam para um novo foco de estudo da administração pública, A sociedade brasileira curvou-se ao regime político democrático, à supremacia dos direitos fundamentais e republicanos, trazendo a lume, para além do temário clássico dos mecanismos de controle político do Estado, o controle da efetividade, eficácia, eficiência, economicidade (4Es) dos atos administrativos e das políticas públicas implementadas.

É exatamente sobre as transformações dos mecanismos de controle sobre o patrimônio público, a partir do enfoque dos 4 Es e dos modelos de gestão da coisa pública, que se fixa a *problemática* da tese ora apresentada. Para tanto, pretende-se abordar: (i) os instrumentos e a sistemática que a CRFB/1988 apresentou para o controle da execução orçamentária; (ii) se são suficientes para alcançar as metas da NAP ou do NSP; (iii) quais os avanços alcançados, nessa matéria, desde a promulgação da CRFB/1988; (iv) o por quê de apesar dos avanços constitucionais de ainda persiste a sensação de descontrole do dinheiro público e, por fim, (v) quais os passos ainda a serem dados.

A percepção social de ineficiência dos mecanismos de controle do patrimônio econômico do Estado é perversa e pode figurar como uma lógica de impotência diante do inevitável mau uso da *res publica*, o que passa a ser um móvel corrosivo dos pilares do Estado Democrático de Direito e da participação. É como se regredíssemos duzentos anos de progresso civilizatório do Estado brasileiro.

A relação firmada entre cidadão e Estado tem mudado substancialmente e os temas de caráter econômico, ambiental e social (direitos republicanos, no dizer de Bresser-Pereira[4]) ocupam *locus* privilegiado no que se refere ao controle das escolhas e dos resultados das políticas públicas adotadas pelos agentes estatais.

Gestão Pública e cidadania tentam aparar arestas e superar a relação histórica anteposta e combativa para um campo de relacionamento criativo e participativo. Para a construção desse novo patamar de relacionamento entre o Estado e a sociedade, a transparência da administração, a participação do cidadão e a efetividade dos mecanismos de controle da administração são fundamentais.

Os parâmetros sociais para a formatação do Estado desejado – que no dizer de Moreira Neto (2008), não deve ser "nem mínimo, nem máximo, apenas suficiente" – têm indicado uma nova revolução em curso. Mesmo com toda a dificuldade que se põe àquele que vive o momento sem o distanciamento ideal do objeto de estudo, já se pode aferir algumas características desse novo Estado que se apresenta à cidadania.

Vê-se que na democracia hodierna já não basta escolher o governante, pois também é relevante escolher como se quer ser governado (MOREIRA NETO, 2008), uma vez que o Estado perdeu seu caráter eminentemente hierárquico para adotar um modelo de coordenação e participação. Ao Estado não mais cabe impor políticas públicas, mas sim construí-las em conjunto com a sociedade, que também poderá controlar e cobrar que os níveis de eficácia,

---

[4] A expressão cunhada na obra de Bresser-Pereira parece ser adequada, uma vez que "são assim, características da república a eletividade, a periodicidade e a responsabilidade. A eletividade é instrumento de representação. A periodicidade assegura a fidelidade aos mandatos e possibilita a alternância do poder. A responsabilidade é o penhor da idoneidade da representação popular" (p. 13). O Princípio Republicano, no dizer de Geraldo Ataliba é "o princípio mais importante decisivo do nosso direito público. [...] efetivamente, quem penetrar o significado capitular do princípio republicano terá condições de estabelecer ilações e propor desdobramentos que iluminaram todo o direito público, apreendendo melhor e mais seguramente o conteúdo, sentido e alcance de todos os seus institutos" (p. 15-16). "Todos os mandamentos constitucionais que estabelecem os complexos e sofisticados sistemas de controle, fiscalização, responsabilização e representatividade, bem como os mecanismos de equilíbrio, harmonia (*checks and balances* do direito norte-americano, aqui adaptados pela mão genial de Ruy [Barbosa]) e demais procedimentos a serem observados no relacionamento entre poderes, asseguram, viabilizam, equacionam, reiteram e garantem o princípio republicano, realçando sua função primacial no sistema jurídico. Assim, funciona ele como alicerce de toda a estrutura constitucional, pedra de toque ou chave de abóbada do sistema" (ATALIBA, 1998, p. 37-38 *complemento nosso*).

eficiência, efetividade e economicidade pactuados ou esperados, sejam atingidos.

O Estado necessita do controle para se autoavaliar e para demonstrar o grau de atendimento ao interesse público; e, de outro lado, a sociedade precisa controlar para, além disso, conferir a legitimidade do poder constituído Assim, da mesma forma que a democracia se apresenta como um direito indelével da cidadania, o dever de controlar é seu maior tributo e deve ser exercido diária e permanentemente pelas instituições e por cada cidadão. Não há democracia sem a efetiva participação popular, inclusive nos mecanismos de controle do poder.

Já escrevemos que se há pouco tempo coube ao povo brasileiro, com todo seu vigor, combater o autoritarismo, a hiperinflação e a dívida pública, cabe-lhe agora deixar para as gerações vindouras o legado da extirpação[5] da corrupção como elemento endógeno e indissociável do modelo de gestão da coisa pública no Brasil. Essa luta não é menor nem menos aguerrida que as anteriormente travadas. Uma vez que há demandas sociais básicas não atendidas pelo Estado, como acesso qualificado do cidadão aos serviços públicos essenciais, principalmente à educação integral, esta última a partir da convicção de que desenvolvimento e ignorância não caminham de mãos dadas (BLIACHERIENE; SANTANA; RIBEIRO, 2012, p. 48-52).

> Qual a importância do estudo da corrupção? O Banco Mundial considera a corrupção como o maior obstáculo para o desenvolvimento econômico e social, pois ela distorceria a autoridade das leis e enfraqueceria a base institucional necessária ao crescimento econômico. A OCDE afirma que a corrupção tem se tornado um assunto de suma importância política e econômica nos últimos anos e que a necessidade de medi-la tem se tornado evidente. A Transparência Internacional, uma organização dedicada ao combate à corrupção, afirma que este é um dos maiores desafios do mundo contemporâneo. Ela corrói o governo e distorce políticas públicas, leva à má alocação dos recursos, fere o setor privado e, principalmente, prejudica os pobres. Seu controle só é possível através

---

[5] Quanto ao uso da palavra extirpar, vale o comentário de Klitgaard sobre a inexistência de corrupção zero nas organizações: "O lado sombrio da luta contra a corrupção é a burocracia adicional que se pode gerar. [...] Decorre daí que as políticas para sustar a corrupção têm custos em termos de desempenho efetivo, pela organização, de sua missão primordial. O dirigente arguto levará em conta esses custos, assim como os benefícios de se reduzir a corrupção. O nível ideal dos esforços anticorrupção ficará aquém do máximo, o nível ótimo de corrupção não será, na prática, igual a zero" (1994, p. 213-214).

da cooperação de uma ampla gama de limites no sistema, incluindo, principalmente, a sociedade civil e o setor privado. Também haveria um papel determinante para as instituições internacionais no apoio ao combate à corrupção nas nações em desenvolvimento. Não são apenas organismos internacionais que demonstram preocupação com o tema (MACIEL, 2005, p. 3-4).

Diversas entidades elaboram índices para medir a percepção da corrupção: (i) a *Business International Corporation* (BI) realiza uma estimativa do nível de corrupção em vários países; (ii) o *World Competitiveness Report* (WCR) do Fórum Econômico Mundial; (iii) o *International Country Risk Guide* (ICRG) publica anualmente o *Political Risk Services Inc.* e (iv) a Transparência Internacional publica, anualmente, índice relativo a 183 países, além de um índice dos pagadores de suborno, desde 1999 (MACIEL, 2005).

Algumas condições são recorrentes para que a corrupção se torne viável e propícia, conforme Jain (2001, p.77- 85 *apud* MACIEL, 2005, p. 16-19): (i) a existência de poderes discricionários; (ii) a existência de rendas econômicas consideráveis; e (iii) uma probabilidade de detecção e punição relativamente baixa. Quanto maiores os poderes discricionários, maior o incentivo à corrupção, assim é importante haja empecilhos aos atos corruptos a ponto que os que pensem em cometer o ato de corrupção acreditem que a utilidade dos rendimentos advindos da corrupção será menor que os inconvenientes causados pelas penalidades associadas a estes atos. Por outro lado, são inibidores dos atos de corrupção: (i) o pagamento de salários justos aos funcionários públicos;[6] (ii) baixos rendimentos advindos da corrupção; (iii) valores morais da sociedade;[7] (iv) penalidades para os atos corruptos; e (v) a qualidade das instituições (MACIEL, 2005, p. 16-19).

---

[6] "[...] uma variável importante, mas difícil de obter, é a intensidade de controles de auditoria. A probabilidade de punição, influenciada por estes controles, altera o comportamento dos funcionários públicos em relação ao nível dos salários. Se estes acham pouco provável que seus atos corruptos serão descobertos, eles serão corruptos, apesar dos altos salários recebidos" (MACIEL, 2005, p.16-19).

[7] "Os valores morais da sociedade são importantes para que se determine a extensão da corrupção. A forma pela qual uma sociedade vê e aceita pequenas atividades ilegais, como a violação de leis de trânsito ou a compra de mercadorias contrabandeadas, pode dar uma boa ideia sobre a aceitação de atos corruptos. Para Andvig *et al* (2000), os códigos morais das diferentes sociedades variam na extensão pela qual atividades que eventualmente levam à corrupção são aceitas como um comportamento normal. Além disso, a extensão

A penalidade para a corrupção tem a ver com controle efetivo e com a probabilidade de ser pego e, uma vez pego, de ser punido. Assim, um agente corrupto considera antes de se engajar em corrupção: (i) a probabilidade de ser pego; (ii) coerção – à medida que os próprios funcionários garantidores da lei são corruptos determinará a efetividade dos esforços anticorrupção; (iii) independência entre o Poder Judiciário e os políticos; e (iv) acesso igualitário à lei.

Nesse contexto, há seis metas, levantadas pela Transparência Internacional, no combate à corrupção e que deveriam ser priorizadas até o final do ano de 2015: (i) pessoas – aumento da capacitação de pessoas e parceiros em todo o mundo para tomarem medidas contra a corrupção – apenas as pessoas podem parar a corrupção; (ii) instituições – melhorar a execução de programas anticorrupção em instituições líderes, empresas e no sistema financeiro internacional; (iii) leis – com aplicação mais eficaz das leis e normas em todo o mundo, reduzir a impunidade dos atos de corrupção, assegurando que não haja impunidade para a corrupção; (iv) valores – os níveis mais elevados de integridade demonstrada por organizações e pessoas, especialmente os jovens e aqueles em posições de liderança ao redor do mundo; (v) rede – fortalecer a capacidade do trabalho coletivo, expandir a base de conhecimento promovendo cada vez mais soluções eficazes de combate à corrupção; (vi) impacto – melhorar a capacidade de resposta e o desempenho individual e coletivo de todas as partes do movimento de combate à corrupção, nos níveis nacional, regional e global.

Mauro (1995, 1997) nos aponta diversos canais pelos quais o crescimento econômico é afetado pela corrupção: (i) redução dos incentivos ao investimento; (ii) perda de arrecadação tributária, que ocorre quando a corrupção "assume a forma de evasão de impostos ou o uso indevido de isenções arbitrárias na tributação" (MAURO, 1997, p. 141); (iii) alocação de contratos de licitação pública em um sistema corrupto, que pode levar a infraestrutura e serviços públicos inferiores; (iv) danos à composição dos gastos governamentais, pois a corrupção e os investimentos públicos em educação relacionam-se negativamente. Os funcionários do governo

---

pela qual a mídia se envolve nos escândalos de corrupção reflete a tolerância da sociedade à corrupção" (MACIEL, 2005, p. 16-19).

poderiam preferir certos tipos de despesas que permitiriam coletar subornos em segredo. O investimento que deveria ser alocado em setores como educação e saúde, importantes para a elevação do capital humano da sociedade, é destinado para grandes obras, das quais é mais fácil desviar verbas e coletar propinas. De acordo com Jain (2001, p. 96), a corrupção altera a alocação de recursos públicos em favor daqueles gastos orçamentários mais lucrativos, em termos de coleta de propinas; (iv) ao reduzir receitas e elevar os gastos públicos, a corrupção contribui para elevados déficits fiscais, gerando consequências inflacionárias em nações com mercados financeiros menos desenvolvidos (MACIEL, 2005, p. 22-24).

Em revisão da literatura, Maciel (2005, p. 33-34) aponta que, de acordo com Mbaku (1996),[8] o combate à corrupção deve levar em conta o impacto das regras vigentes no comportamento dos indivíduos na sociedade. Seu controle passa, diretamente, pela restrição da capacidade do governo de prover uma legislação que favoreça interesses especiais. As regras estabelecidas devem proporcionar um sistema de incentivos que torne o investimento produtivo, e não o oportunismo, lucrativo, garantindo-se os direitos de propriedade, um sistema de cumprimento das leis efetivo e eficiente e a limitação da habilidade do governo de impor redistribuições ineficientes.

> Geddes e Neto (2000)[9] e Silva (2001)[10] destacam a relação entre o subdesenvolvimento institucional e o alto nível de corrupção no Brasil. [...] O estatismo foi a opção do Brasil para a busca de desenvolvimento na metade do século XX, e a criação de estatais como BNDES, Petrobrás, CSN e os bancos estaduais aumentou a politização da alocação dos recursos. A existência de rendas a serem capturadas e de poderes discricionários nas mãos de políticos e burocratas levou ao aumento da corrupção e de outras atividades de "rent-seeking" no país. [...]

---

[8] MBAKU, John Mukum. Bureaucratic Corruption in Africa: The Futility of Cleanups. *Cato Journal*, vol.16, fasc.1, p.99-118, 1996 *apud* MACIEL (2005).
MAURO Paolo. Corruption and Growth. *The quartel Journal of Economics*, August 1995, p. 681-712 *apud* MACIEL (2005).
MAURO, Paolo. Os efeitos da corrupção sobre crescimento, investimento e gastos do governo: uma análise de países representativos. In: ELLIOTT, Kimberly Ann (org.). *A corrupção e a economia global*. 1. ed. Brasília: UNB, 2002 *apud* MACIEL (2005).

[9] GEDDES, Bárbara e RIBEIRO NETO, Artur. Fontes Institucionais de Corrupção no Brasil. In: ROSENN, Keith S. e DOWNES, Richard (Org.). *Corrupção e Reforma Política no Brasil: o Impacto do Impeachment de Collor*. Rio de Janeiro: FGV, 2000, p.47-79 *apud* MACIEL (2005).

[10] SILVA, Marcos Fernandes Gonçalves da. *A Economia Política da Corrupção no Brasil*. Série Ponto Futuro, v. 8. São Paulo: Senac São Paulo, 2001 *apud* MACIEL (2005).

A legislação eleitoral brasileira contribui para o tradicional recurso à política clientelista tanto para garantir votos para políticos quanto para garantir votos dos parlamentares para as propostas presidenciais. Também, causas políticas são importantes para explicar a corrupção no Brasil, principalmente nos anos pós-redemocratização. O principal problema com que se defronta o executivo num sistema presidencial é garantir apoio suficiente dos parlamentares para aprovar leis importantes. A maior fragmentação partidária em relação ao período democrático anterior reduz a probabilidade de o partido do presidente vir a controlar o congresso, aumenta a probabilidade de o presidente pertencer a um partido pequeno e aumenta o número de partidos representados no Legislativo. A consequência disto é o aumento da necessidade do executivo recorrer à troca de favores para aprovar suas demandas no Congresso. Também, a disciplina partidária, que é a tendência dos membros de um partido a votarem em bloco, e importante para evitar o uso do clientelismo, reduziu-se nos primeiros anos pós-redemocratização. Finalmente, a maior representação legislativa dos estados menos populosos (e mais atrasados) lhes dá um poder desproporcional no controle de Congresso, aumentando, mais uma vez, a dependência do executivo federal com práticas políticas clientelistas (MACIEL, 2005, p. 33-34).

Combater a corrupção endêmica não é tarefa fácil, é fato, como não fora nenhuma das outras já enfrentadas pela sociedade brasileira. Entretanto, um dos pilares para a consolidação da democracia é a quebra do ciclo inercial da corrupção como elemento da burocracia e da administração pública.[11] Para isso, *mister* se faz fortalecer e bem aplicar os mecanismos de controle interno e externo, pondo em efetivo passo todo o ferramental que nos foi fornecido pela CRFB/1988, além de ousar em tudo mais que seja necessário. Parece que não nos falta o marco normativo ou instrumental – não obstante sempre possam ser aperfeiçoados – falta-nos criar uma metodologia de controle para uso do Poder Judicial e aplicá-la sem os receios interpretativos do Direito Administrativo Burocrático,

---

[11] O Brasil criou uma série de instrumentos e arenas participativas capazes de estabelecer controle político e social dos agentes governamentais. O problema maior, no caso brasileiro, é fazer valer o que já existe aplicando a lei. Tribunais de Contas, conselhos de políticas públicas e ouvidorias precisam cumprir seus papéis institucionais (BRESSER, 1998). Vê-se que, em matéria de transparência, o país deu um largo passo com a promulgação da Lei de Acesso à Informação, Lei do Conflito de Interesse, Lei da Empresa Limpa, no entanto, no aspecto da aplicação da lei pelo Judiciário e, eventualmente, da eficácia da aplicação das sanções, deixamos muito a desejar. O Poder Judiciário, bem como nós, juristas, deve sair da zona de conforto do mero controle de legalidade e, por vezes, da zona da inércia.

que se restringia ao controle de legalidade. As amarras que hoje atam o Poder Judiciário são autoimpostas, não são de fundo constitucional ou institucional. Exemplos recentes, mas menos recorrentes que o desejável, mostram que é possível "setar" a bússola para um novo rumo. Uma das hipóteses que se aventa para justificar essa autoimposição é o desconhecimento (nada demeritório) do manejo dos métodos de análise de eficiência, eficácia, efetividade e economicidade dos atos administrativos. Esse aprendizado é essencial a todos os sujeitos institucionais, legitimados constitucionalmente para o controle dos atos administrativos, inclusive aos que atuam junto ao Poder Judiciário.

Sem prejuízo dos outros autores lidos e referenciados, aceitamos, nesta tese, as bases teóricas (i) do novo direito administrativo; (ii) da evolução dos modelos de gestão do Estado brasileiro em Bresser Pereira (1998, 1999, 2006, 2008) e Paula (2005); (iii) dos princípios da prevenção, precaução e sustentabilidade no controle da administração pública, em Juarez Freitas (2009, 2011) e (vi) da essencialidade do controle interno como controle político e de gestão, na obra de Cecília Olivieri (2010).

Assim pretende-se, nas páginas que se seguem, contribuir com a doutrina específica sobre o controle do patrimônio econômico do Estado, especificamente no que concerne ao domínio da execução orçamentária, no que tange ao combate à corrupção e ao uso ineficaz do dinheiro público, preservando os princípios da economicidade, eficácia, eficiência e efetividade do gasto público sob o manto dos princípios constitucionais democrático e republicado.

Este texto se divide em quatro partes. O primeiro capítulo destina-se a apresentar o percurso histórico e teórico brasileiro da implantação de uma administração pública responsiva. Aborda as etapas das duas Reformas Burocráticas (1934 e 1967), da Reforma Gerencial (1995) e dos movimentos recentes para a implantação de uma Reforma Societal.

O segundo capítulo dedica-se à composição de um conceito jurídico de controle. Para tanto, apresenta suas concepções na teoria política, teorias da gestão e da economia e doutrina jurídica dedicada ao tema. Apresenta também uma classificação e uma tipologia dos mecanismos de controle juridicizados no texto constitucional.

O terceiro capítulo trata dos mecanismos de controle em espécie, abordando os conceitos de eficácia, eficiência, efetividade, economicidade, fiscalização fiscal, financeira, orçamentária e operacional – a partir das teorias econômicas e de gestão – fazendo a releitura compatível com o texto constitucional, a fim de lhe conferir um sentido jurídico não excludente daquelas teorias que aponte para uma real utilização desse ferramental pelo Judiciário, quando chamado a sindicar e controlar os atos administrativos.

A conclusão apresenta os principais desafios para conferir eficiência e sistematização dos mecanismos de controle do patrimônio, postos à disposição dos sujeitos legitimados pelo texto constitucional.

Como tese, defende-se que a efetividade do sistema de controle dos atos administrativos que impliquem impacto no patrimônio econômico do Estado somente será alcançada, quando posta em prática, inclusive pelo Poder Judiciário por uma metodologia de controle de qualidade e resultados dos atos administrativos, das políticas públicas e da execução orçamentária, como preconiza expressamente a CRFB/1988.

Ao insistir, repisar e perpetuar exclusivamente no controle clássico de legalidade – que põe ao largo a análise da qualidade do ato administrativo – ou na sua forma hodierna e politicamente correta – controle de juridicidade ou de legitimidade – que louva normas, princípios e valores constitucionais nos arrazoados dos autos processuais, mas que pouco ou nenhum impacto de médio ou de longo prazo causam na melhoria da gestão e dos processos da administração pública ou na prestação do serviço público, perde-se a oportunidade pedagógica de buscar pactos positivos, generalizantes e fruíveis por muitos.

A promessa de uma materialização mágica de direitos fundamentais pela espada da justiça, desconsiderando limitações organizacionais ou das fontes de financiamento, não aumenta a responsividade do Poder Judiciário perante a sociedade[12] e tende a abrir espaços para sentenças (como via de controle) sem racionalidade, que atendem no varejo às demandas individuais, sem chegar de forma maciça àqueles que mais necessitam do Estado.

---

[12] "Segundo Johnson (1975, p. 53) quanto mais fracas as instituições que impõe restrições competitivas e legais à corrupção e quanto menor for a aversão da sociedade à corrupção, maiores serão os rendimentos advindos da corrupção que o grupo político que controla o governo poderá realizar" (MACIEL, 2005, p. 16-19). Referência completa: JOHNSON, Omotunde E. G. (1975). An Economic Analysis of Corrupt Government, With Special Application to Less Developed Countries. *Kyklos*, vol.28, 1975, fasc.1, p.47-61 *apud* MACIEL (2005).

A lógica constitucional do sistema de controle é colaborativa, dialógica, como se apregoa que seja a relação do Estado com o cidadão.

Assim, a eficiência do controle judicial sobre os atos que impactem sobre o patrimônio econômico do Estado estará diretamente ligada à sua capacidade de acompanhar as transformações e as novas habilidades que se exigem dos legitimados constitucionais ao controle; capacidade para: medir, avaliar, diagnosticar, dialogar, intervir e, como última *ratio*, punir.

Assim, a imparcialidade do Judiciário deverá ser mantida quanto a sua provocação; mas, uma vez iniciado o ato de controle, o juiz deverá exercer um papel decisivo no diagnóstico e proposição de caminhos sustentáveis, razoáveis e positivos para as melhorias na prestação do serviço público à cidadania, de maneira proba, econômica, eficaz, eficiente e efetiva.

Nesse sentido é que está em tramitação o projeto de lei (PL nº 8.058/2014), que institui processo especial para o controle e a intervenção em políticas públicas pelo Judiciário, mudando a lógica do Poder Judiciário controlador de constitucionalidade de leis e atos dos governos, nos moldes do Estado Liberal dos séculos XVII e XVIII para um Poder Judiciário que colabora no processo de entrega de serviços qualificados ao cidadão. Afinal, na condição de "Poder" do estado é também político, não obstante tenha os seus quadros preenchidos, *a priori*, mas não exclusivamente por concurso público.

Desta forma, o controle dos 4Es das escolhas e políticas públicas entram no centro da discussão jurídica e Poder Judiciário terá de passar pelos processos de renovação pelos quais tem passado os Poderes Legislativos e Executivos, sempre premidos pelos pleitos eleitorais que lhe impingem uma necessidade de respostas mais rápidas e visíveis ao cidadão.

A base do modelo apresentado parte da premissa de que a fruição de direitos sociais fundamentais implica numa prestação objetiva do Estado e envolve seus três Poderes. A atuação errática do Poder Judiciário, sem balizas legais precisas, gera desorganização do sistema de políticas públicas além de uma insatisfação social pela falta de isonomia que gera. A troca de informações e a cooperação institucional entre os Poderes é a base da nova proposta normativa para que a decisão judicial parte de um critério objetivo de realidade e não do conceito de justiça de cada julgador, fazendo-o de substituir ao administrador público.

CAPÍTULO 1

# HISTÓRICO E FUNDAMENTOS DOS MODELOS DE GESTÃO PÚBLICA E DO CONTROLE DA *RES PUBLICA*

> *À pergunta 'como se governa o Brasil?' é preciso acrescentar a preocupação com as formas de controle da burocracia civil. Os cientistas políticos têm analisado o funcionamento do presidencialismo de coalizão brasileiro ignorando a burocracia. Do nosso ponto de vista, ela é a peça chave do sistema político, que consubstancia o aparato administrativo – sem o qual não existe exercício do poder político – e é, portanto, a base das negociações das coalizões de governo.*
>
> Cecília Olivieri (2010, p. 28)

## 1.1 A Gestão Patrimonialista[13] como o primeiro modelo de gestão da *res publica*

Os detentores do poder político na antiguidade já tinham ao seu encargo vastos programas de obras públicas e havia uma necessidade vital do controle entre o que se captava e o que se gastava dos cofres do Estado. Desde esse período, observa-se a existência de administrações públicas, constituídas sob a imediata direção

---

[13] Essa nomenclatura parte da doutrina de Bresser Pereira (1998) para quem há três formas de administrar o Estado: (i) patrimonialista; (ii) burocrática e (iii) gerencial. A essas três modalidades, acrescentaremos mais uma, a gestão social conforme desenhada por Denhardt e Denhardt (2007).

do soberano, composta por corpos de funcionários permanentes, pagos pelo tesouro público, para cobrar impostos, executar obras públicas e assegurar a defesa contra o inimigo externo (AMARAL, 1998, p. 52-53).

Desde lá, já havia uma preocupação com os desvios de bens públicos e com os crimes fiscais que eram combatidos. No Egito "cortavam as mãos aos que falsificavam as escrituras ou as moedas" (CANTÚ, 1963, p. 489). Aqui o objeto do controle eram os cidadãos e os servidores, um controle que partia do soberano em direção aos seus servidores (controle interno) e seus súditos (poder de império). Nos regimes democráticos – quando se separa o patrimônio do soberano da *res pública* que passa a ter um regime protetivo próprio – essa lógica é invertida e o controle predominante passa a ser o externo, a se realizar em face do Estado e da administração pública por outros Poderes constituídos, instituições e pela sociedade.

Bouzon (1986, p. 74) afirma que, no governo de Hamurabi, os funcionários do reino deveriam apresentar o seu *NIG.KA*[14] ao palácio. Vê-se que esse rei sumeriano (1792-1750 a.C., provavelmente) já dava mostras de que tinha amplo controle sobre a administração do seu reino, como um tipo de controle interno da administração.

Na Grécia, à época da opulência de Atenas, "as leis das finanças eram votadas pelo povo e a sua administração era confiada aos quinhentos senadores que lhe davam contas". Assim, "é, pois, provável que tivessem um registro em regra do que recebiam e do que tinham a pagar" (CANTÚ, 1964, p. 367). Segundo Regis Fernandes de Oliveira, que cita Morselli, na cidade-estado da Grécia antiga "encontram-se os albores de um Fisco organizado, inspirado no princípio do interesse público", mas aplicado coercitivamente, embora o cidadão tivesse a noção de "auxílio ao Estado, na perseguição do bem público, que era a defesa" (2010, p. 73). Em Atenas "sobressaía a legislação concernente à fiscalização dos dinheiros públicos, que, segundo alguns, teria sido a origem dos atuais Tribunais de Contas" (DIOGENES GASPARINI, 2007, p. 38).

É no modelo romano que se vê mecanismos de controle sendo estabelecidos de forma organizada. Isso pode se justificar pelas vastas áreas dominadas pela águia romana. Para manter o poder

---

[14] O termo sumério NIG.KA, que tem como correspondente acádico a palavra nikkassum, indica o balanço de contas de uma administração (BOUZON,1986, p. 74).

fazia-se necessário organizar mecanismos de controle eficazes. E assim o fez o Império Romano que, em 447 a.C. criou a função de *questor*, exercida por duas pessoas, "como auxiliares dos cônsules em suas funções administrativas da cidade". No período da república, diante da expansão romana, o número de *questores* aumentou, como destaca Mário Curtis Giordani (1996, p. 136), para quem "a órbita da atuação desses magistrados, quer em Roma, quer nas províncias, girava em torno da administração das finanças".

Uma relevante evolução civilizatória ocorreu quando os romanos, de forma inovadora, estabeleceram a distinção do patrimônio pessoal do governante (*fiscus Caesaris*), do erário público (*aerarium populi romani*), como destaca Regis Fernandes de Oliveira (2010, p. 74). Ao contrário do governo grego (democracia direta), o modelo romano estabeleceu as bases institucionais do governo representativo, fortalecendo especialmente a casa legislativa e os métodos organizacionais de gestão para dar conta de tão vasto território. Assim, a conjunção da separação patrimonial, do fortalecimento do legislador e da organização institucional favoreceu a criação de mecanismos de controle robustos do patrimônio imperial.

Seguida dessa etapa pródiga na criação de institutos jurídicos e institucionais, ocorreu o declínio do Império Romano, o que provocou uma profunda desorganização dos mecanismos de administração do patrimônio público. O esfacelamento do Império Romano provocou o declínio da soberania e da centralização da imposição tributária, desorganizando as relações entre súditos e reis, pois os tributos variavam de um país para outro, quando não eram exigidos de forma sobreposta por Estado e Igreja. Esse ciclo de pulverização e desorganização das finanças públicas somente foi rompido com o movimento de centralização do Poder dos Estados Absolutistas, que ressuscitou o modelo e as instituições romanas de governo, inclusive no que se refere à organização financeira de controle, que foi reelaborada pelas teorias do mercantilismo e do liberalismo.

A retomada da centralização do poder e do crescimento econômico mundial, por meio das grandes navegações, favoreceu o surgimento das bases modernas das teorias da administração e do orçamento, como também acolheu a prática do orçamento público anual, que facilitava o controle de sua execução por órgãos ainda rudimentares, como o Conselho do Reino inglês, que dariam origem aos parlamentos futuros.

A Magna Carta de 1215 e a Declaração de Direitos de 1689 (*Bill Of Rights*) estabeleceram limites importantes ao soberano, contornando os limites dos espaços do Estado e do cidadão. Nesse aspecto, as finanças públicas e o controle foram privilegiados, já que tanto a tributação quanto o confisco tiveram um teto estabelecido. Uma vez determinada a limitação do poder do soberano, abriram-se os caminhos para o controle realizado pelo parlamento e pelos súditos.

Não obstante os avanços relatados para as finanças públicas na Inglaterra, principalmente a partir das ideias do liberalismo, o modelo de centralização do poder político que dominava as monarquias estabelecidas no continente europeu apontou sérias deficiências no atendimento das necessidades do cidadão. O inevitável ocorreu e a burguesia tomou seu espaço na cena política.

Os excessos e abusos de poder cometidos pelos monarcas causaram uma reação em cadeia atingindo vários povos europeus que passaram a controlar, de forma mais efetiva, as receitas e as despesas públicas. O movimento de reação ao modelo autoritário e centralizado também ocorreu paralelamente na América do Norte, nas 13 colônias inglesas, que se tornaram independentes em 1783.

Para além da revolução que ocorria na América, dentre as monarquias europeias que sofreram transformações nos mecanismos do poder, outra chamou atenção pela sua intensidade de transformação operada nas estruturas sociais, como também pela base teórica que lançou ao mundo, como alicerce paradigmático do novo Estado que surgia e se replicaria. Com a Revolução Francesa em 1789, o orçamento e seu controle adquiriram *locus* privilegiado no tecido social que se enraizou nas constituições dos estados democráticos hodiernos.

O Estado liberal e burocrático (ou clássico) que surgiu após a Revolução Francesa, se opôs ao absolutismo patrimonialista do Estado autocrático monárquico, caracterizado pela confusão do patrimônio econômico do Estado com o patrimônio do Rei, fisiologismo, apropriação privada de bens públicos, nepotismo, corrupção generalizada e teve, por ser uma revolução burguesa, como características principais: (i) a garantia das liberdades, principalmente a liberdade individual; (ii) igualdade formal; (iii) supremacia da lei e (iv) proteção da propriedade privada. Por acolher a liberdade individual como um valor, estabeleceu as bases da teoria dos Direitos Fundamentais e do Direito Administrativo como verdadeiras zonas de exclusão da atuação do Estado, num espaço que seria de prerrogativa da ação do indivíduo.

A administração patrimonialista, democracias parlamentares e capitalismo industrial revelam-se incompatíveis no século dezenove. No capitalismo é essencial a clara separação entre o Estado e o mercado. Era necessário desenvolver um tipo de administração que distinguisse público e privado e separasse o político do administrador público. Desta necessidade, nascem, na Europa do século XIX, as Reformas Burocráticas e a administração burocrática moderna.

O fundamento da administração burocrática é a "centralização das decisões, hierarquia, no princípio da unidade de comando, na estrutura piramidal de poder, nas rotinas rígidas, no controle passo a passo dos procedimentos administrativos – processos de contratação de pessoal, de compras, de atendimento a demandas dos cidadãos" (BRESSER PEREIRA, 1998, p. 48).

Junto à administração burocrática, constrói-se o conceito jurídico de serviço público. "Surge o *ethos* burocrático, fundamentado na ideia de serviço público identificado como interesse público, na aspiração à neutralidade ideológica, na busca de efetividade e da segurança das decisões, no pressuposto da maior racionalidade ou eficiência da administração, na afirmação do poder do Estado em todos os momentos" (BRESSER PEREIRA, 1998, p. 49).

## 1.2 A Gestão Burocrática (GB) ou Gestão Pública (GP) como segundo modelo de gestão da *res publica*

A Revolução Burguesa Francesa não rompeu irrestritamente com o modelo patrimonialista do Estado Monárquico e Absolutista, uma vez que, no âmbito social privilegiou a atuação de determinado grupo social que pagava impostos e, posteriormente, dos que alcançavam certo nível de intelectualidade, validando o monopólio político da burguesia no poder por meio do voto censitário (GIANNINI, 1991, p. 67). Esse Estado garantidor das liberdades individuais, com pouca atuação direta nos diversos setores sociais e econômicos, tinha o mecanismo de controle concentrado no domínio da legalidade estrita, sem perquirir o atendimento efetivo de sua finalidade pública.

O serviço público se estabeleceu como uma das obrigações mínimas a que o Estado deveria se dedicar com afinco, passando a ter um regime jurídico próprio e distinto daquele relacionado aos contratos, estabelecido no Código Civil. No início do século XX, com a atuação de Duguit e Jèze, consolida-se a Escola do Serviço Público.

A teoria do Direito Administrativo – que juntamente com a teoria constitucional se estabeleceu como *locus* privilegiado das regras de controle – enraíza fortes estacas nesse período da história, inclusive a partir da criação do Conselho de Estado na França, que tinha inicialmente competência consultiva e passou a deter competência julgadora. Sua jurisprudência consagrou as prerrogativas da administração pública.

Nesse contexto, foi editada a Lei 28 *pluviose* do ano VIII, que estabeleceu os princípios norteadores da centralização e hierarquização da organização administrativa do Estado, sob a justificativa de servir para implantar a nova ordem social e eliminar a desorganização do Estado (CASTRO, 2008, p. 26-27).

Ainda sob o bafejo do individualismo, no aspecto político, e do liberalismo, no aspecto econômico, vários acontecimentos – Revolução Industrial, duas guerras mundiais e crises econômicas cíclicas – convergiram para a defesa de um modelo de Estado interventor que assume a ribalta do debate político e econômico. Para reconstruir a Europa e reordenar o mercado defendeu-se uma forte atuação do Estado a partir da liderança doutrinária e política econômica dos Estados Unidos da América.

Os cidadãos, massacrados pelos efeitos do movimento de industrialização, das guerras e das crises econômicas exigiam prestações positivas e mais efetivas do Estado. Embora partindo de modelos teóricos distintos, Europa e Estados Unidos passaram a atuar fortemente para a reconstrução de suas instituições e promover a pacificação social.

Nos Estados Unidos, o intervencionismo estatal ainda sofria forte influência do pensamento liberal, para o qual a interferência do Estado na economia e nos mercados deveria se operar pelo tempo mínimo necessário.

Na Europa, berço das teorias de cunho social, havia um olhar mais convicto de que a intervenção deveria ser uma prática permanente, o que favoreceu uma série de políticas públicas e de legislação protetoras dos indivíduos, de fiscalização, e até de restrição dos agentes econômicos, deterministas de posturas positivas do Estado.

Nessa evolução dos fatos, observa-se que logo após a Revolução Francesa – ainda no auge da onda liberal e da "romanização" de muitos institutos – houve o fortalecimento do Poder Legislativo, considerado o mais representativo e legítimo frente aos Poderes (Executivo e Judiciário), sobre os quais pesava a desconfiança histórica herdada do regime monárquico francês.

Em contrapartida, quando o Estado do Bem-Estar Social toma corpo, o destaque dado inicialmente ao Poder Legislativo passa para o Poder Executivo, responsável pela implementação das políticas públicas socializantes e pela regulação maciça dos agentes econômicos. A vinculação da administração à juridicidade de seus atos gerou uma demanda por rapidez da decisão administrativa, retirando parte do poder autorizativo do Poder Legislativo, o que deixou espaço para que o Poder Executivo tomasse as medidas mais adequadas, no menor tempo possível, implicando na redução de controle prévio do parlamento sobre o administrador público e sobre a burocracia.

A mudança do centro de poder do Legislativo para o Executivo foi um dos motivos que favoreceu o surgimento dos governos autocráticos recentes, seja nos regimes democráticos, seja nos regimes autoritários.

Nesse aspecto, os mecanismos de controle do Estado – embora nesse período tenha se consolidado o papel dos Tribunais de Contas e dos controles formais – fixam-se mais nos métodos *a posteriori*,[15] inclusive por reconhecer sua pequenez institucional diante do agigantamento que tomou o Estado,[16] diminuindo o espaço para o controle prévio dos atos administrativos pelo parlamento, bem como o controle social, devido aos modelos autocráticos restritivos da participação popular. Esse tem sido um dos aspectos da criticada apatia – fortemente debatida desde a década

---

[15] Para Bresser Pereira (1998), o controle ainda era anterior uma vez que se fixava na legalidade e processos e não na eficiência e eficácia das políticas públicas, aferíveis a partir do atingimento de metas pactuadas, medidas por indicadores claros.

[16] No Estado Liberal do século XIX somente existiam quatro ministérios (Justiça, Defesa, Fazenda e Relações Exteriores) e o problema da eficiência não era essencial. No Estado social do século XX se acumulou um número crescente de serviços sociais (educação, saúde, transporte, habitação, previdência e assistência social) e de papéis econômicos (regulação do sistema econômico interno e das relações econômicas internacionais, estabilidade da moeda e sistema financeiro, provisão de serviços públicos e de infraestrutura) (BRESSER PEREIRA, 1998, p. 49-50).

de 1970 – e da crise de legitimidade dos Poderes Legislativos nas democracias modernas, que não exercem adequadamente o controle sobre os atos do Poder Executivo.[17]

Após um longo período de crescimento das funções do Estado, impulsionado por necessidades econômicas, estratégicas e socais, a partir da inspiração da teoria intervencionista de Keynes, sobreveio, na década de 1990, um esforço para reinventar o governo (PIRES, 2007, p. 32).

Logo após a Segunda Guerra, houve uma reafirmação dos valores burocráticos da administração pública, não obstante também se disseminassem teorias de flexibilização da Gestão Pública, desconcentração de autoridade e flexibilização de procedimentos. Nesse contexto, surgem as reformas progressistas dos países em desenvolvimento (BRESSER PEREIRA, 1998, p. 51), para soltar o Estado das amarras que o atavam ao modelo racional-lógico weberiano. No Brasil, esse processo foi mais visível no final dos anos 60.

## 1.3 A Gestão Gerencial ou Nova Gestão Pública (NGP) como terceiro modelo de gestão da *res publica*

Com a crise do modelo de intervenção estatal na economia, a partir da década de 1970, vários países tomam o rumo da chamada reforma gerencial, também fomentada pelo Banco Mundial e pelo Banco Interamericano de Desenvolvimento com a abertura de linhas de crédito para a reforma administrativa, em países tidos como prioritários. As Nações Unidas também promoveram uma Assembleia Geral sobre administração pública. O mantra da reforma do Estado substituiu aquele que, nos anos 80, determinou o ajuste estrutural e macroeconômico das nações (BRESSER PEREIRA, 1998, 2001; PAULA, 2005a, 2005b, PASSADOR, 2012).

---

[17] O pressuposto de eficiência, de racionalidade instrumental, em que se baseava [a gestão burocrática] não se revelou real. No momento em que o pequeno Estado liberal do século dezenove deu definitivamente lugar ao grande Estado social econômico do século vinte, verificou-se que esse tipo de administração não garantia nem rapidez, nem boa qualidade, nem custo baixo para os serviços prestados ao público. Na verdade, a administração burocrática, que só se tornará dominante no século vinte, revelar-se-á lenta, cara, autoreferida, autoritária, pouco ou nada orientada para o atendimento das demandas dos cidadãos (BRESSER PEREIRA, 1998, p. 48-49, complemento nosso).

A denominada Reforma Gerencial não foi adotada em um padrão único pelos países que a ela aderiram. Cada nação priorizou algo do seu interesse e promoveu mudanças conforme suas necessidades econômicas e disponibilidades culturais. Não obstante, há um ponto que pareceu convergir, em maior ou menor medida, em todos os países que a acolheram, que foi o da busca de maior flexibilidade de atuação dos administradores públicos trabalharem superando o obstáculo da hierarquia e autoridade rígidas (KETTL, 2006, p. 80).

Na seara internacional, os países que adotaram a reforma gerencial mais profunda foram a Grã-Bretanha, Nova Zelândia, Austrália, Estados Unidos. Na América Latina, o Brasil tomou a dianteira no processo (BRESSER PEREIRA, 1998, p. 51-78).

A reforma da Grã-Bretanha ocorreu no governo de Margareth Thatcher (de 1979 a 1990) e preocupou-se, em grande medida, com a: (i) reestruturação do funcionalismo público inglês (redução de servidores, melhor organização interna do serviço público); (ii) introdução de controles gerenciais derivados da experiência do setor privado; (iii) busca de eficiência da estrutura (Para que serve? Quanto custa? Que valor agrega?); (iv) avaliação e redimensionamento de processos; (v) eficiência do serviço público (satisfação do cidadão-cliente); (vi) redução do tamanho do Estado e da tributação sobre o cidadão (com isso, conseguiu apenas bloquear o crescimento do Estado); (vii) formulação das políticas públicas com centros de custo e orçamento; (viii) criação de grandes sistemas de informação para mensuração e avaliação de custos e resultados; (ix) sistemas de pagamento dependentes de desempenho; (x) procedimentos orçamentários descentralizados; (xi) criação de agências.

Na Nova Zelândia (de 1984 a 1994), as metas internas da reforma foram: (i) aumentar a eficiência do setor público; (ii) melhorar a responsabilização (*accountability*) dos serviços públicos em relação ao Executivo e Parlamento; (iii) evitar os custos sociais da manutenção de um setor público ineficiente; (iv) tornar a atuação do setor público mais sensível às necessidades do cidadão-consumidor; (v) dar aos representantes eleitos maior controle sobre o modo como o dinheiro público era utilizado; (vi) aumentar a transparência do setor público; (v) restringir os gastos públicos em geral atendendo a um limite de responsabilidade fiscal (foi aprovada uma Lei de Responsabilidade Fiscal no bojo da reforma neozelandesa); (vi) implementação de políticas públicas a partir da definição de objetivos claros para os representantes das agências governamentais, criando condições para a responsabilização destes órgãos pelo cidadão; (vii) os diretores executivos das agências tiveram o nível de desempenho funcional claramente definido (metas, objetivos e critérios de desempenho) para que o Parlamento pudesse acompanhar e avaliar sua atuação; (viii) os contratos de trabalho dos altos administradores civis eram de prazo fixo e com pagamento baseado em seu desempenho, cuja avaliação era realizada periodicamente. Por fim, capacitou-se o setor público a responder às questões: o que está sendo comprado? Quanto custa? Quais os impactos possíveis no caixa geral? Quem é o responsável?

A Austrália respondeu à demanda por reformas, priorizando: (i) o aumento de eficiência; (ii) a diminuição de custos de bens e serviços estatais; (iii) equidade de acesso aos serviços públicos para os cidadãos; (iv) gestão baseada no modelo de efetividade e (v) igualdade na gestão de pessoal.

Na reforma australiana houve uma completa reorganização das estruturas ministeriais (1987), que gerou a importante decisão de que os orçamentos deveriam ser elaborados em função de objetivos definidos e resultados previstos.

Nos Estados Unidos, a reforma gerencial foi implantada no governo Bill Clinton, que, após a leitura do clássico *Reinventing Governement* (OSBORNE E GAEBLER, 1992), decidiu alterar as estruturas da burocracia norte-americana. O programa de alteração denominado *National Performance Review* foi dirigido pelo vice-presidente Al Gore e teve uma inspiração gerencial pragmática. No caldo de cultura liberal americana, essa reforma teve um caráter fortemente empresarial voltado para o controle de resultados e a competição das agências públicas, em quase mercados, conferindo um papel central às Agências Reguladoras.

A Suécia – se aproximando do que hoje vem sendo denominada Gestão do Novo Serviço Público (NSP) – adotou muitas das premissas da reforma da Grã-Bretanha, mas teve como característica própria um modelo marcante de responsabilidade social do Estado, com ênfase em interesses humanistas, o que facilitou a ampliação dos mecanismos de participação, não obstante também tenha se apegado aos cânones da eficiência. Investiu em: (i) redução do número de normas; (ii) simplificação de seus textos; (iii) simplificação da legislação sobre tributação e educação; (iv) imposição de prioridades e limites aos gastos públicos; (v) eficácia na prestação de serviços; (vi) introdução de um novo sistema de elaboração de orçamento; (vii) implantação de gestão por resultados; (viii) mudança do centro das atenções dos gastos orçamentários para os resultados operacionais, que deveriam corresponder às metas previamente traçadas.

Na França, a reforma não aconteceu de forma linear e foi marcada por alguns retrocessos. Teve início em 1989 e centrou-se na: (i) descentralização orçamentária e mensuração de resultados; (ii) avaliações públicas e adoção de contratos de desempenho; (iii) implantação do modelo de qualidade total na gestão pública e na (iv) ideia de que somente o gestor que estivesse bem próximo ao usuário poderia definir os objetivos operacionais.

Tanto quanto na reforma que viria a se operar no Brasil, a reforma francesa se estruturou em quatro eixos de ação: (i) estímulo do diálogo social; (ii) dinamização da gestão de pessoal; (iii) desenvolvimento da responsabilização (desconcentração, centros de responsabilidade – com contabilidade analítica ou planos objetivos/meios -, simplificação das regras financeiras e contábeis); (iv) melhoramento de serviços prestados (avaliação de políticas públicas, instauração de uma parceria entre administração pública com usuários, transparência e simplificação de textos, formalidades e procedimentos).

Segundo Bresser Pereira (1998), estudos apontam que países como Itália, Grécia, Espanha e Portugal ainda seriam fortemente regidos por uma administração pública burocrática, baseada em normas e regulamento estritos.

Coincidência ou não, são os países que têm sofrido de forma mais intensa com a crise econômica que teve início em 2008 e mantem seus efeitos nas economias dos países. Também, nós provamos desse veneno nas décadas de 1980 e 1990. Nesse período, as mudanças estruturais e de gestão foram fundamentais para que o Brasil pudesse retomar os rumos do crescimento e da posterior redistribuição de renda.

A herança latina, na América do Sul, deixou seus rastros e o processo de reforma do Estado e da administração ocorreu aqui de forma desigual. Brasil, Chile e México foram os que mais se beneficiaram dessa reforma, não obstante se possam observar características desse processo também em outros países, como Venezuela e Argentina, além de nações da América Central.

Em todos os casos, primeiro houve um ajuste macroeconômico, derivado em grande parte, do endividamento externo que afetou toda a América Latina na década de 1980. Numa segunda etapa, iniciaram-se as mudanças de caráter institucional e de gestão. Esse processo foi maturado durante a década de 1990 com fluxos e refluxos, e também com velocidades distintas em cada democracia. No próximo tópico vamos nos ater ao caso da reforma brasileira, para posteriormente apontar o que já foi implantado, dentre o previsto, e os novos desafios a enfrentar no tema específico do controle do patrimônio econômico do Estado.

O processo de redemocratização que se disseminou na América Latina, a partir da década de 1980, não apenas incorporou novos atores políticos e demandas sociais como criou inovadoras formas de pressão sobre o aparato do Estado (BRELÀZ; ALVES; FORANAZARI, 2007, p. 105).

No Brasil essa mudança de concepção de sociedade e de Estado expressou-se no texto da CRFB/1988.[18] Os gestores buscavam, cada vez mais, a legitimação de suas escolhas políticas por meio da participação dos diversos setores sociais no ciclo da política pública (formulação, implantação, monitoramento e controle) (JACOBI, 2000; 2001), como também o cidadão adotou uma postura mais ativa no sentido de exigir ética, transparência e resultados na atuação do gestor público (SADER, 1988). A exemplo disso, atualmente, o Brasil é pródigo em organizações civis cujo objetivo é o controle do Estado, como os fóruns de controle social e observatórios que, em alguns casos, obtiveram êxito na cassação de mandatos de prefeitos (SPINK; TEIXEIRA, 2007, p. 43).[19]

---

[18] A Constituição de 1988 apontou para uma gestão compartilhada "ao obrigar, em certas áreas, e recomendar, em outras um maior entrosamento direto entre gestores e população em geral, a partir de conselhos e fóruns, tanto consultivos como deliberativos, de diversos tipos [...] Juntou-se aos espaços institucionais abertos pela Constituição uma nova geração de gestores e técnicos com interesse em agir no nível estadual e, especialmente, no âmbito municipal [...] começaram a reconhecer e a aceitar a importância da presença cidadã na discussão e implementação de políticas públicas. Enquanto isso, a mobilização cidadã começou a ir além da pressão e entrar no espaço da proposta, planejamento e implantação da ação" (SPINK; TEIXEIRA, 2007, p. 45).

[19] Um caso que se tornou emblemático no Brasil como modelo de atuação social foi o do município de Ribeirão Bonito, no Estado de São Paulo, cuja mobilização e controle sociais rederam duas cassações de prefeitos e a participação efetiva da comunidade nas decisões a serem tomadas pelo gestor. Vide (TREVISAN; CHIZZOTTI; IANHEZ, 2004).

O processo de redemocratização operado na América Latina também acarretou a preocupação dos governos com o aparato planejador do Estado, pelo que propuseram reformas nos altos escalões da administração pública, mas, sem a visão de conjunto que acabou por desorganizar as estruturas governamentais.

Resumindo o panorama evolutivo dos modelos de gestão da história recente das nações, Bresser Pereira (1998, p. 141) descreve:

> [...] nas sociedades primitivas predominavam o controle hierárquico tradicional e o social; nas sociedades pré-capitalistas complexas, o poder hierárquico tradicional, expresso no patrimonialismo; no capitalismo liberal do século dezenove, o controle burocrático combinado com a democracia representativa[20] e um mercado regulado; finalmente, no capitalismo globalizado que está emergindo conjuntamente com a reforma do Estado dos anos 90, predominarão, combinados, o controle hierárquico gerencial, a democracia representativa, a democracia direta ou controle social direto e o mercado.

Embora o presidencialismo brasileiro seja bastante forte – por vezes autocrático e, por vezes também, autoritário – foi perdendo com o tempo a sua capacidade de planejamento e execução de políticas públicas, ainda que tenha mantido seu viés centralizador. Nos idos da década de 1980 impunha-se repensar o núcleo do governo, restabelecendo sua capacidade de gestão das políticas públicas e de fazer política, processar demandas, tensões e contradições. Era necessário recuperar a autoridade do governo, fortalecendo a credibilidade com a participação e legitimidade mediante o comprometimento. O Estatuto das Cidades e a CRFB/1988 são marcos nesse processo no que se refere a pensar a participação do cidadão e a responsabilização de gestores que não atentem ao cumprimento da lei (BIZELLI; ALVES, 2007, p. 268-271).

Como já referido na introdução, a reforma gerencial não pretendia ser mera reforma administrativa ou redesenho de

---

[20] "O mandato, a representação, poucos agindo em nome de muitos: eis a solução até agora imaginada e implementada, multiplicando as relações agente-principal nos âmbitos públicos e privados [...]" Os problemas da relação agente-principal são os mesmos: (i) racionalidade limitada; (ii) insuficiência ou assimetria de informações ou imprecisão de conhecimento; (iii) dissonância cognitiva; (iv) oportunismo. Geram aumento dos custos de transação e conflitos, demandam soluções institucionais para administrá-las uma vez que não podem ser completamente erradicadas, mas tão somente minoradas por meio de mecanismos efetivos de controle e regulação" (PIRES, 2007, p. 23-24).

estruturas e reestruturação de organogramas. Se dispôs a reconstruir as bases do Estado[21] e repensá-lo desde suas funções até a sua responsividade[22] às demandas sociais. Desta forma, a reforma gerencial e o sistema de controle externo da administração pública — mais especificamente o controle social — estão intimamente ligados.

A partir dessa perspectiva é que, no Brasil, realizou-se mais uma reforma administrativa que tinha como foco combater a tão referida ineficiência do Estado do país, instalada nos três Poderes da República.

O cidadão não obtina resultados no tempo esperado para a implementação das políticas públicas, nem para a produção da lei, ou para o efetivo controle do Legislativo sobre o Executivo, nem tão pouco para a distribuição célere da justiça pelo Poder Judiciário. Não obstante às medidas tomadas, o quadro parece o mesmo, com passadas duas décadas.

O controle que se exerce sobre o Estado passa a ter uma nova conformação. Um espaço no qual, para além da legalidade estrita ou formal, altamente valorizada no modelo burocrático, deseja-se controlar eficiência, eficácia, efetividade e economicidade dos atos da administração e das políticas públicas postas em curso.

O controle efetivo entre meios e resultados dos atos administrativos passou a ser um ponto central do modelo implantado para o novo Estado brasileiro. A CRFB/1988, atenta aos movimentos que ocorriam no mundo, abriu os espaços necessários para a modelagem desse novo controle sobre o Estado, com especial enfoque na institucionalização de órgãos de controle e aumento da participação popular nas decisões de Estado. Assim, estabeleceu-se uma estrutura de fiscalização, plurisubjetiva, harmônica e sincronizada

---

[21] "[...] Uma reconstrução que pressupõe a superação de dilemas obsoletos, como o que pretendia forçar-nos a optar entre o estatismo exacerbado e o livre mercado, e que tampouco se deixa manietar por uma falsa identificação entre o público e o estatal. Uma reconstrução que procura dissipar a ilusão, de conseqüências gravíssimas, de que para assegurar os direitos da cidadania estaríamos obrigados a preservar um estado de 'mal-estar social', cujas estruturas distorcidas funcionavam como mecanismos adicionais de concentração da renda" (CARDOSO, 2002, p. 8).

[22] A palavra responsividade pode ser considerada um neologismo. Deriva de um dos significados, no inglês, da palavra *accountability* que também tem como sinônimos *responsibility* e *answerability*.

que funcionaria tão melhor quanto maior fosse a capacidade de articulação e intercomunicação dos agentes e instituições do sistema.

O modelo de gestão gerencial adotado no Brasil se contrapôs ao modelo burocrático, sem, contudo, deixar de acolher muitos dos seus pressupostos. Nesse sentido é importante destacar que a noção de evolução de um modelo para outro não implica em negação completa das estruturas anteriormente adotadas. Significa, sim, uma quebra do ciclo inercial do modelo anteriormente instalado que passa a sofrer interferência de um novo pensar que deixará para trás determinadas organizações, instituições e práticas, embora possa acolher aquilo que venha a se adequar ao novo estágio de desenvolvimento, aproveitando o que de melhor possa ser adotado do que já implantado até então.

Acolhe-se e se aceita, em parte, a base teórica de Bresser Pereira (1998), para quem existem três formas de administrar o Estado: (i) a patrimonialista; (ii) a burocrática e (iii) a gerencial. Para se alcançar o modelo gerencial de gestão da *res publica* foi necessário dar andamento à reforma do Estado que, no caso brasileiro, adotou a teoria principal-agente,[23] na qual o cidadão é o principal e o burocrata e os políticos são os agentes. Dizemos em parte, porque também aceita-se a tese de que um quarto movimento, paralelo ao gerencial, estava em curso desde então na administração pública mundial, com reflexos na administração brasileira: a gestão do Novo Serviço Público.

Esse novo olhar sobre a administração pública vinha sendo nidado ao mesmo tempo em que se estabelecia, no Brasil, como plano de governo e de escolha de política pública, a implantação da NGP.

## 1.4 A Gestão Societal ou Novo Serviço Público (NSP) como quarto modelo de gestão da *res publica*

A administração pública tem passado por mudanças e se caracterizado pela tentativa de formação de um governo mais participativo e menos estatizado. Denhardt e Denhardt (2000)

---

[23] "[...] isto é, às relações em que o principal A encarrega um agente B para executar uma ação X em seu lugar [...]" (CENEVIVA; FARAH, 2007, p. 134).

questiona: uma vez que o governo pertence aos cidadãos, na pressa por dirigir a administração, estaríamos esquecendo quem são os donos do barco? E conclui que a administração pública deve servir e "empoderar"[24] o cidadão, seja quando administra organizações públicas, seja quando implementa políticas públicas. Deve focar-se em construir instituições marcadas pela integridade e responsividade (DENHARDT; DENHARDT, 2000, p. 549).

O movimento da NAP, para seus críticos, teria contradições inerentes ao modelo, bem como sofreria de um tipo de crise de valores: (i) tensões entre a ênfase na descentralização promovida no modelo de mercado e a necessidade de coordenação no setor público; (ii) os papéis implicados e as relações dos Poderes Executivo e Legislativo e (iii) as consequências do movimento de privatização para os valores do modelo democrático (justiça, transparência, representatividade e participação) e para o interesse público (DENHARDT; DENHARDT, 2000).

Para Denhardt e Denhardt (2000, p. 551-552), quando se compara o modelo da NAP com o modelo clássico (burocracia, hierarquia e controle), o primeiro será sempre a melhor opção. Buscando uma nova concepção de gestão, propõe um novo cânon de comparação, um novo padrão, em que a participação social esteja o móvel diferenciador. Assim, sugere analisar o NAP sob o olhar no Novo Serviço Público (NSP), para o qual o cidadão está ao centro de todas as decisões e demandas do Estado.

O NSP seria um modelo administrativo alternativo ao NAP. Sugere novos caminhos de pensar sobre os pontos fortes e francos das abordagens postas em jogo pela NAP. Parte-se da premissa de que o cidadão dever estar na fronte de guerra do NSP.

Ainda conforme (DENHARDT; DENHARDT, 2000) a origem do NSP, consiste de elementos diversos e autores que contribuíram para sua construção. Emergiu tanto da teoria de acadêmicos quanto da prática de administradores. Tem como precursores

---

[24] Neologismo, amplamente utilizado nos textos de Ciência Política, derivado da tradução literal do verbo da língua inglesa *to empower* que significa conferir poder, autonomia decisória. Do inglês: 1. *to give someone more control over their own life or situation [...] 2. Formal to give to an organization the power or legal right to do something [...]* (LONGMAN. *Dictionary of contemporary English*: The complete guide to written and spoken English. Third Edition. Barcelona: Longman Group Ltd, 1995).

contemporâneos, dentre outros, a teoria da cidadania democrática e o modelo de comunidade e sociedade civil.

Considerações sobre cidadania vêm crescendo na teoria social hodierna, implicando num entendimento de cidadania ativa e participativa. Os indivíduos estão se engajando na governança[25] e focam nas questões de interesse próprio sem, entretanto, descurarem-se do interesse público maior.

Para isso, o exercício de cidadania requer conhecimento, senso de pertinência e ligação com a comunidade ao qual se vincula. Assim, os administradores devem ver as pessoas como cidadãos propriamente ditos, e não como eleitores (administração burocrática) ou como clientes (administração gerencial). Os cidadãos devem compartilhar autoridade com o administrador e este deve confiar na eficiência da sua colaboração. A necessidade de confiabilidade mútua na relação entre cidadão e administrador é um dos focos do NSP, nesse aspecto de transparência *accountability* e controle participativo passam a ocupar maior destaque na discussão.

O Novo Serviço Público surge como uma alternativa para a Nova Gestão Pública, inspirado na teoria política democrática, visando, particularmente, à conexão entre cidadãos e seus governos, com abordagens alternativas à gestão, e ao modelo organizacional, sendo mais humanística na teoria da administração pública (DENHARDT, 1990). Essa vertente societal propõe

---

[25] "[...] o conceito de governança restou disseminado, sendo que, em 1992, abarcado pelo Banco Mundial, que o traduziu como 'a maneira pela qual o poder é exercido na administração de recursos sociais e econômicos de um país, visando ao desenvolvimento' (THE WORLD BANK, 1992, p. 14). É da mesma agência internacional a afirmação de que conceito envolve três distintos aspectos, a saber: 1. A forma de que se reveste o regime político; 2. O processo pelo qual a autoridade é exercida na gestão de recursos econômicos e sociais de um país, rumo ao próprio desenvolvimento; e 3. A capacidade dos governos para conceber, formular e implementar políticas e se desincumbir de funções. [...] quinze anos depois de sua enunciação original, o conceito de governança alcançou refinamento pela mesma agência internacional, assumindo a partir do *paper* originário do grupo temático dedicado à governança e combate à corrupção (THE WORLD BANK, 2007, p. 67) o seguinte conteúdo: 'governança se refere à maneira através da qual os agentes e instituições públicas adquirem e exercem sua autoridade para o provimento de bens e serviços públicos, incluindo oferta de serviços essenciais, infraestrutura e um ambiente favorável ao investimento – corrupção é um produto de uma governança frágil'. Dois elementos novos, portanto, foram agregados ao desenho cunhado pelo Banco Mundial em 1992: a origem da autoridade (legitimidade) e a concretização das tarefas que ela se propõe (resultado)" (VALLE, 2011, p. 37-40).
Para Bresser Pereira, "governabilidade é uma capacidade política de governar derivada da relação de legitimidade do Estado e do seu Governo com a sociedade; governança é a capacidade financeira e administrativa, em sentido amplo, de um governo implementar políticas. Sem governabilidade é impossível a governança, mas esta pode ser muito deficiente em situações satisfatórias de governabilidade" (BRESSER PEREIRA, 1998, nota de rodapé 11, p. 33).

um novo modelo de gestão pública, opondo-se ao estilo burocrático de gestão e buscando uma ampliação da democracia através de uma maior inserção e participação da sociedade organizada na administração pública (PASSADOR, 2012, p. 34).[26]

Renasce a ideia de comunidade e sociedade civil como uma maneira de trazer unidade e síntese numa sociedade cada vez mais complexa e dividida por origens, necessidades e desejos. O papel da administração pública seria o de ajudar a criar e apoiar a comunidade, num sentido de que as decisões locais tomem cada vez mais uma dimensão legitimadora das demandas sociais. Para isso, é necessária a criação e o fortalecimento de entidades mediadoras que simultaneamente deem vazão aos desejos e interesses dos cidadãos e forneçam experiências para o melhor preparo dos cidadãos para a ação num sistema político maior e plurisubjetivo. Coletivamente, esses grupos se caracterizam como a sociedade civil, onde pessoas trabalham seus interesses pessoais no contexto da comunidade (DENHARDT; DENHARDT, 2000, p. 552-553).

São princípios da teoria do Novo Serviço Público (DENHARDT; DENHARDT, 2000, p. 553-557):

(i) *Servir ao invés de dirigir.* O servidor público não é um mero fornecedor de serviço, deve ajudar o cidadão a encontrar seus interesses compartilhados mutuamente ao invés de tentar controlar ou dirigir a sociedade em novas direções. O servidor público, muitas vezes, será um mediador, conciliador, devendo desenvolver novas habilidades para negociar, resolver conflitos para além da habilidade de controle processos. O papel do governo passa de controlador para facilitador, negociador e transacionador das soluções para os problemas públicos;

(ii) *O interesse público é o auxilio, a ajuda ao cidadão, e não um produto em si (o serviço público).* Assim a administração pública deve contribuir para construir uma noção compartilhada e coletiva de interesse público. O objetivo não é achar rápidas soluções guiadas por escolhas individuais, mas sim criar interesses e responsabilidades

---

[26] Uma gestão participativa, comunitária, sem paternalismo, com combate ao clientelismo, "pode ser vista também como a deselitização de políticas públicas, facilitando o acesso de bens normalmente direcionados a uma elite, uma minoria" (TENÓRIO, 1999, p. 150).

compartilhadas. A administração pública tem a obrigação de garantir que as decisões tomadas (tanto na forma, quanto no conteúdo) a partir desse processo de interação entre sociedade e Estado atendam completamente às normas de transparência e justiça;

(iii) *Pense estrategicamente, aja democraticamente.* Políticas e programas que atendam a necessidades públicas podem ser mais eficientemente e mais responsavelmente atingidos em meio a esforços coletivos e processos colaborativos.

(iv) *Sirva cidadãos, e não clientes.* Focar-se na construção de confiança e colaboração com e entre cidadãos e não atender a meros interesses pessoais como os que movem clientes.

(v) *Accountability não é simples.* Servidores públicos devem estar atentos ao mercado, às normas legais, aos valores comunitários, às normas políticas, aos padrões profissionais e aos interesses dos cidadãos.

(vi) *Valorize as pessoas, não apenas a produtividade.* O sucesso ao logo prazo vem quando precedido por processos de cooperação e liderança compartilhada com a participação de todas as pessoas envolvidas.

(vii) *Valorize a cidadania e o serviço público acima do empreendedorismo.* Significativas contribuições à sociedade poderiam ser realizadas sem que empreendedores tomassem decisões como se o dinheiro público fosse próprio. Os administradores precisam compartilhar poder, trabalhar com as pessoas, mas também contextualizar seu papel na governança como participante responsável, e não como empreendedor.

## 1.5 Evolução histórica da gestão e controle da *res publica* no Brasil

### 1.5.1 Do patrimonialismo monárquico à reforma desenvolvimentista de 1967

No Brasil, as origens das finanças públicas bem como sua gestão coincidiram com os passos dados por Portugal que, em termos de receitas, foram alimentados pelos rendimentos: (i) dos gêneros colhidos das terras pertencentes ao rei; (ii) dos tributos satisfeitos pelos conselhos de acordo com os seus forais; (iii) das multas e composições criminais; (iv) de despojos de guerra; (v) do monopólio da venda do vinho; (vi) dos tributos sobre pau-brasil; (vii) dos metais preciosos (*quintos*,1713, o das *avenças*,1714-1724, o dos *quintos com derrama*, 1725-1735 e o da *capitação*, 1736-1751) (CAETANO, 1994, p. 14) e (viii) do açúcar (AVELLAR, 1970, p. 78).

Já os mecanismos de controle serviam para garantir a coleta das receitas reais. O movimento de controle era exercido pelo Estado em relação aos contribuintes e aos responsáveis pela coleta e guarda, para garantir o recolhimento junto ao tesouro real.[27] No que se refere à execução da despesa pública, o controle era pífio, para não dizer inexistente. Havia grande liberdade no dispêndio desses valores pelo Rei.

O Estado Imperial patrimonialista tinha raízes profundas estabelecidas na jovem república brasileira. As mais nocivas, que drenavam os mananciais da república que se tentava implantar, eram a privatização do Estado por meio da concessão de privilégios, fisiologismo, clientelismo e a corrupção disseminada. "[...] Para completa erradicação desse tipo de cultura pré-capitalista não bastava condená-la, seria preciso também puni-la" (BRESSER PEREIRA, 1998, p. 25). Daí a importância de um mecanismo de controle eficaz. Sem a sua existência, não haveria erradicação das mazelas herdadas do regime monárquico português. A Reforma Burocrática tentou alcançar esse objetivo e, em parte, falhou.

Conforme Bresser Pereira (1998, p. 20 e 47), a administração patrimonialista do pequeno Estado liberal não era pública, na medida em que não visava ao interesse público. Ao contrário, era típica dos Estados pré-capitalistas e das monarquias absolutistas e confundia o patrimônio privado do príncipe com o patrimônio público. Este modelo sobreviveu nos regimes democráticos

---

[27] Até a nossa independência política, vários foram os cargos criados com esta finalidade: (i) Mordomo da Corte, que superintendia na administração da Casa Real e no seu patrimônio; (ii) Porteiro-mor que zelava pela cobrança dos rendimentos da Coroa"; (iii) ouvidores da portaria; (iv) vedores da fazenda; (v) Conselho da Fazenda; (vi) Conselho da Índia; (vii) Conselho Ultramarino; (viii) Provedor-Mor da Fazenda; (ix) Secretaria de Estado dos Negócios da Marinha e Ultramar; (x) Erário ou Tesouro Régio; e (xi) Conselho da Fazenda; dentre outros (MARCELLO CAETANO, 1994, p. 317); (VIANNA, 1975, p. 166-167) e (AVELLAR, 1970, p. 168).

imperfeitos, por meio do clientelismo. Os cargos públicos eram propriedade da nobreza ou da burocracia dinástica, dependente e serviente ao monarca.

As primeiras tentativas de organização dos procedimentos financeiros e orçamentários governamentais tiveram origem na primeira metade do século vinte, e delas originaram-se as estruturas descentralizadas de controles internos da década de 1960. As primeiras estruturas de controle administrativo da República surgiram na década de 1920, por um esforço do Poder Executivo para padronizar procedimentos financeiros e contábeis do governo. Em 1921 foi criada a Contadoria Central da República, para auxiliar o TCU na fiscalização do Poder Executivo. Em 1922 aprova-se o Código de Contabilidade que vigorou até a reforma das finanças de 1964 (MARTINS, 1997). Em 1940 a Contadoria foi rebatizada como Contadoria Geral da República centralizando a inspeção de receitas e despesas e houve descentralização de controle, com criação de Contadorias Seccionais em cada Ministério (GOMES, 1994) (OLIVIERI, 2010, p. 83).

Com a chegada da Primeira República (1891-1930), as contas do Estado já estavam desequilibradas, uma vez que tínhamos assumido a dívida Portuguesa com a Inglaterra para termos nossa independência reconhecida. "Metade da receita nacional provinha da tributação sobre os produtos importados. As exportações caíam, acarretando inflação interna, pois se tentava cobrir o déficit com a emissão de papel-moeda" (BLIACHERIENE; SANTANA; RIBEIRO, 2012, p. 22).

A CRFB/1891 ordenou os tributos federais (art. 7º) e os estaduais (art. 9º) enquanto os municipais seriam instituídos por exclusão. Com receitas tributárias exíguas, a opção adotada foi a emissão de títulos da dívida pública pela União e pelos Estados, acarretando gravames orçamentários e financeiros. O quadro geral desse período era de arrecadação minguada, fiscalização quase nula, gastança além das possibilidades orçamentárias e financeiras. Desde esse período, a maior fatia das receitas já era destinada à União.

Não obstante, alguns avanços podem ser apontados nesse período. No que se refere às receitas, instituíram-se novos impostos, além dos vigentes: (i) do selo; (ii) sobre consumo de produtos nacionais; (iii) aumento das taxas alfandegárias sobre mercadorias estrangeiras; (iv) de transporte; (v) sobre vencimentos e subsídios; (vi) sobre a renda (Lei nº 4.625/1922) cuja incorporação ao sistema fiscal brasileiro somente se daria em 1926, quando foram estabelecidos os modelos de tributação compósito e progressivo (AVELLAR, 1970, p. 287).

Quanto à fiscalização e controle, merecem destaque: (i) a criação de delegacias fiscais em diversas capitais de Estado; (ii) em 1926, a proibição, nas leis orçamentárias, das "caudas orçamentárias"; (iii) a criação do Tribunal de Contas; (iv) a especificação dos poderes do Legislativo em matéria de controle e autorização orçamentária; (v) adoção do modelo de controle prévio dos atos do Poder Executivo.

Em 1914 houve um espasmo arrecadatório, fruto da economia de guerra, quando as exportações subiram de 26.470.000 libras (1914) para 78.177.000 (1919), o que permitiu saldos orçamentários e a elevação da taxa de câmbio. Com a reorganização da produção europeia, no pós-guerra, as exportações brasileiras caíram.

De 1926 a 1930 houve a reorganização das finanças, com o consequente equilíbrio orçamentário e o aumento das reservas em ouro. A chegada da grande depressão provocou grandes transformações de caráter político e econômico no Brasil e no mundo.

Durante a Segunda República (1930-1945) correspondente à era Vargas, o Ministério da Fazenda adotou medidas para eliminar o déficit público de 1.300.000 contos de réis com a contenção de despesas e o aumento de impostos. Isso gerou um equilíbrio orçamentário e também levou à diminuição das rendas do Tesouro.

A administração burocrática clássica, baseada nos princípios da administração do exército prussiano, fruto da reforma burocrática[28]

---

[28] A Constituição de 1891, com seu caráter amplamente liberal trouxe como marco a adoção da jurisdição norte americana em detrimento da jurisdição dual francesa, extinguindo-se o Conselho de Estado e o Poder Moderador. A Constituição de 1934, essa sim, com o acolhimento de demandas sociais e econômicas, implantando um Estado interventor, gerou demandas por normas claras de atuação da administração pública a ponto de pressionar por um modelo normativo detalhado (p. 22). Esse é o caldo de cultura do Direito Administrativo normatizado brasileiro.
"Em decorrência da adoção do princípio da legalidade, o Direito Administrativo brasileiro, [...] estabeleceu no direito positivo aquilo que no Direito Francês constituíam teorias e princípios de elaboração jurisprudencial. O que na França é alterado pala jurisdição administrativa, no Brasil depende de alteração legislativa. E com uma agravante: as bases do Direito Administrativo estão na Constituição: as intervenções do Estado na propriedade privada, o regime estatuário do servidor público, os princípios da administração pública, a regra sobre responsabilidade civil do Estado, o princípio da licitação, as normas sobre orçamento e contabilidade pública, as competências normativas, a proteção do patrimônio público, os direitos e garantias do cidadão perante a Administração Pública, o controle interno, o judicial e o legislativo.
A consequência é que a evolução do Direito Administrativo depende, em grande parte, de reformas constitucionais [...] Este é talvez o maior paradoxo quando afastamo-nos do

implantada nos países europeus no final do século XIX, e nos Estados Unidos, no início do século XX, foi iniciada no Brasil no primeiro governo Vargas (1930-1945), quando foi criado o Conselho Federal do Serviço Público Civil (Lei nº 284/1936), posteriormente transformado no Departamento Administrativo do Serviço Público (DASP), pelo Decreto-Lei nº 579/1938 (BRESSER PEREIRA, 1998, p. 47).

A criação do DASP, às vésperas do Estado Novo, teve um papel preponderante na reforma do serviço público do Brasil (FONSECA; BEUTTENMULLER, 2007, p. 85). É uma representação clara da formulação burocrática e, por isso, não se preocupou em estabelecer mecanismos de controle social.

A reforma burocrática brasileira, focada numa hierarquia rígida, preocupou-se basicamente com: (i) administração de pessoal (com sistema de mérito); (ii) orçamento e administração orçamentária (orçamento como plano – orçamento-programa); (iii) administração de material (simplificação e padronização); (iv) revisão de estruturas e racionalização de métodos (BRESSER PEREIRA, 1998, p. 165).

A administração burocrática inovou positivamente com a "difusão de ideias e práticas modernizadoras da administração" e o sistema de mérito para ingresso e promoção no serviço público. Wahrlich (1984) aponta como aspectos negativos da primeira reforma burocrática brasileira: (i) a pretensão de realizar demasiado em pouco tempo, sendo uma reforma concomitantemente global e imediata; (ii) a ênfase exagerada no controle; (iii) a forte centralização "no DASP e pelo DASP" e (iv) a estrita observância de normas gerais e "inflexíveis". Isto tudo levou a uma discrepância entre as normas e a realidade (BRESSER PEREIRA, 1998, p. 165-166).

São princípios da administração burocrática: (i) a administração pública é politicamente neutra; (ii) o foco do governo é o fornecimento direto de serviços e a burocracia centralizada é a melhor estrutura organizacional para prové-lo; (iii) programas são implementados através de mecanismos de controle de cima para baixo, limitando a discricionariedade o quanto possível; (iv) a burocracia busca ser um sistema fechado (neutro) o máximo possível e, por isso, limita a participação do cidadão; (v) eficiência e racionalidade são os mais

---

Direito Francês e do sistema do *commom law*, quando colocamos a lei como principal fonte do direito" (DI PIETRO, 2010, p. 24-25).

importantes valores em organizações públicas; (vi) administradores públicos não têm papel central na realização de políticas e governança, ao invés disso são responsáveis pela a implementação eficiente dos objetivos públicos (DENHARDT; DENHARDT, 2000, p. 551-552).

> Durante um longo período, que vai aproximadamente dos anos 30 aos anos 70, houve uma clara inconsistência entre as novas tarefas assumidas pelo Estado e o ritmo acelerado do progresso técnico em todas as áreas. Por meio de reformas parciais ou simplesmente da desobediência aos princípios burocráticos, políticos e burocratas procuravam integrar a administração pública às novas realidades. Uma dessas reformas intermediárias foi a Reforma Desenvolvimentista que, nos países em desenvolvimento, ocorreu nos anos 60 e 70 [no Brasil, Decreto-Lei nº 200/1967] (BRESSER PEREIRA, 1998, p. 21, complemento nosso).

Com a deposição de Vargas, em 1945, o DASP perdeu parte do seu poder centralizador, conferido pelo regime autoritário, e passou a ser um órgão governamental para cuidar de procedimentos de rotina, enquanto o clientelismo patrimonialista voltava a tomar espaço na administração pública. Quando Vargas retornou à presidência, o DASP ocupava-se de uma miríade de temas, dentre os quais a revisão dos procedimentos contábeis e de auditorias.

A Terceira República (1945-1964) ou governo da redemocratização, pós-Getúlio Vargas, embora desejasse manter um perfil de austeridade fiscal (conter gastos e inflação) também patrocinou grandes obras públicas, financiou a lavoura e reajustou os vencimentos dos servidores públicos civis e militares, o que provocou o desequilíbrio orçamentário e reativou a inflação.

Na década de 1950 havia-se consolidado a concepção de que o Estado deveria ser o motor do progresso técnico de acumulação de capital e o responsável pela distribuição de renda. A carga tributária cresceu de 5 a 10% do Produto Interno Bruto (PIB) no início do século XX, na vigência do Estado liberal, para 30% a 60% do PIB neste período. O Estado ampliou suas atividades e, com isso, cresceu também o número de burocratas. Aos poucos, as distorções do modelo se apresentaram. No processo de distribuição de renda, o corporativismo e as transferências eram capturadas por grupos de interesse num processo claro de privatização da *res publica*, pois eram atendidos os interesses dos empresários, do pessoal do agronegócio, da classe média e dos burocratas públicos. As empresas públicas, inicialmente essenciais na captação de poupança forçada, passaram a demonstrar ineficiência e impotência para se estabelecerem sozinhas, promovendo o esperado desenvolvimento (BRESSER PEREIRA, 1998, p. 35-36).

Após a CRFB/1946, coube a Juscelino Kubitschek estabelecer a *política das metas*, com caráter desenvolvimentista e grande impacto inflacionário. "O custo dos *'50 anos em 5'* foi demasiado, apesar do surto de desenvolvimento que o país conheceu" (BLIACHERIENE; SANTANA; RIBEIRO, 2012, p. 28).

Foi ainda em 1956, no governo de Juscelino Kubitscheck, que se estabeleceu uma comissão especial para a reforma administrativa (Comissão de Estudos e Projetos Administrativos, instituída pela Lei nº 39.855/1956) que, apesar de não ter êxito na implantação de uma reforma devido à falta de aprovação formal do Poder Legislativo, deixou vários estudos temáticos sobre: (i) delegação de competência; (ii) estruturas e rotinas dos ministérios; (iii) fixação de responsabilidades; (iv) reagrupamento de funções e (v) supressão de órgãos desnecessários (BRESSER PEREIRA, 1998, p. 167).

Durante o governo de João Goulart, houve um Ministério Extraordinário para Reforma Administrativa que realizou vários estudos e enviou, em 1964, quatro projetos de lei para o Congresso Nacional, que contemplavam temas como: (i) reorganização ampla e geral da estrutura e atividades do governo; (ii) expansão e fortalecimento do sistema do mérito; (iii) novas normas de aquisição e fornecimento de material no serviço público e (iv) a organização administrativa do Distrito Federal. Nenhum deles foi aprovado, mas serviram de base para o futuro Decreto-Lei nº 200/1967, promulgado no curso do regime autoritário.

Com o golpe de 1964, Castelo Branco ocupou o poder e deu andamento ao projeto de reforma da administração pública com o auxílio de Roberto Campos, resgatando os estudos realizados no governo de João Goulart. Ao final e ao cabo de três anos foi promulgado o referido Decreto-Lei nº 200/1967 – desencadeando a chamada reforma desenvolvimentista – que não rompeu com o modelo burocrático, mas procurou resolver um de seus grandes problemas, o da centralização das decisões.

Em 1964 cada ministério tinha um órgão próprio de fiscalização, não havendo um sistema orgânico e sistematizado. A reforma do controle da administração da década de 1960 abrigou a primeira tentativa de criar um sistema de controle interno e instrumentos de coordenação sobre essas atividades. Nesse período, ocorria concomitantemente a reforma administrativa de 1967 (descentralização, delegação de responsabilidades para os gestores, substituição dos controles formais para o controle de resultados[29]); a reforma financeira da década de 1960 (integração do sistema tributário nacional, reestruturação do Ministério da Fazenda, modernização dos métodos e normas dos trabalhos de arrecadação, criação da Secretaria da Receita Federal – SRF); a reconfiguração das atribuições do TCU (abolição do sistema de registro prévio da despesa pública e a introdução de um novo tipo de fiscalização – inspeções e auditorias saíram do controle absoluto e ineficiente para o controle seletivo dos atos da administração) e a adoção de sistemas de controle interno em cada poder, desvinculado da administração e do TCU (OLIVIERI, 2010, p. 83-90).

A reforma burocrática, iniciada no governo de Getúlio Vargas, ainda não havia fincado suas raízes por completo e fechado seu ciclo de implantação na década de 1960. Apesar disso, já havia a concepção de que os princípios inflexíveis da administração burocrática eram um empecilho ao desenvolvimento do país. Assim, surge a segunda reforma administrativa no Brasil.

Para Bresser Pereira (1998, p. 170), que confere às modificações implantadas no período a nomenclatura de Reforma Desenvolvimentista, não foi uma reforma na acepção do termo, uma vez que não rompeu profundamente com o lado perverso do modelo de gestão anterior (o burocrático). No entanto, houve grandes avanços nos aspectos da descentralização e da desconcentração, ambos favorecidos pelo Decreto-Lei nº 200/1967. Segundo o autor, a grande virtude dessa reforma foi a distinção entre administração pública direta e administração pública indireta, além da garantia de autonomia gerencial às autarquias, fundações e empresas estatais.

Os princípios fundamentais da Reforma Desenvolvimentista foram cinco, muitos dos quais tidos como essenciais a uma boa

---

[29] A avaliação por resultados de uma ação é, em uma visão moderna, a razão de ser da auditoria pública, sendo necessário, para tanto, o emprego de uma série de classes de auditorias, com objetivos e técnicas comuns e específicas, de acordo com o objeto a ser auditado, como: auditoria contábil; auditoria financeira; auditoria operacional; auditoria de gestão; auditoria ambiental; auditoria em segurança da informação; auditoria governamental; auditoria analítica.

gestão até hoje, mesmo nos modelos de gestão gerencial e gestão do serviço público: (i) planejamento (que constitui o princípio dominante, voltado para o desenvolvimento econômico-social e a segurança nacional); (ii) descentralização (da execução das atividades programadas); (iii) delegação de competência (como instrumento de descentralização administrativa); (iv) coordenação (especialmente na execução dos planos e programas da administração) e (v) controle (BRESSER PEREIRA, 1998, p. 169).

> [...] o fato é que essa reforma foi anulada pelo novo regime democrático instalado no Brasil, em 1985. A contra-reforma de 1988, entretanto, não obstante representasse um episódio de centralização ou concentração burocrática fora do tempo, apresentou avanços como a exigência generalizada do concurso público e a descentralização das ações sociais do Estado federal para os Estados e municípios [...] (BRESSER PEREIRA, 1998, p. 167).

No período ditatorial (1964-1985) houve um grande avanço legislativo e institucional na área de finanças públicas[30] no que tange à elaboração orçamentária e ao consequente controle interno e externo das receitas e das despesas públicas, por ocasião da edição da Lei nº 4.320/1964, gestada nos governos de JK e Jango e ainda em vigor, não obstante haja discussão atual no Congresso para sua alteração e atualização.[31]

---

[30] Em 1966 foram editadas normas relativas à execução financeira do Tesouro, no exercício, consoante Decreto de 07 de janeiro. Dia 20 daquele mês, também por Decreto, foram fixadas normas referentes aos orçamentos analíticos, devendo as despesas do Poder Executivo inscritas no Orçamento realizarem-se sob essa forma, com quadros de despesas para cada unidade orçamentária, observando-se a classificação de categorias econômicas prevista na Lei nº 4.320/1964. Foram instituídas normas sobre a participação municipal nas quotas constitucionais dos tributos arrecadados pela União (AC nº 22, de 30 de agosto de 1966). Reformas tributárias foram levadas a efeito, inclusive com a edição do Código Tributário Nacional (Lei de 25.10.1966), com repercussão nas finanças públicas. Normas sobre orçamentos estaduais foram editadas por meio do AC nº 24, de 18.11.1966 (BLIACHERIENE; SANTANA; RIBEIRO, 2012, p. 27).

[31] "Se observarmos de forma atenta, veremos que a Lei nº 4.320/1964 trata de três temas que se interrelacionam: (i) organização dos orçamentos; (ii) contabilidade pública e (iii) sistema de controle. Esses temas têm rebatimentos óbvios uns sobre os outros e é razoável que sejam regulados por um mesmo diploma legal, porém pela Constituição Federal isso não é mandatório e, aos poucos, devido aos atrasos nas modernizações da Lei nº 4.320/1964, na dimensão da Contabilidade Pública, isso tem sido transformado via outros tipos de legislação, nos termos do art. 50, §2o, da LC nº 101/2000: (i) Portaria nº 467/2009, que trata de plano de contas para a Administração Pública; (ii) Portaria nº 249/2010, que trata do Manual de Demonstrativos Fiscais; (iii) Portaria Interministerial nº 163/2001, que trata de consolidação das contas públicas e (iv) Portaria nº 683/2011, que estabelece regras para a inserção de

Durante os vinte e um anos de ditadura no Brasil, a dívida pública cresceu consideravelmente.³² Os empréstimos exteriores se sucederam e a inflação rondava de tempos em tempos, minando as expectativas dos cidadãos.

O processo de reabilitação das finanças públicas brasileiras foi precedido de várias etapas donde foram superados, passo a passo: (i) a confusão institucional entre Banco do Brasil e Banco Central e, posteriormente, entre Banco Central e Tesouro Nacional; (ii) as deficiências instrumentais e organizacionais do Estado, com todas as deficiências na gestão, a começar pela falta de informação confiável sobre as receitas e despesas totais do Estado; (iii) a unificação orçamentária; (iv) a criação da Secretaria do Tesouro Nacional e do Sistema Integrado de Administração Financeira do Governo Federal (SIAFI) e, por fim, (v) o ajuste fiscal de Estados e Municípios (ALBUQUERQUE; MEDEIROS; FEIJÓ, 2008).

Não obstante os avanços referidos a história da política-econômica recente do país também apontam retrocessos significativos com a adoção da contabilidade criativa, falta de transparência quanto à dívida pública, bem como a utilização de bancos e empresas públicas para fins não republicanos. Isso tudo agravado por um controle externo tradicionalmente inoperante (o dos Poderes Legislativo e Judiciário) e ineficaz (Tribunal de Contas e Controle Interno).

O ambiente macroeconômico internacional associado à captura do Estado brasileiro por interesses privados – seja por

---

dados no Sistema de Coleta de Dados Contábeis e Fiscais dos Entes da Federação – SISTN. A LRF avança em vários quesitos que envolvem a melhoria do sistema de planejamento, quesitos de equilíbrio e aproximação entre os sistemas financeiro e orçamentário, por meio da limitação de empenho e imposição de limites a vários procedimentos que não colaboram para a estabilidade financeira do Estado (principalmente em Estados e Municípios). Os primeiros temas que deveríamos abordar dentre os que dificultam a aprovação da nova lei geral são aqueles relativos ao modelo que adotamos para o orçamento e à questão das emendas parlamentares. Esse modelo tem gerado um tipo de estrutura partidária que dificilmente votará contra seus interesses. Nesse sentido, a reforma orçamentária só será viabilizada se pensada em conjunto com a reforma política. [...] Enfim, a Lei nº 4.320/1964 tem se sustentado em parte pelas suas virtudes, em parte, por ter sido criado um mecanismo transverso de alteração e inovação, sob forte tutela do Poder Executivo e com a leniência do Judiciário, e, ainda, em boa parte, por ter sido construído um modelo de relação política fisiológica entre Executivo e Legislativo em torno do Orçamento, sua elaboração e gestão" (BLIACHERIENE; SANTANA; RIBEIRO, 2012, p. 243-251).

32 Citando Celso Furtado, Regis Fernandes de Oliveira pontua que "foi a partir dos anos 70 do século passado que o país começou a endividar-se pesadamente, passando a dívida externa, de 1973 a 1977, de US$ 6,2 para US$ 24,8 bilhões" (2010, p. 654).

ineficiência da administração ou pelo desequilíbrio entre as demandas da população e sua capacidade de atendê-las – levou à crise dos anos 80. Crise essa que se instalou na forma da crise de credibilidade do Estado perante a sociedade e da crise da dívida externa (BRESSER PEREIRA, 1998, p. 36).

A crise brasileira foi um caso paradigmático do que já vinha ocorrendo com outros países no mundo. Teve início em 1979, no auge do segundo choque do petróleo, e caracterizou-se pela perda da capacidade do Estado de coordenar o sistema econômico de forma complementar ao mercado. Foi uma crise de natureza fiscal, do modo de intervenção na economia, da forma burocrática pela qual o Estado era administrado e também da política que gerou a transição para o regime democrático. Só a partir do Plano Real, em 1994, houve a estabilidade dos preços, da poupança pública e retomou-se o crescimento, o que deu novo fôlego ao país, que fez uma opção política pela alteração do modelo de gestão estatal, do burocrático para o gerencial (BRESSER PEREIRA, 1998, p. 40-41).

Foi também na década de 1980 que outros mecanismos de controle das finanças foram viabilizados, como: (i) a reforma do sistema financeiro nacional; (ii) o fim da "conta movimento" que tratava as receitas orçamentárias da União e a contabilidade do Banco do Brasil de forma absolutamente promíscua; (iii) a criação da Secretaria do Tesouro Nacional; (iv) a eliminação de orçamentos paralelos, com a adoção da regra do orçamento uno e (v) a implantação de um sistema de tecnologia da informação para a centralização informatizada de todas as receitas e execuções orçamentárias da União (SIAF) (BRESSER PEREIRA, 1998, nota de rodapé nº 28, p. 43).

> Conforme Albuquerque, Medeiros e Feijó (2008, p. 43-45), a herança da política econômica da década de 1970 produziu multiplicidade de orçamentos para a União (da previdência, o monetário, das empresas estatais e da dívida). Até o final da década, as receitas e despesas das empresas estatais não estavam consolidadas no orçamento, o que somente ocorreu com a criação da Secretaria de Controle das Empresas Estatais, em 1979. Cada orçamento era aprovado por uma autoridade pública diferente o que impossibilitava um controle eficaz da política monetária e do endividamento público. A grande dificuldade para o cumprimento dos empréstimos externos contratados pelo Brasil, com as sucessivas moratórias, gerou uma série de entendimentos com o Fundo

Monetário Internacional e com os credores com a implantação, a partir de 1982, de políticas econômicas de cunho ortodoxo (Planos Cruzado – fevereiro de 1986, Bresser – junho de 1987, Verão – janeiro de 1989, Collor I – março de 1990; Collor II – janeiro de 1991, todos fracassados) (BLIACHERIENE; SANTANA; RIBEIRO, 2012, p. 29).

A redemocratização com a eleição de Tancredo Neves, que morreria antes de assumir o posto, trouxe novos desafios, dentre os quais o de melhorar os mecanismos de participação do cidadão no controle das políticas públicas do Estado.

O impacto da crise externa, a falta de empenho das autoridades em combater o déficit público, a fragilidade política do governo, os efeitos da nova CRFB/1988 aprovada (com redução da discricionariedade fiscal do governo e aumento do impacto previdenciário e de outras despesas obrigatórias) e a queda da poupança do governo geraram um forte prejuízo à situação fiscal do Estado brasileiro de 1988 a 1989, na vigência do governo Sarney (GIAMBIAGI; ALÉM, 2011). Quadro similar ao que enfrentamos hoje, só que em proporções distintas.

No governo de João Batista Figueiredo, já na transição democrática, Hélio Beltrão, tornou-se Ministro da Desburocratização, entre 1979 e 1983, e, como tal, criticou mais uma vez a centralização, o formalismo e a desconfiança. Seu plano de trabalho visava, dentre outros pontos, alçar o usuário do serviço público da condição de súdito à de cidadão (BRESSER PEREIRA, 1998, p. 171-172).

Para Bresser Pereira (1998), a transição democrática significou, no plano administrativo, o retorno dos ideais burocráticos dos anos 30 e, no plano político, um retorno ao populismo dos anos 50, já que os dois partidos que comandaram a transição eram partidos democráticos e populistas. A transição democrática teria se dado pela aliança dos empresários industriais, com os grupos associados ao pacto populista de Vargas e dos anos 50.

A principal preocupação dos atores políticos na redemocratização foi tentar corrigir os erros cometidos pelos militares, dando pouca importância à necessidade de se construir um modelo de Estado capaz de enfrentar os novos desafios históricos. De fato, o regime autoritário foi pródigo em potencializar problemas históricos da administração pública brasileira, como o descontrole financeiro, a falta de responsabilização dos governantes e burocratas perante a sociedade, a politização indevida da burocracia nos estados e municípios, além da fragmentação excessiva das empresas públicas, com a perda de foco de atuação governamental (ABRUCIO, 2006). Assim, a Constituição de 1988 teria sido o resultado de forças contraditórias e a ideologia de esquerda, capturada pela burocracia, teve um papel dominante. Embora muitos membros da burguesia industrial estivessem ligados ao populismo e de fisiologismo (típico da democracia brasileira), aproveitam o movimento constitucionalista para impor, na nova Constituição, princípios burocráticos próprios do século passado, que a Reforma Desenvolvimentista de 1967 já havia desautorizado. Daí a sagração, no texto constitucional, dos princípios de uma administração pública arcaica, burocrática ao extremo.

> A partir dessa perspectiva, decidiram, com a instauração de 'um regime jurídico único' para todos os servidores públicos civis da administração pública direta e das autarquias e fundações, tratar de forma igual faxineiros e professores, agentes de limpeza e médicos, agentes de portaria e administradores da cultura, policiais e assistentes sociais; com estabilidade rígida, ignorando que este instituto fora criado para defender o Estado, não os funcionários; como um sistema de concursos públicos ainda mais rígido, inviabilizar que uma parte das novas vagas fosse aberta para os funcionários já existentes; com as extensão das novas regras a toda a administração pública, eliminar toda autonomia das autarquias e fundações públicas. [...] Contraditoriamente a Constituição de 1988 consolidou uma série de privilégios, ao modelo patrimonialista, como consequência do corporativismo, fazendo com que atores sociais defendessem interesses particulares como se fossem interesses gerais. [...] Em síntese, o retrocesso burocrático da Constituição de 1988 foi uma reação ao clientelismo que dominou o país naqueles anos, mas também foi uma afirmação de privilégios corporativistas e patrimonialistas incompatíveis com o ethos burocrático; foi, além disso, uma consequência de uma atitude defensiva da alta burocracia, que, sentindo-se acuada, injustamente acusada, defendeu-se de forma irracional (BRESSER PEREIRA, 1998, p. 174-177).

Por outro lado, a CRFB/1988 foi libertária e revolucionária ao conferir aos cidadãos novos mecanismos de participação popular e controle do Estado, além de fortalecer os órgãos institucionais vocacionados ao controle externo da Administração Pública, como os Poderes Legislativo e Judiciário, os Tribunais de Contas e o Ministério Público.

A crise fiscal e do modo de intervenção do Estado na economia e na sociedade começaram a ser percebidas a partir de 1987.

Somente após o fenômeno da hiperinflação de 1990, no governo José Sarney, que os cidadãos tomaram ciência da gravidade do quadro e iniciaram-se as reformas econômicas e de ajuste fiscal. No governo Fernando Collor de Mello, teve início à reforma econômica do Estado com a abertura comercial, processo de desestatização das empresas públicas e medidas drásticas de ajuste fiscal, com substancial cancelamento da divida pública interna. Na parte da gestão pública, lançou-se o Programa Brasileiro de Qualidade e Produtividade (PBQP) que, sob a batuta de Dorotheia Werneck, absorveu os cânones da Qualidade Total, e preocupou-se fortemente com a redução do número de servidores públicos. Não obstante o discurso de "caçador de marajás" no governo de Fernando Collor de Mello manteve-se o mecanismo de corrupção que o levou à deposição do cargo de Presidente da República (BRESSER PEREIRA, 1998, p. 179). A liberdade de imprensa e de expressão; o direito de manifestação; além do aumento de mecanismos de controle aportados na CRFB/1988 foram fundamentais para o combate público à corrupção, que tomou destaque na arena social desde então.

No que concerne ao controle, a CRFB/1988 promoveu a: (i) descentralização das decisões administrativas e o fortalecimento dos municípios como instrumento para a gestão local;[33] (ii) participação popular; (iii) organização social; (iv) espaço institucional inovador e (v) descentralização de recursos orçamentários (FONSECA; BEUTTENMULLER, 2007, p. 86-91). Além disso, estabeleceu um sistema intersubjetivo de controle, com instrumentos adequados, publicidade, eficiência e responsabilização como princípios da administração pública. Estabeleceu, por fim, um viés colaborativo e deliberativo e não conflitivo da relação entre administração e cidadão (LEACH, 2006).

---

[33] As dificuldades para potencializar a descentralização foram muitas: houve uma multiplicação exagerada dos municípios, poucos incentivos à cooperação intergovernamental foram estabelecidos e a questão metropolitana foi ignorada pela Constituição, além de o patrimonialismo local ter sobrevivido em boa parte do país. Acima de tudo, foi criado um federalismo compartimentalizado, no qual há mais uma atuação autarquizada dos níveis de governo do que o estabelecimento de laços entre eles. Como a descentralização em um país tão desigual como o Brasil depende da articulação entre os entes federativos, a compartimentalização afeta diretamente (e de forma negativa) os resultados das políticas públicas. Não obstante às qualidades das medidas em prol da profissionalização do serviço público, previstas na Constituição de 1988, parte desta legislação que resultou, na verdade, em aumento do corporativismo estatal, e não na produção de servidores do público (ABRUCIO, 2007).

Em Brasília, no momento em que Fernando Henrique Cardoso é eleito Presidente da República, continuava dominante uma cultura fortemente burocrática. O inimigo fundamental continuava a ser o patrimonialismo e não a própria administração burocrática, racional-legal e, portanto, legalista, baseada no controle rígido de processos. A este inimigo acrescentara-se outro – a corrupção – que, no governo Collor atingiu um nível inimaginável. Patrimonialismo e corrupção foram identificados, e, no governo Itamar Franco, a resposta encontrada foi mais burocratismo, mais controles formais, mais controles de processos. Essa resposta expressou-se, fundamentalmente, em duas instituições novas: a nova lei de licitações, Lei nº 8.666 de 1993, e a criação da Secretaria Federal de Controle. A nova lei de licitações, ao formalizar o sistema de compras do Estado a um nível inimaginável, encarecerá extraordinariamente o processo de compra, sem por isso reduzir a corrupção. A criação da nova Secretaria, embora em princípio uma boa ideia, apenas acentua a tendência ao controle formal do gasto público, ao controle dos processos uma vez que não havia objetivos, metas e indicadores de desempenho definidos que pudessem ser controlados (BRESSER PEREIRA, 1998, p. 182, grifo nosso).

A partir do mandato de Collor – o que foi mantido por Itamar Franco[34] e Fernando Henrique Cardoso – foram abandonadas as práticas econômicas protecionistas e aderiu-se a uma política de desestatização das empresas públicas. A lição deixada pelo fracasso dos planos econômicos da década de 1980 foi a de que o combate à inflação somente teria êxito se houvesse uma combinação de "um mecanismo adequado de desindexação da economia com a adoção de uma austera política fiscal e monetária" (GIAMBIAGI; ALÉM, 2011, p. 128). Nesse sentido, a melhora dos mecanismos de controle era um aspecto fundamental para o êxito das novas propostas orçamentárias e fiscais. Nesse contexto, ocupam papéis de destaque a renegociação da dívida dos Estados e Municípios perante a União e a Lei de Responsabilidade Fiscal (LC 101/00).

No que concerne à captação de receitas, diante da transferência destas da União para Estados e Municípios, foi necessária a criação de novas fontes de arrecadação, com aumento da carga tributária (tanto pelo aumento de alíquotas quanto pela tipificação de novos fatos geradores da obrigação tributária). "De fato, o país viveu então,

---

[34] No interregno do governo Itamar, chegou-se a produzir documentos com diagnósticos importantes sobre a situação da administração pública brasileira, mas que não teve grande iniciativa reformista (ABRUCIO, 2007).

pela primeira vez em praticamente três décadas, um quadro de rigor fiscal como não se via desde a experiência do PAEG de 1964/1967"[35] (GIAMBIAGI; ALÉM, 2011, p. 128- 159).

O modelo burocrático, legalista em seu DNA, levou como efeito o controle da burocracia com baixa responsabilização, uma vez que no modelo burocrático busca-se um insulamento em relação à influência dos partidos e da sociedade e "à ojeriza à responsabilização perante o público" (OLIVIERI, 2010, p. 82). Essa distância das instâncias partidárias e sociais causou também um afastamento da relação com o Poder Legislativo, controlador por excelência no modelo do Estado democrático de Direito. Nos EUA as instituições de controle interno foram criadas por iniciativa do Congresso, e no Brasil pelo Poder Executivo (OLIVIERI, 2010, p. 82-83). Esse insulano deixou essas instituições distantes das principais formas de prestação de contas dos governantes à sociedade. Esse insulamento foi reforçado nos períodos autoritários e pouco mitigado no regime democrático (LOUREIRO, 1997; NUNES, 1999; MARTINS, 1997; OLIVIERI, 2010, p. 83).

## 1.5.2 Reforma gerencial da década de 1990

Nos anos 80, uma aliança liberal se formou após a crise do México e propôs o ajuste estrutural macroeconômico dos países endividados e em desenvolvimento, que na época enfrentavam profundas crises, nidando um objetivo ilusório de redução do Estado (*downsizing*) e simpáticos às teorias liberalizantes da atuação mais ampla dos agentes de mercado (medidas de ajuste fiscal, desvalorização cambial, liberalização comercial e de preços, desregulamentação, privatização e flexibilização do mercado de trabalho). A resposta para a crise estava no mercado, sendo que a função do Estado seria a de apenas garantir a propriedade e os contratos, eximindo-se do dever de intervir nos planos econômico e social. A "proposta se demonstrou irrealista do ponto de vista econômico (não produzia desenvolvimento) e político (não tinha apoio dos eleitores)" (BRESSER PEREIRA, 1998, p. 31, 37-38).

---

[35] Plano de ação econômica do governo Castelo Branco.

A partir da década de 1990 houve uma nova fase de reconstrução do Estado e de recuperação de sua governança, o que poderia ser visto mais como uma "reforma institucional do que uma reforma de gestão" (BRESSER PEREIRA, 1998, p. 22). Enquanto a primeira etapa da década de 1980 pretendia diminuir o tamanho do Estado, esta segunda desejava dar-lhe eficácia com a aplicação dos princípios e práticas da Nova Gestão Pública, por meio da reforma gerencial.

Um dos primeiros avanços desejados na década de 1990 era a delimitação da função do Estado. Para tanto, partiu-se de suas áreas de atuação (atividades exclusivas, serviços sociais, científicos não exclusivos ou competitivos)[36] e produção de bens e serviços para o mercado. E dentre essas atividades era crucial delimitar quais eram as principais e quais as auxiliares ou de apoio. A resposta seria distinta ao depender do modelo ideal a ser adotado (Estado Liberal, Estado de Bem-Estar Social ou Estado Desenvolvimentista).

Outro ponto relevante era a descentralização política e administrativa para níveis locais e subnacionais, delegando competência decisória e recursos orçamentários com autonomia para o uso, mas aumentando os controles. A descentralização aumentaria a possibilidade de controle e obedeceria ao princípio da subsidiariedade, para o qual o que pode ser feito pelos níveis locais e regionais, a estes deve ser delegado. A ideia burocrática da centralização retira poder decisório das populações locais para escolher e controlar a política pública (BRESSER PEREIRA, 1998, p. 106).

---

[36] "[...] a Reforma do Estado integrou a pauta de discussões da reforma constitucional no Congresso Nacional. Viabilizada pela promulgação da emenda constitucional de 1998, essa reestruturação seguiu as recomendações previstas no Plano Diretor e a atividades estatais foram divididas em dois tipos: a) as "atividades exclusivas" do Estado: a legislação, a regulação, a fiscalização, o fomento e a formulação de políticas públicas, que são atividades que pertencem ao domínio do núcleo estratégico do Estado, composto pela Presidência da República e os Ministérios (Poder Executivo), e que seriam realizadas pelas secretarias formuladoras de políticas públicas, pelas agências executivas e pelas agências reguladoras; b) as "atividades não-exclusivas" do Estado: os serviços de caráter competitivo e as atividades auxiliares ou de apoio. No âmbito das atividades de caráter competitivo estão os serviços sociais (e.g. saúde, educação, assistência social) e científicos, que seriam prestados tanto pela iniciativa privada como pelas organizações sociais que integrariam o setor público não-estatal. Já as atividades auxiliares ou de apoio, como limpeza, vigilância, transporte, serviços técnicos e manutenção, seriam submetidas à licitação pública e contratadas com terceiros" (PAULA, 2005, p. 38).

[...] Quando, além da desconcentração temos a descentralização política do recurso e do gasto público, o papel atribuído pela reforma gerencial ao controle social local torna-se ainda mais decisivo. [...] quando a descentralização é pensada em termos políticos, envolvendo distribuição territorial de poder, existe uma clara relação com a democracia. (BRESSER PEREIRA, 1998, p. 107).

A reforma gerencial seria gradual e, por isso, sua implementação deveria durar anos. Não promoveu – e nem era recomendável que o fizesse – uma ruptura radical com a administração burocrática que deveria se manter no núcleo estratégico e nos demais setores. Onde a eficiência fosse o valor fundamental deveriam prevalecer os cânones da reforma gerencial (BRESSER PEREIRA, 1998, p.107).

Para Bresser Pereira (1998), a reforma gerencial é uma mudança do paradigma e papel do Estado, não como mera reformulação de processos ou de organograma, mas como verdadeira modificação na cultura, organização e na relação entre Estado e sociedade. Visaria melhorar a eficiência e a efetividade dos órgãos ou agências do Estado e para tanto, lançaria mão da descentralização das atividades para Estados e municípios e da desconcentração (delegação) das decisões para os administradores das agências executoras de políticas públicas. Por outro lado, separaria os órgãos formuladores de políticas públicas dos executores de serviços. Alteraria o mecanismo de controle que deixaria de ser prioritariamente burocrático e de procedimentos para combinar outros quatro tipos de controle (controle de resultados, a partir de indicadores de desempenho,[37] controle contábil e de custos,

---

[37] "As metas devem ser realistas mas desafiadoras, encorajando o progresso em relação aos níveis históricos de desempenho. Metas não realistas ou que não apresentem desafio podem levar à perda de credibilidade e à desmotivação em relação ao seu atingimento. As metas devem ser escritas de forma que, mesmo pessoas não familiarizadas com a organização sejam capazes, apenas à leitura, de entender os resultados esperados. *No processo de definição de metas, deve-se evitar a tentação de querer medir tudo, restringindo à mensuração, às atividades críticas, isto é, aquelas que tenham um impacto direto e mais forte no resultado do processo como um todo. Definidas as metas, será possível definir os indicadores de desempenho, expresso em unidades de medida que sejam as mais significativas para aqueles que vão utilizá-los, seja para fins de avaliação seja para subsidiar a tomada de decisão com base na formação por eles gerada. Um indicador de desempenho é composto de um número, ou percentual, que indica a magnitude (quanto), e uma unidade de medida, que dá ao número ou percentual um significado (o quê). Para medir o desempenho institucional é necessário coletar os dados.* Entretanto, desenvolver novos sistemas de coletas de dados pode ser dispendioso; o tempo e os esforços devem ser comparados com os benefícios. Por isso, o entusiasmo pela construção de um novo sistema deve ser contido pela realidade dos custos, da coleta e do processamento dos

controle por quase-mercados ou competição administrada e controle social), na separação entre setor público estatal e não-estatal, para o que a adoção de agências reguladoras torna-se fundamental e na terceirização das atividades auxiliares ou de apoio, que passam a ser licitadas competitivamente no mercado. Por fim, sugere-se o fortalecimento da burocracia estatal, que na alta administração pública, deve ser tornada mais autônoma, organizada em carreiras ou "corpos" de Estado, e legitimada não apenas por sua competência técnica, mas, também, por sua capacidade política.

> Finalmente, a Reforma Gerencial visa assegurar o caráter democrático da administração pública, através da implantação de um serviço público: (a) orientado para o cidadão-usuário ou cidadão-cliente, em vez de manter o caráter auto-referido que caracteriza a administração pública burocrática, voltado para a afirmação do poder do Estado e da burocracia estatal; e *(b) baseado na responsabilização do servidor público: (b1) perante a sociedade, por meio de uma administração transparente, voltada para a prestação de contas; (b2) perante os políticos eleitos nos termos da democracia representativa, por meio da atuação fiscalizadora, principalmente dos políticos da oposição; e (b3) perante os representantes formais e informais da sociedade, organizados no espaço público não-estatal por meio de mecanismos de controle social ou de participação cidadã.* Nesse sentido, a Reforma Gerencial é uma reforma para a democracia (BRESSER PEREIRA, 1998, p. 110-112, grifos nossos).

Bresser-Pereira (1998) aponta que a reforma gerencial no Brasil pode ser dividida em duas etapas, ou "ondas". A reforma teve início com medidas que não dependiam de mudanças constitucionais (ajuste fiscal, abertura comercial, privatização e estabilização monetária). Na sequência vieram as medidas que implicavam alteração do texto constitucional.

Quando isso foi escrito originalmente, em 1998, o então Ministro Bresser Pereira referia-se ao que vivia. Uma das hipóteses levantadas nesse texto é a de que essa reforma já teria alcançado uma terceira onda, caracterizada pela socialização da gestão, que pode apontar para um novo modelo de administração da *res publica* ou um aperfeiçoamento[38] do modelo gerencial, que abordaremos

---

dados. Normalmente pode ser feita uma melhoria nos sistemas de coleta e processamento já existentes, a um custo razoável" (BRESSER PEREIRA, 1998, p. 230, *grifo nosso*).

[38] Em sentido contrário: "É bastante tentador dizer que os modelos se complementam, mas esta análise se tornaria reducionista se desconsiderasse o quanto as diferenças entre as

no tópico seguinte. Todas essas etapas ou ondas são complementares e podem levar a um ponto desejável de governabilidade e governança do Estado.

A segunda onda de reforma do Estado brasileiro, referida por Bresser Pereira, denominada reforma gerencial atuou em três planos ou dimensões distintos: (i) o institucional; (ii) o cultural e (iii) o de gestão (BRESSER PEREIRA, 1998, p. 11).

(a) No seu aspecto cultural, a reforma gerencial visava "sepultar de vez o patrimonialismo, que ainda existe no Brasil como prática e não como valor, e, de outro, transitar da cultura burocrática para a gerencial" (1998, p. 25). Infelizmente ainda temos essa mácula presente e atuante na administração pública passados dezoitos anos.

(b) Na dimensão institucional-legal,[39] previa a criação das instituições, inclusive normativas, adequadas para implantar as alterações desejadas. Para essa etapa se concretizar houve um grande investimento desde a década de 1990, quando foram efetuadas reformas constitucionais e infraconstitucionais.[40]

(c) E a terceira e mais difícil, a dimensão-gestão, onde as soluções apontadas e as teorias são opostas na aplicação para resultar numa prática gerencial que ofereça à sociedade um serviço público de melhor qualidade, atendendo ao cidadão-cliente a um menor custo possível.

O Brasil adotou a reforma a partir de 1995, quando foi apresentado o Plano Diretor da Reforma do Aparelho do Estado

---

origens e os projetos políticos repercutiram na forma como estes conduzem a organização e a gestão. As abordagens gerencial e societal foram aqui analisadas como construções paradigmáticas, ou seja, resultam do contexto histórico e das opções políticas coletivas, e estão, portanto, sujeitas às influências exercidas pelos atores sociais e pelas instituições envolvidos" (PAULA, 2005, p.47).

[39] "Entre os métodos de gestão, a Reforma Gerencial de 1995 priorizou a estratégia da gestão pela qualidade, mas tinha muito claro que as formas de gestão poderiam ser as mais variadas possíveis. O problema central da reforma não é escolher entre estratégias de gestão, mas criar instituições que viabilizem a adoção dessas estratégias" (BRESSER PEREIRA, 1998, p. 26).

[40] "O final do século XX encontra, portanto, um Estado brasileiro que se impunha reformar, associado a uma moldura constitucional orientada ainda por padrões vinculados às relações desiguais, em que o cidadão – agora, elemento central da ordem constitucional – era visto como objetivo estatal, e não como destinatário e razão de ser do sistema. É nesse contexto que ocorre a mais recente reforma de Estado no Brasil" (VALLE, 2011, p. 96-97).

e o texto base de Proposta de Emenda Constitucional da Reforma Administrativa, posteriormente aprovada, com poucas alterações em relação ao texto remetido ao Congresso Nacional, como EC nº 19/1998. O plano de reforma brasileiro – o primeiro dentre os países em desenvolvimento – foi inspirado nas experiências, a épocas recentes, de países membros da Organização para Cooperação e Desenvolvimento Econômico (OCDE), com especial destaque para a reforma que se passava na Inglaterra.

Dentre os projetos prioritários do Plano Diretor da Reforma do Aparelho do Estado estava: (i) a implantação de um sistema de contabilidade gerencial; (ii) um sistema de informações gerenciais da administração pública; (iii) o estabelecimento da rede do governo (*intranet* do Governo Federal); (iv) a integração dos sistemas administrativos informatizados do Governo Federal e (v) o fortalecimento da *internet* como canal de comunicação do governo com os cidadãos (BRESSER PEREIRA, 1998, p. 205-206, grifo nosso).

No que concerne à garantia de eficiência e qualidade, o plano da reforma preocupou-se, dentre outros temas, com a participação popular na administração pública e com questões de ética e conflito de interesses ligados ao funcionalismo público. Ambos os tópicos tiveram forte impacto na política de controle sobre a administração pública.

O Plano Diretor da Reforma do Aparelho do Estado era dividido em programas e dois em especial, partiam da premissa de adotar a qualidade como estratégia básica da gestão do governo: (i) Programa de Qualidade e Participação[41] e (ii) Programa de Reestruturação e Qualidade dos Ministérios. Sendo que o primeiro é fundamental para compor a nova concepção de administração com a participação do usuário-consumidor e do cidadão-usuário.

A reforma gerencial deu espaço à descentralização e desconcentração da autoridade, um sistema de controle dotado

---

[41] No que se refere ao Programa da Qualidade e participação na Administração Pública é um instrumento para a mudança de uma cultura burocrática para uma cultura gerencial, que valorizasse a participação e iniciativa de cada servidor público. "A ênfase na participação representa o envolvimento de todos os servidores, independentemente do nível, cargo ou função, na melhoria do serviço público, e o compromisso de cooperação entre gerentes e gerenciados na busca do aperfeiçoamento continuo, com a satisfação dos clientes internos e externos da organização [...] têm sido orientados pela decisão estratégica da opção pelo cidadão-cliente, decisão que serve de princípio geral para a condução de todas as demais decisões e ações relativas à busca da excelência na administração pública". Confere à administração pública maior legitimidade de governabilidade (BRESSER PEREIRA, 1998, p. 219).

de incentivos e punições e da criação de novas instituições organizacionais (BRESSER PEREIRA, 1998, p. 23).

Na concepção do Presidente Fernando Henrique Cardoso (FHC), o problema do aparelho do Estado brasileiro "não era seu tamanho excessivo, mas sua ineficiência e ineficácia[42] – principalmente na área social – vinculadas ao burocratismo e ao clientelismo, bem como os desequilíbrios salariais existentes" (BRESSER PEREIRA, 1998, p. 183).

De certa forma, o diagnóstico realizado por Fernando Henrique Cardoso, em 1995, mantém-se aplicável à situação presente no Estado brasileiro, o que poderia indicar um fracasso do modelo gerencial – se houvesse sido implantando integralmente – ou, ainda que não tenha sido implantado, não pôde produzir os efeitos desejados.

Uma das propostas de fase gerencial do Estado foi a participação ampliada na tomada das decisões públicas – com uma gestão consensual que agregasse mais qualidade às decisões políticas – por meio de responsabilidade compartilhada e prestação de contas (BRELÀZ; ALVES; FORANAZARI, 2007, p. 103).

> Por outro lado, percebe-se uma contradição no Estado Gerencialista ao reduzir a ação do Estado em contraposição ao modelo da Constituição de 1988, que garantia a universalização dos direitos do cidadão brasileiro. Isto é, enquanto a reforma gerencialista reduzia a interferência do Estado, por exemplo, na solução dos conflitos entre capital e trabalho, a sociedade brasileira, cada vez mais, esperava a oferta de educação pública de qualidade, entre outros direitos (PAULA, 2005).

No controle da década de 1990 havia a "coexistência entre a lógica interna dessas instituições (insulamento e baixa responsabilização) e as novas exigências democráticas (transparência e prestação de contas) das décadas de 1980 e 1990" (OLIVIERI, 2010, p. 79).

Uma das críticas que se faz à aplicação prática do modelo da NGP é a de que teria havido uma concentração do poder no núcleo estratégico do governo. Haveria uma contradição, pois ao mesmo tempo em que se defendia mais eficiência do controle social,

---

[42] "Desse modo, a nova gestão pública tem uma série de peculiaridades que dizem respeito à necessidade de se ter instrumentos gerenciais e democráticos novos para combater os problemas que o Estado enfrenta no mundo contemporâneo. Se o formalismo e a rigidez burocrática devem ser atacados como males, alguns alicerces do modelo weberiano podem, porém, constituir uma alavanca para a modernização, principalmente em prol da meritocracia e da separação clara entre o público e o privado" (ABRUCIO, 2007).

se delegava a formulação de políticas públicas aos burocratas. O monopólio das decisões foi concedido às secretarias formuladoras de políticas públicas e a execução, atribuída às secretarias executivas, aos terceiros ou às organizações sociais, de acordo com o caráter da atividade (PAULA, 2005a).

> Para Diniz (2000),[43] a necessidade de administrar divergências internas aumentou a oposição da cúpula tecnocrática do governo a esse formato [Câmaras Setoriais e Comitês Executivos, com representação setorial], o que inviabilizou a continuidade da experiência entre 1995 e 1996. O governo então optou pela centralização das decisões e tornou as Câmaras Setoriais um monopólio das equipes ministeriais. Segundo Diniz (2000), o desenho institucional trazido pela nova administração pública aumentou o isolamento dos decisores, estimulando as práticas personalistas e voluntaristas. Abre-se assim espaço para o neopatrimonialismo (SCHWARTZMAN, 1982) e para uma autocracia que recorre a técnicas democráticas (FAORO, 1995).[44]
> [...] Dessa forma, inexiste um canal de mediação entre essas entidades [organizações socais] e a cúpula governamental, o que evidencia que ainda se coloca o desafio de se elaborarem arranjos institucionais para viabilizar uma maior participação dos cidadãos na gestão pública.
> [...] De acordo com Jacobi (2000), teríamos assim uma administração pública co-gestionária que funcionaria por meio das alternativas criadas pela engenharia institucional para a participação popular na definição de programas, projetos e gestão de serviços públicos. Isso implica reformular a organização do Estado e elaborar novos arranjos institucionais que estimulem práticas democráticas (PAULA, 2005a, p. 42-44, complementos nossos).

Visualizadas as graves falhas no mecanismo de controle dos atos administrativos pela Administração Pública, o relatório final da CPMI dos "anões do orçamento" recomendou: (i) a instauração de nova sistemática de elaboração orçamentária; (ii) a restauração das comissões de fiscalização e controle da Câmara e do Senado; (iii) a limitação ao poder de emendar orçamento e (iv) o fortalecimento dos sistemas de controle interno e externo (OLIVIERI, 2010, p. 101).

---

[43] DINIZ, E. Globalização, reformas econômicas e elites empresariais. Rio de Janeiro: Editora FGV, 2000 *apud* PAULA (2005).
[44] FAORO, R. Os donos do poder: formação do patronato político brasileiro. São Paulo: Globo, 1995, vs. 1 e 2 *apud* PAULA (2005).

O modelo de controle via fiscalização como técnica de auditoria[45] aumentou em aproximadamente quatro vezes (entre 1995 e 2000) o número de ações, que saltaram de 5.199 para 19.008 nesse período (OLIVIERI, 2010, p. 119). Paralelamente a isso, ocorreu um aumento "da quantidade de programas e do volume de recursos fiscalizados" (OLIVIERI, 2010, p. 120).

> [...] durante a década de 1990 foi implementada a reforma gerencial do Estado brasileiro. No entanto, não havia no cenário político uma visão unívoca de reforma, pois também estava em curso um novo paradigma reformista: o estado-novíssimo-movimento-social, que rearticula o Estado e a sociedade, combinando a democracia representativa e a participativa (SOUZA SANTOS, 1999). Essa visão alternativa tenta ir além dos problemas administrativos e gerenciais, pois considera a reforma um projeto político e de desenvolvimento nacional. Essa orientação passou a ser defendida por intelectuais de esquerda e por algumas lideranças do Partido dos Trabalhadores (PT), que se opunham ao projeto gerencial de reforma do Estado. No pensamento de alguns desses intelectuais (e.g. GENRO, 1997, 1999, 2000; NOGUEIRA, 1998), isso se manifesta na defesa da esfera pública não-estatal, que está intimamente relacionada com a criação de espaços públicos de negociação e espaços deliberativos.
> Segundo Genro (1997), a esfera pública não-estatal não depende necessariamente do suporte da representação política tradicional, sendo constituída por milhares de organizações, locais, regionais, nacionais e internacionais que mediam a ação política direta dos cidadãos. Esse conceito de esfera pública não-estatal envolve a elaboração de novos formatos institucionais que possibilitem a co-gestão e a participação dos cidadãos nas decisões públicas. Nesse processo, as políticas e ações governamentais conferem identidade aos envolvidos, alteram o cotidiano da cidade e interferem na compreensão política de sua cidadania (PAULA, 2005a, p. 40).

Em meio a esse caldo político e teórico e com a alteração do grupo político que governava o país, uma vez superadas as questões crônicas de caráter econômico que fustigavam o Brasil há décadas, o discurso da distribuição de renda e participação popular passou a ter um papel central entre as prioridades nacionais, junto às antigas demandas na prestação de serviços públicos essenciais tais quais: saúde, educação e infraestrutura.

---

[45] Para um aprofundamento sobre a definição de auditoria operacional, bem como o porquê do seu aumento após os anos 90, vide tópico que trata do controle externo exercido pelos Tribunais de Contas.

Atualmente, o discurso eminentemente econômico volta a dividir espaço com aqueles. Junte-se a isto a má qualidade dos serviços públicos universais e dos essenciais que foram fortemente rechaçados nas manifestações públicas de junho de 2013 ou "jornadas de junho" que tomaram todo o país e ainda reverberam em focos regulares até o momento (2015).

Esse movimento com caráter espontâneo e apartidário nasce sem qualquer indicador político e sociológico que apontasse seu estopim.[46] No dizer de Rubem Figueiredo (2014, p. 8), "o alcance da chama foi desproporcional à potência do estopim: o anúncio de aumento de R$ 0,20 na passagem de ônibus". Foram seguidas de movimentos violentos, como *black blocs*, dos *rolezinhos* e das greves setoriais.

O aparente silêncio social e as altas taxas de aprovação do governo era absolutamente e inversamente proporcional à escalada de insatisfação que foi demonstrada naquele período e quem tem seus reflexos aparentes até o momento.

### 1.5.3 A reforma administrativa pós-reforma gerencial: Gestão Social, Gestão Societal ou Nova Gestão Democrática

Segundo Passador (2-12), a teoria cunhada como "Novo Serviço Público" (DENHARDT; DENHARDT, 2000), no Brasil, recebeu, no Ministério do Planejamento, a denominação Gestão Societal (PAULA, 2005a), Gestão Social (TENÓRIO, 2009[47]), Gerente Equalizador (CAVALCANTI, 2007[48]), e Nova Gestão Democrática

---

[46] "Do ponto de vista das pesquisas de opinião, meu argumento é de que houve um AVC sem que o paciente fosse hipertenso. Não havia sinais, do ponto de vista dos instrumentos consagrados pelas Ciências Sociais – pesquisas, indicadores sociais e índices econômicos-, capazes de, ainda que longinquamente, alcançar o que estava por vir." (FIGUEIREDO, 2014, p. 9-10).

[47] "Por *gestão social* entendemos a substituição da gestão tecnoburocrática, monológica, por um gerenciamento participativo, dialógico, no qual o processo decisório em uma dada sociedade é exercido por meio dos diferentes sujeitos sociais. Este conceito sugere que a pessoa humana, ao tomar ciência de sua função como sujeito social e não adjunto, ou seja, tendo conhecimento da substância social do seu papel na organização da sociedade, deve atuar não somente como contribuinte, eleitor, trabalhador, mas com uma presença ativa e solidária nos destinos de sua comunidade" (TENÓRIO, 1999, p. 151).

[48] CAVALCANTI, B. S. O gerente equalizador: estratégias de gestão no setor público. Rio de Janeiro: FGV, 2007 *apud* PASSADOR (2012).

(NGD). Ressalvando os modelos descritivos peculiares de cada autor, todos têm em comum o discurso da participação popular ativa em todas as etapas da política pública – da concepção ao controle e a avaliação -, uma maior efetividade da política pública e a descentralização dos processos decisórios.

Para Ana Paula Paes de Paula (2005a), a origem da vertente brasileira do NSP – por ela designada Administração Pública Societal – está ligada à tradição mobilizatória brasileira, cujo auge se estabeleceu na década de 1960 com retorno na década de 1970, quando a Igreja Católica catalisou a discussão de problemas coletivos nas Comunidades Eclesiais de Base (CEBs), inspirada pelos ideais da teologia da libertação e da educação popular. "As CEBs se consolidaram como um espaço alternativo para a mobilização política ao estimular a participação popular no debate das dificuldades cotidianas, contribuindo para a formação de lideranças populares" (PAULA, 2005a, p. 39).

Não tardou para que temas relativos aos direitos de cidadania também emergissem e fossem levantados nos recém-criados Centros Populares, "espaços criados por militantes políticos para facilitar sua atuação nas CEBs e nas bases comunitárias em atividades como as de assessores, educadores e organizadores da mobilização popular" (PAULA, 2005a, p.39).

Na década de 1980, a ação para a participação e o exercício da cidadania passou então a ser conduzida pelos movimentos populares e sociais, o movimento sindical, as pastorais sociais, os partidos políticos de esquerda e centro-esquerda, além das ONGs. Paralelo a tudo isso, em alguns Estados não tão servientes ao regime militar, começam a aflorar experiências populares que romperam com a forma centralizada e autoritária de exercício do poder público e decisório, como, por exemplo: (i) mutirões de casas populares e hortas comunitárias de Lages, em Santa Catarina; (ii) iniciativas de participação ocorridas no governo Franco Montoro, em São Paulo e (iii) a administração de José Richa, no Paraná (PAULA, 2005a, p. 39-40).

Esse caldo de cultura participativa bateu às portas do Congresso Nacional, na Constituinte de 1988, para formular um novo referencial das relações entre Estado e sociedade (PAULA, 2005a). Não obstante a heterogeneidade dos atores do campo movimentalista, todos convergiam para a reivindicação da cidadania e do fortalecimento do papel da sociedade civil na condução da vida política do país, pois havia questionamentos sobre acolher o Estado como protagonista da gestão pública, bem como sobre a ideia de público como sinônimo de estatal (MEZZOMO KEINERT, 2000; PAULA, 2005a). A agenda comum apontava também para a criação de instrumentos para possibilitar um maior controle social sobre as ações estatais, desmonopolizando a formulação e a implementação das ações públicas (PAULA, 2005a).

Nesse contexto, multiplicaram-se as propostas locais inovadoras de gestão pública, que foram postas em prática nos governos municipais e estaduais por meio dos conselhos de gestão tripartite, comissões de planejamento e outras formas específicas de representação (JACOBI, 2000; PAULA, 2005a).

É importante adicionar a construção de canais de participação, como os Fóruns Temáticos, voltados à discussão de questões variadas relacionadas com o interesse público, os Conselhos Gestores de Políticas Públicas e o Orçamento Participativo.[49]

De acordo com a nossa análise, ao longo dos anos 1990 essas experiências alternativas se manifestaram de forma fragmentada, demandando uma amarração a um projeto político mais abrangente para o Estado e a sociedade, que contemplasse os seguintes elementos: a) um novo modelo de desenvolvimento para o Brasil que enfrentasse a crise do nacional desenvolvimentismo; b) uma proposta de reorganização para o aparelho de Estado; e c) uma visão de gestão pública alternativa ao gerencialismo. Emergia assim a noção de administração pública societal, mas não havia uma representação política presente no poder central para implementá-la (PAULA, 2005a, p.40).

Com a ascensão de Luiz Inácio Lula da Silva à Presidência da República, em 2003, a partir de uma coalizão que agregava setores populares, partidos de esquerda, centro-esquerda e o empresariado nacional, alimentou-se a expectativa da implementação de um projeto de gestão da *res publica*" que se diferenciasse pela sua

---

[49] "[...] Uma análise da literatura pertinente demonstra que essas experiências se diferenciam pelos seguintes motivos: colocam em questão a tradicional prerrogativa do executivo estatal de monopolizar a formulação e o controle das políticas públicas; permitem a inclusão dos setores marginalizados na deliberação a respeito do interesse público; e possibilitam que os diferentes interesses presentes na sociedade sejam explicitados e negociados num espaço público transparente. Em síntese, procuram contribuir para a construção de uma cultura política democrática nas relações entre o Estado e a sociedade combinando ação e estrutura, política e técnica. No entanto, essas manifestações apresentam limites e ainda são locais e fragmentárias, trazendo para a pauta a questão da articulação dessas ideias e práticas em um projeto global de reforma do Estado" (PAULA, 2005, p.44).

tentativa de promover e difundir as virtudes políticas do campo movimentalista, reformulando as relações entre o Estado e a sociedade no que se refere aos direitos de cidadania" (WAINRIGHT, 1998;[50] PAULA, 2005a, p. 40).

> Ambas as vertentes se dizem portadoras de um novo modelo de gestão pública e afirmam estar buscando a ampliação da democracia no país. No que se refere à abordagem gerencial, ocorreu um desapontamento em relação aos indicadores de crescimento econômico e progresso social obtidos. Quanto à abordagem societal, a vitória de Luís Inácio Lula da Silva gerou uma expectativa de que ela se tornasse a marca do governo federal. No entanto, o que se observa é uma continuidade das práticas gerencialistas em todos os campos, inclusive no que se refere às políticas sociais (PAULA, 2005a, p. 37).
> Só que a experiência petista no plano local, com vários casos de sucesso, tem sido menos aproveitada do que se esperava, infelizmente. [...] O ponto mais visível da presidência Lula no campo da administração pública tem sido, até agora, sua incapacidade de estabelecer uma agenda em prol da reforma da gestão pública. Definitivamente, este não tem sido um tema-chave do atual governo, um erro grave para quem tem o objetivo declarado de aumentar a efetividade das políticas públicas, notadamente as sociais, sem prejudicar o necessário ajuste fiscal. Não surpreende, portanto, a constante veiculação pela imprensa de exemplos de falhas gerenciais.
> A pior característica do modelo administrativo do governo Lula foi o amplo loteamento dos cargos públicos, para vários partidos e em diversos pontos do Executivo federal, inclusive com uma forte politização da administração indireta e dos fundos de pensão. Este processo não foi inventado pela gestão petista, mas sua amplitude e vinculação com a corrupção surpreendem negativamente por conta do histórico de luta republicana do Partido dos Trabalhadores.
> Se houve algo positivo na crise política de 2005 é que, depois do conhecimento pelo grande público do patrimonialismo presente em vários órgãos da administração direta e em estatais, tornou-se mais premente o tema da profissionalização da burocracia brasileira (ABRUCIO, 2007, p.77).

Outro ponto que vale ressaltar em matéria de controle no governo Lula foi o fato de que enquanto houve favorecimento e fortalecimento dos mecanismos de controle interno, via institucionalização da CGU, e a atuação ativa da Polícia Federal, por várias vezes, ocorreram tentativas de acuar e intimidar o Tribunal de Contas da União, quando este atuava no exercício do controle externo – principalmente quando

---

[50] WAINRIGHT, H. Uma resposta ao neoliberalismo: argumentos para uma nova esquerda. Rio de Janeiro: Zahar, 1998 *apud* PAULA (2005).

recomendava ao Congresso Nacional a suspensão de contratos sob a suspeita de superfaturamento em grandes obras públicas vinculadas ao Programa de Aceleração do Crescimento – com ameaças de usar a maioria que detinha no Congresso Nacional para fazer passar a PEC 90/2007[51] e extinguir os Tribunais de Contas passando o controle externo exclusivamente para o Poder Legislativo das tres esferas federativas a quem caberia, por sua vez, criar um órgão próprio de auditoria para o processamento do controle.

Analisando a tramitação da PEC 90/2007 no sítio do Senado Federal, observa-se que foi rapidamente movimentada, exatamente no auge da "crise" entre o Tribunal de Contas da União e o Poder Executivo, que tinha suas obras questionadas. São os vestígios do Estado patrimonialista que devemos vencer, pois, como já referido, a verdadeira privatização que devemos combater é aquela em que grupos secularmente adaptados a viver da usurpação do dinheiro público lançam seus tentáculos nas estruturas de Poder do Estado, independentemente de qual seja o partido ou o grupo dominantes que ocupe temporariamente o poder, para perpetuar o processo de apoderamento do dinheiro público como se fosse próprio.

> O Paternalismo confunde o erário com o fisco, como o faziam antigamente os romanos. Posteriormente, fizeram a separação entre o erário, que suportava as festas e caprichos dos governos, e o fisco, que era o que cabia ao povo. [...] O paternalismo, o filhotismo, o compadrio,

---

[51] A Senadora Serys Slhessarenko (PT-MT) – PEC 90/07 – defende a extinção do Tribunal de Contas da União (TCU) e de todos os Tribunais de Contas estaduais e municipais, bem como de seus cargos de ministro e conselheiro. As funções de fiscalização e de controle externo passariam a ser exercidas diretamente pelo Congresso Nacional e pelas Assembleias Legislativas, por meio das Auditorias de Contas. Segundo as palavras da Senadora, em sua justificativa, "A verdade é que temos os cargos de ministros e conselheiros dos tribunais de contas como mero prêmio para parlamentares que não mais possuem força eleitoral para se manter em cargos eletivos. Toda uma estrutura administrativa acaba sendo erigida para viabilizar esse verdadeiro benefício, e tal circunstância não pode ser mais tolerada pela sociedade", e que pretende atacar "corajosamente" o problema das indicações políticas, com a extinção dos Tribunais de Contas.
A seguir por essa linha de raciocínio deveríamos defender "corajosamente" a extinção dos Tribunais judiciais de segunda e terceira instâncias uma vez que também têm seus Desembargadores e Ministros indicados em ato político do poderes Executivo e Legislativo. Melhorar o órgão não significa extingui-lo. Vê-se claramente que essa PEC foi movida como se faz com um tanque de guerra, quando esta está declarada. Ao invés de combater a corrupção, ataca-se aquele que a visualiza, denuncia à sociedade e, eventualmente, pune. Por enquanto, a PEC encontra-se em alguma gaveta do Congresso Nacional, aguardando uma próxima investida. Para acompanhamento da PEC ver: <http://www.senado.gov.br/atividade/materia/detalhes.asp?p_cod_mate=82820&p_sort=DESC&p_sort2=A&p_a=0&cmd=sort>. Acessada em: 10 jul. 2012, 21:48.

tudo leva à sublevação dos recursos que deveriam ter destinação pública e esbarram ora em formalidades absurdas, ora em formalidades interessantes para que haja o desvio (OLIVEIRA, 2012, p. 21-22).

"O fato de cada uma das vertentes ocuparem um dos extremos do debate reflete a clássica dicotomia entre a política e a administração que circunda a gestão pública". Ademais disso, a vertente societal não se mostrou capaz de apresentar propostas adequadas para cobrir as dimensões econômico-financeira e institucional-administrativa da administração, como também a vertente gerencial não lida bem com a dimensão sóciopolítica de forma prática, mas predominantemente no âmbito do discurso (Paula, 2005, p. 40-41).

Ao concluir seu estudo comparativo entre a NGP e a Gestão Societal no Brasil ou NSP, Ana Paula Paes de Paula (2005a), faz um pequeno quadro onde expõe as principais diferenças entre os dois modelos de gestão referidos.

Quadro 2
Variáveis Observadas na Comparação dos Modelos

|  | Administração Pública Gerencial | Administração Pública Societal |
|---|---|---|
| Origem | Movimento internacional pela reforma do Estado, que se iniciou nos anos 1980 e se baseia, principalmente, nos modelos inglês e estadunidense. | Movimentos sociais brasileiros, que tiveram início nos anos 1960 e desdobramentos nas três décadas seguintes. |
| Projeto Político | Enfatiza a eficiência administrativa e se baseia no ajuste estrutural, nas recomendações dos organismos multilaterais internacionais e no movimento gerencialista. | Enfatiza a participação social e procura estruturar um projeto político que repense o modelo de desenvolvimento brasileiro, a estrutura do aparelho de Estado e o paradigma de gestão. |
| Dimensões estruturais enfatizadas na gestão | Dimensões econômico-financeira e institucional administrativa. | Dimensão sócio-política. |
| Organização administrativa do aparelho do Estado | Separação entre as atividades exclusivas e não exclusivas do Estado nos três níveis governamentais. | Não há uma proposta para organização do Estado e enfatiza iniciativas locais de organização e gestão pública. |
| Abertura das instituições políticas à participação social | Participativo no nível do discurso, mas centralizador no que se refere ao processo decisório, à organização das instituições políticas e à construção de canais de participação popular. | Participativo ao nível das instituições, enfatizando a elaboração de estruturas e canais que viabilizem a participação popular. |
| Abordagem de gestão | Gerencialismo: enfatiza a adaptação das recomendações gerencialistas para o setor público. | Gestão social: enfatiza a elaboração de experiências de gestão focalizadas nas demandas do público-alvo, incluindo questões culturais e participativas. |

Fonte: (PAULA, 2005a, p. 41)

Como avanços da gestão de Luis Inácio Lula da Silva no que se refere ao fortalecimento de mecanismos de controle da administração pública, apontam-se a continuidade de uma série de iniciativas anteriores, como o reforço de algumas carreiras, o fortalecimento e a nova moldagem que deu à Controladoria Geral da União. Além disso, aproveitou sua inspiração na democracia participativa avançar um pouco na discussão do PPA e no campo do planejamento. Ao mesmo tempo em que teve o governo assolado por escândalos sucessivos de corrupção, também deixou o legado positivo do aperfeiçoamento das ações da Polícia Federal (ABRUCIO, 2010).

A partir de 2003 as alterações pelas quais passou a CGU a fez focar, para além do aperfeiçoamento da gestão dos ministérios, no combate à corrupção por meio de operações especiais com atuação interinstitucional com outros órgãos de controle da administração. Seu planejamento, no período de 2007 a 2010, focou: (i) na qualificação do controle interno para melhoria de desempenho de suas funções; (ii) na responsabilidade administrativa para combate à impunidade; (iii) no destaque para medidas de prevenção[52] à corrupção; (v) na articulação interinstitucional e internacional; (vi) no incentivo ao controle social e (vii) nas medidas de transparência pública (OLIVIERI, 2010).

Há medidas tomadas no primeiro mandato da Presidente Dilma Rousseff, no âmbito dos Poderes Executivo e Legislativo, no sentido de repensar a gestão pública, dentre as quais respectivamente: (i) o Projeto de Gestão Pública Democrática (GPD), encabeçado pela Secretaria de Gestão Pública do Ministério do Planejamento; (ii) a 1ª Conferência Nacional sobre Transparência e Controle Social (Consocial); (iii) a Primeira Conferência Anual de Alto Nível da Parceria para um Governo Aberto; e (iv) a criação da Frente Parlamentar Mista para o Fortalecimento da Gestão Pública. Abordaremos essas quatro experiências recentes.

O Projeto de Gestão Pública Democrática (GPD), do Ministério do Planejamento, tem como objetivo facilitar a atuação dos órgãos e entidades das Administrações Direta e Indireta. De acordo como o modelo de Gestão Pública Democrática, o objetivo da Administração

---

[52] O conceito de prevenção e precaução adotadas nesta tese converge com a definição de Juarez Freitas, como se verá no próximos capítulos (2009 e 2011).

Pública é viabilizar o ideal político nacional de Estado Democrático de Direito estabelecido na Constituição Federal de 1988, assegurando e aprofundando os princípios democráticos da Constituição. A orientação político-estratégica é o papel indispensável do Estado na formulação de políticas, na regulação da competitividade e na promoção do bem comum da sociedade (PASSADOR, 2012, p. 35).

O modelo de GPD teria como característica própria, que o diferenciaria, em tese, da NGP a: (i) ênfase dada à capacidade de regulação estatal para negociar a formação de consensos entre burocracia, sociedade e mercado; (ii) adoção de modelos organizativos mais flexíveis, ágeis, participativos e voltados para resultados; (iii) utilização criteriosa dos poderes estatais no exercício da ponderação entre interesses, valores e direitos, espaço de trânsito privilegiado do controle social. Entre os principais projetos da Secretaria de Gestão Pública estariam: (i) o debate sobre uma "nova lei orgânica" para a Administração Pública Federal; (ii) a promoção de ciclos de Debate sobre Direito e Gestão Pública; (iii) o projeto de Regulamentação da Defesa dos Direitos dos Usuários dos Serviços Públicos (PASSADOR, 2012).

Se focarmos nas orientações estratégicas da Secretaria de Gestão Pública (SGP), veremos que muitas delas já eram referidas, tanto no modelo de gestão burocrática quanto no gerencial e que os pontos efetivamente novos são aqueles ligados à busca de metodologias e instrumentos adequados para viabilizar a participação social e democratização dos processos decisórios. São orientações estratégicas da SGP: (i) investir no controle social: (ii) mecanizar a avaliação da opinião dos cidadãos; (iii) projetar a Defesa dos Direitos dos Usuários dos Serviços Públicos; (iv) rever os regimes jurídicos de pessoal na administração pública: aumentar a participação da sociedade na governança dos órgãos e entidades; (v) atualizar e consolidar a legislação e normas do Regime Jurídico Estatutário – Lei nº 8.112/90; (vi) dispor sobre a aplicação do Regime CLT na Administração Pública Indireta ("CLT Público"); (vii) promover o debate sobre o regime previdenciário do servidor; (viii) investir na avaliação de desempenho dos servidores públicos: avaliação de desempenho individual com foco em resultados institucionais; (ix) mecanizar reconhecimento e valorização do servidor público, baseado no desempenho; (x) regulamentar a demissão por insuficiência de desempenho (art. 41, §1º, III da

Constituição); (xi) investir na articulação federativa: promover o debate e a construção conjunta de soluções para a gestão pública (PASSADOR, 2012).

O segundo fato recente na promoção da gestão e controle participativo foi a 1ª Conferência Nacional sobre Transparência e Controle Social[53] (Consocial), cujo processo foi iniciado no governo de Luis Inácio Lula da Silva e concretizado durante a gestão de Dilma Rousseff, com o objetivo de desenvolver uma metodologia para a participação do cidadão nas atividades de planejamento, gestão e controle de políticas públicas. Na sua primeira versão, os temas centrais foram transparência pública e o controle social. Destina-se a promover um espaço público de debates como um mecanismo institucional de democracia participativa. Foram realizadas conferências em nível local, municipal, regional, estadual e federal.

A 1ª Consocial foi convocada por iniciativa do Poder Executivo pelo Decreto Presidencial de 08 dezembro de 2010,[54] conduzida sob a responsabilidade da Controladoria-Geral da União (CGU), presidida por seu Ministro-Chefe, e desenvolveu seus trabalhos de julho de 2011 a maio de 2012. O tema central da primeira versão foi "A Sociedade no Acompanhamento e Controle da Gestão Pública". O objetivo principal foi o de promover a transparência pública e estimular a participação da sociedade[55] no acompanhamento e

---

[53] Conferências nacionais são grandes fóruns organizados, em que os diversos segmentos da sociedade debatem, por meio de metodologia específica, todas as políticas públicas do país que sejam referentes aos temas discutidos. Disponível em: <http://www.consocial.cgu.gov.br/>. Acesso em: 14 ago. 2012.

[54] Atual Decreto 11 de 08 de julho de 2011.

[55] Representantes da sociedade civil convidados pelos organizadores: A Voz do Cidadão; Amigos Associados de Ribeirão Bonito (Amarribo); Articulação Brasileira Contra a Corrupção e a Impunidade (ABRACCI); Associação Brasileira de Imprensa; Associação Brasileira de Organizações Não-Governamentais (Abong); Associação Contas Abertas; Associação Nacional dos Membros do Ministério Público (Conamp); Associação dos Juízes Federais do Brasil (Ajufe); Associação dos Magistrados Brasileiros (AMB); Associação Nacional dos Procuradores da República (ANPR); Conferência Nacional dos Bispos do Brasil (CNBB); Conselho Nacional de Igrejas Cristãs do Brasil (CONIC); Instituto de Fiscalização e Controle; Instituto Ethos de Empresas e Responsabilidade Social; Movimento de Combate à Corrupção Eleitoral (MCCE); Observatório Social do Brasil; Ordem dos Advogados do Brasil; Representante dos Empregadores indicado pela CNI; Representante dos Trabalhadores indicado pela Força Sindical; Representante dos Trabalhadores indicado pela CUT; Transparência Brasil; W3C Escritório Brasil.

controle da gestão pública, contribuindo para uma fiscalização social mais efetiva e democrática.[56]

A meta da Consocial era a de que suas propostas e diretrizes subsidiassem a criação de um Plano Nacional sobre Transparência e Controle Social, além de transformarem-se em políticas públicas, projetos de lei e até mesmo a composição das agendas de governo em âmbito municipal, estadual ou nacional.

Eram objetivos da 1ª Consocial: (i) debater e propor ações da sociedade civil no acompanhamento e controle da gestão pública e fortalecer a interação entre sociedade e governo; (ii) promover, incentivar e divulgar o debate e o desenvolvimento de novas ideias e conceitos sobre a participação social no acompanhamento e controle da gestão pública; (iii) propor mecanismos de transparência e acesso a informações e dados públicos que possam ser implementados pelos órgãos e entidades públicas e fomentar o uso dessas informações e dados pela sociedade; (iv) debater e propor mecanismos de sensibilização e mobilização da sociedade em prol da participação no acompanhamento e controle da gestão pública; (v) discutir e propor ações de capacitação e qualificação da sociedade para o acompanhamento e controle da gestão pública, inclusive com a utilização de ferramentas e tecnologias de informação; (vi) desenvolver e fortalecer redes de interação dos diversos atores da sociedade para o acompanhamento da gestão pública e (vii) debater e propor medidas de prevenção e combate à corrupção, com o envolvimento do trabalho de governos, empresas e sociedade civil.[57]

A Comissão Organizadora Nacional (CON) da 1ª Consocial foi composta aproximadaente por 41 membros, sendo 24 (58,53%) representantes da sociedade civil, três (7,32%) dos conselhos de políticas públicas e 14 (34,15%) do poder público, o que apontou para um forte peso na participação da sociedade civil.

Infelizmente os resultados consolidados da Consocial não foram utilizados e foram esquecidos nos escaninhos do Poder Executivo deixando de servir para um projeto de transformação da administração pública e da forma de prestação de serviços públicos. O pior é que seus resultados são fruto de uma ampla participação

---

[56] Regimento Interno da 1ª Conferência Nacional sobre Transparência e Controle Social – 1ª Consocial. Disponível em: <http://www.consocial.cgu.gov.br/uploads/biblioteca_arquivos/7/arquivo_0bf6e7a058.pdf>. Acessado em: 06 jul. 2012, 18:15.

[57] Texto base da Consocial. Disponível em:<http://www.consocial.cgu.gov.br/downloads/Consocial-Texto_base.pdfSite cgu>. Acessado em: 06 jul. 2012, 17:15.

popular o que geraria a legitimação das medidas administrativas para a implementação das medidas selecionadas.

Ademais disso, com a atuação direta do Poder Executivo no governo Dilma Rousseff, o Brasil aderiu e sediou a Primeira Conferência Anual de Alto Nível da Parceria para um Governo Aberto ("*Open Government Partnership*" – OGP) que foi criada formalmente à margem da 66ª Assembleia Geral das Nações Unidas, em setembro de 2011, quando os governos dos países fundadores adotaram a Declaração para um Governo Aberto.

Trata-se de um fórum de participação voluntária que reúne governos e entidades da sociedade civil[58] com o principal objetivo de alcançar o comprometimento do poder público e da sociedade para promover transparência, capacitação e empoderamento dos cidadãos, o combate à corrupção e o domínio de novas tecnologias para fortalecer a governança, valendo-se do intercâmbio de experiências entre seus participantes, que são oriundos dos governos, organizações da sociedade civil e setor privado.

Ao contrário da Frente Parlamentar Mista que será analisada na sequência, esta parceria não tem personalidade jurídica própria, nem é um sujeito de direito internacional *stricto sensu*.

Para participar, os governos e os outros participantes devem se comprometer a atender cinco expectativas comuns: (i) endossar a Declaração de Alto Nível de Princípios sobre Governo Aberto; (ii) assumir compromissos concretos, como parte de um plano de ação futura para o país; (iii) desenvolver planos de ação nacionais por meio de um processo plurisubjetivo, com o ativo engajamento dos cidadãos e da sociedade civil; (iv) comprometer-se a apresentar um relatório de autoavaliação e relatórios independentes, sobre o progresso do país; e (v) contribuir para o avanço de um governo aberto em outros países, por meio da partilha de melhores práticas, conhecimentos, assistência técnica, tecnologias e recursos. Países que não atendam a essas expectativas repetidamente, por três anos seguidos, ou que atuem contrariamente aos processos da OGP ou de seu plano de ação podem ter sua autorização de participação revista.

A Declaração para um Governo Aberto, acolhida pelos governos signatários dessa parceria, reconhece que as pessoas

---

[58] Também podem participar organizações do setor privado, com direito a voz na reunião anual, além de outras organizações internacionais relevantes e órgãos intergovernamentais, como o Banco Mundial e o Fundo Monetário Internacional.

em todo o mundo estão exigindo maior abertura no governo, clamando por uma maior participação cívica nos assuntos públicos e buscando maneiras de fazer seus governos mais transparentes, ágeis, responsáveis e eficazes. A partir dessa premissa, assumem a responsabilidade para promover a transparência, combater a corrupção, capacitar ou empoderar os cidadãos, e aproveitar o poder das novas tecnologias para tornar o governo mais eficaz e responsável para gerir os recursos públicos, promover a inovação e criar comunidades mais seguras. Os princípios da transparência e do governo aberto passam a ser instrumentos para alcançar aqueles fins.

Ainda segundo a Declaração, o governo aberto visa: (i) aumentar a disponibilidade de informações sobre as atividades governamentais; (ii) coletar e armazenar informações em nome do povo e dar aos cidadãos o direito de procurar informações sobre as atividades do setor público; (iii) promover um maior acesso e a divulgação de informações sobre as atividades governamentais em todos os níveis de governo; (iv) aumentar esforços para coletar sistematicamente e publicar dados sobre gastos do governo e desempenho para os serviços públicos essenciais e atividades; (v) fornecer informações de alto valor, incluindo dados brutos, em tempo hábil e de maneira que o público possa facilmente localizar, entender e usar, em formatos que facilitem a reutilização; (vi) apoiar a participação cívica; (vii) valorizar a participação de todas as pessoas, de forma igual e sem discriminação, na tomada de decisões e formulação de políticas; (viii) promover o engajamento público, incluindo a plena participação das mulheres, aumentar a eficácia dos governos, com o benefício de conhecimento das pessoas, ideias e capacidade de fornecer supervisão; (ix) formular políticas e tomar decisões de maneira transparente, com a criação e utilização de canais para solicitar a resposta do público, e aprofundar a participação pública para o desenvolvimento, acompanhamento e avaliação das atividades do governo; (x) proteger as organizações da sociedade civil para que sua operação ocorra de forma consistente, com o compromisso com a liberdade de expressão, de associação e de opinião; (xi) criar mecanismos para permitir uma maior colaboração entre os governos e a sociedade civil, as organizações da sociedade e empresas; (xii) implementar regras para proteger os denunciantes; (xiii) tornar a informação sobre as atividades e a eficácia da prevenção contra a corrupção e órgãos de execução, bem como os procedimentos de recurso a tais organismos, disponíveis para o público; (xiv) criar impedimentos crescentes contra o suborno e outras formas de corrupção nos setores público e privado; (xv) aumentar o acesso às novas tecnologias para a abertura e a responsabilização; (xvi) envolver a sociedade civil e a comunidade empresarial para identificar práticas eficazes e abordagens inovadoras, com o objetivo de alavancar novas tecnologias para capacitar as pessoas e promover a transparência no governo.[59]

A parceria é finalística e os cinco grandes desafios a serem superados pelos signatários na Declaração são: (i) *melhorar os serviços públicos* – medidas que se destinem aos serviços amplamente destinados aos cidadãos, como saúde, educação, justiça criminal, água, eletricidade ou telecomunicações, que promovam melhorias no serviço público ou inovação no setor privado; (ii) *aumentar a integridade pública* – ações que tratem de corrupção e ética pública, acesso à informação, reforma do financiamento de campanha e liberdade de imprensa e da sociedade civil; (iii) *administração mais eficiente dos recursos públicos* – providências que contemplem orçamento, compras públicas, recursos naturais e assistência externa; (iv) *criar comunidades mais seguras* – ações que se destinem

---

[59] Fonte: Declaração para um Governo Aberto.
Além do acima disposto, vale ressaltar outros comprometimentos dos signatários: como membros da Parceria Governo Aberto, comprometida com os princípios consagrados na Declaração Universal dos Direitos Humanos, a Convenção das Nações Unidas contra a Corrupção, e outros instrumentos internacionais aplicáveis relativas aos direitos humanos e boa governança: [...] Comprometemo-nos a fornecer o acesso a remédios eficazes quando a informação ou os registros correspondentes são indevidamente retidas, nomeadamente através de uma supervisão eficaz o processo de recurso. Reconhecemos a importância de padrões abertos para promover acesso da sociedade aos dados públicos, bem como para facilitar a interoperabilidade de governo sistemas de informação. Comprometemo-nos a buscar o *feedback* do público para identificar o informações de maior valor para eles, e nos comprometemos a levar tais comentários em consideração ao máximo possível. [...] Implementar os mais altos padrões de integridade profissional ao longo da nossa administração. Governo responsável exige elevados padrões éticos e códigos de conduta para funcionários públicos. Comprometemo-nos a ter fortes políticas anticorrupção, mecanismos e práticas, garantindo a transparência na gestão das finanças públicas e compras do governo, e o fortalecimento do Estado de Direito. Comprometemo-nos a manter ou estabelecer um quadro jurídico para tornar a informação pública sobre o rendimento e ativos de nacionais, altos funcionários públicos. [...] Comprometemo-nos a relatar publicamente sobre as ações empreendidas para realizar estes princípios, à consulta com o público sobre a sua implementação, e de atualizar nosso compromissos em função de novos desafios e oportunidades. [...] Comprometemo-nos a abraçar estes princípios em nosso compromisso internacional e trabalhar para promover uma cultura global de um governo aberto, que capacita e oferece para os cidadãos, e avanços dos ideais de governo do século 21, aberta e participativa.

à segurança pública, respostas às crises, desastres e ameaças ambientais; e (v) *aumentar accountability corporativa* – medidas que abriguem a responsabilidade coorporativa do Estado em temas como meio ambiente, combate à corrupção, proteção ao consumidor e engajamento comunitário.

Considerando as especificidades e prioridades internas de cada país, os comprometimentos firmados pelos signatários devem atender e refletir os quatro princípios norteadores da parceria do Governo Aberto, quais sejam:

(i) *Transparência:* as informações sobre atividades governamentais e decisões devem ser abertas, abrangentes, tempestivas e livremente disponíveis ao público e atender aos padrões básicos de dados abertos.[60]

(ii) *Participação do cidadão:* governos buscarão mobilizar cidadãos a se engajarem no debate público, dar sugestões e fazer contribuições que levem a uma governança mais responsiva, inovadora e efetiva. A solução apresentada pelo Poder Executivo foi a apresentação do polêmico Decreto nº 8.243/2014 que, fortemente criticado pela sociedade e pelo Congresso Nacional, foi estrategicamente retirado da pauta da Presidente Dilma Rousseff.

(iii) *Accountability:* disponibilizar regras, regulamentos e mecanismos para cobrar dos agentes de governo justificativa para suas ações. Permitir responsabilização por falhas (contra a lei ou compromissos firmados) no desempenho das suas atividades.

(iv) *Tecnologia e Inovação* – considerar a importância de fornecer aos cidadãos acesso aberto à tecnologia. Considerar também o papel das novas tecnologias no processo de desencadeamento de inovação e a importância de aumentar a capacidade dos cidadãos em utilizar as novas tecnologias.

---

[60] Nesse ponto, a Presidente Dilma Rousseff vetou as emendas à LDO que obrigavam o Poder Executivo a tornar transparente qual a dívida do Tesouro Nacional junto aos bancos públicos por empréstimos feitos a empresas, com juros subsidiados, e com aval do governo, mas que não estão sendo pagos há mais de quatro anos. Ademais disso, qual seria a soma dos repasses devidos ao Fundo de Garantia do Tempo de Serviço (FGTS) referentes a valores arrecadados a título de multa paga pelas empresas, em função de demissões sem justa causa, mas que estão sendo retidos pelo governo? Segunda a emenda aprovada pelo Congresso Nacional, o governo deveria informar na internet e encaminhar ao Congresso Nacional e aos outros órgãos de fiscalização, relatórios com os valores devidos pelo Tesouro.

Segundo dados da OGP, estima-se que 1,9 bilhões de pessoas possam ser beneficiadas pela parceria, uma vez que 55 governos comprometeram-se a aumentar sua transparência e responsabilização.

É fato que muitos avanços podem ser identificados, como a criação da Controladoria-Geral da União e aprovação da LRF, no governo de Fernando Henrique Cardoso. Os avanços na legislação eleitoral com a promulgação das leis: Lei nº 9.840/1999 e Lei nº 12.034/2009 que punem a compra de votos e combatem a corrupção eleitoral. A criação do Portal da Transparência, a ampliação do governo eletrônico para prestação de serviços ao cidadão e do pregão eletrônico para promover as compras do governo, durante o governo Lula, além do fortalecimento da CGU.

Ainda no aspecto legislativo a promulgação da Lei Complementar nº 131/2009, conhecida como Lei Capiberibe, que obriga todos os entes federativos discutir com a sociedade suas propostas orçamentárias e a tornarem pública a execução orçamentária; da Lei Complementar nº 135/2010 (Lei da Ficha Limpa), de iniciativa popular que afeta candidatos e servidores públicos. Já na gestão de Dilma Rousseff houve a promulgação da Lei nº 12.525/2011 (Lei Geral de Acesso à Informação), da Lei nº 12.813/2013 (Lei do conflito de interesse), da Lei nº 12.846/2013 que responsabiliza administrativa e civilmente pessoa jurídica que pratique atos contra a administração pública, punindo o corruptor. Há ainda a promulgação da Emenda à Constituição nº 76/2013, que aboliu o voto secreto na cassação de mandatos de parlamentares federais (deputado ou senador) e apreciação de vetos presidenciais.

De outro lado, as sucessivas etapas da "Operação Lava-Jato", que já faz dois anos de seu início, geraram um movimento no governo de proteção de empresas implicadas nos ilícitos e nos atos de corrupção com a alteração da legislação para beneficiá-las na continuidade de contratos com a administração pública.

Além desses movimentos do Poder Executivo e dos movimentos conjuntos realizados com o Poder Legislativo, há movimentos exclusivos deste último, como o lançamento[61] da *Frente*

---

[61] A FPMFGP foi fundada em 08 de maio de 2011 e lançada ao público geral no dia 19 de junho de 2012, num seminário nacional no plenário Petrônio Portela, no Senado. O Seminário contou com a participação de palestrantes oriundos dos três Poderes, de entidades da sociedade civil, de universidades e de instituições privadas.

*Parlamentar Mista de Fortalecimento da Gestão Pública* (FPMFGP) composta por mais de duzentos parlamentares provenientes de diversos partidos. Com o mote "governos eficientes, cidadãos contentes" busca combater a miséria e a corrupção por meio do estudo e replicação de experiências bem-sucedidas na área de gestão pública. Além disso, se dipôs procurar soluções inovadoras nesse campo da atuação do Estado. Vale ressaltar que a natureza jurídica da FPMFGP é de associação civil sem fins lucrativos,[62] o que lhe confere personalidade jurídica própria, podendo figurar como sujeito de direito. Com atuação insípida a frente deveria ser alterada com a nova composição do Congresso Nacional, em 2015.

No que concerne ao método de trabalho, eram previstos, dentre outras coisas, a proposta de criação – junto com os Poderes Executivo e Judiciário – do Conselho Nacional de Gestão Pública como fórum permanente de debate sobre políticas públicas voltadas para o fortalecimento da gestão governamental. No âmbito estadual e municipal, a metodologia esteve voltada para: (i) fomentar o debate do tema por meio de seminários e audiências públicas nos municípios; (ii) implantar frente nos Estados; e (iii) difundir experiências bem-sucedidas.[63] Infelizmente, esta é outra área na qual pouco avançamos.

Visto o histórico do modelo de gestão no Brasil e no mundo ocidental, a partir da Revolução Francesa, pode-se observar que as conquistas se acumularam e que algumas medidas que foram positivas em determinadas épocas para atender a necessidades específicas e características próprias de um tempo/espaço definido passaram a ser combatidas ou menos importantes num período subsequente. No caso brasileiro, assim como a reforma Bresser

---

[62] Estatuto da Frente Parlamentar Mista do Fortalecimento da Gestão Pública.
Capítulo I – Da Denominação e da Natureza
Art. 1º. A Frente Parlamentar Mista de Fortalecimento da Gestão Pública é uma associação civil constituída no âmbito do Congresso Nacional, de interesse público, de natureza política, suprapartidária, de âmbito nacional, integrada por Deputados Federais e Senadores da República Federativa do Brasil, podendo ter representações nas Assembleias Legislativas Estaduais e na Câmara Distrital do Distrito Federal.
Parágrafo único. A Frente Parlamentar Mista de Fortalecimento da Gestão Pública é instituída sem fins lucrativos e com tempo indeterminado de duração, com sede e foro na cidade de Brasília, Distrito Federal.

[63] Disponível em: <http://revistagestaopublica.com.br/site2/index.php?option=com_content&view=article&id=193:as-iniciativas-da-frente-parlamentar-de-fortalecimento-da-gestao-publica&catid=60:entrevista>. Acesso em: 09 jul. 2012, 03:18.

não veio para acabar com os controles formais de legalidade da administração burocrática mas complementá-la naquilo em que era insuficiente, a Reforma Social (Societal, do NSP, da Gestão Democrática) não veio romper com o controle de resultados do gerencialismo, mas sim acrescer o *ethos* da participação social em todo o ciclo da política pública, da decisão ao controle; veio resgatar a participação, do mundo da retórica para o mundo da prática de gestão governamental.

Participação na escolha, na execução e no controle da política pública. Eficiência no exercício de suas funções: eis o mantra a ser repetido pelos três Poderes da República no exercício de suas funções institucionais, com maior destaque, mas não exclusivamente, no exercício de suas funções administrativas.

Assim, analisando a relação entre reforma da gestão e controle sobre o patrimônio econômico do Estado desde a Reforma Burocrática de Vargas, passando pela reforma de 1967 e de Bresser, nos anos 90, até os dias atuais (dos governos Lula e Dilma Rousseff) não nos parece que haja oposições quanto aos objetivos a serem alcançados. Enquanto no governo Fernando Henrique Cardoso a demanda local e internacional era pela efetivação do equilíbrio fiscal e monetário, o que gerou, no campo do controle, a Lei de Responsabilidade Fiscal e a Reforma da Constituição para garantir eficiência na administração pública, a racionalização do gasto público e a criminalização de determinadas práticas contra o patrimônio público; nos últimos vinte anos. Não obstante mantenham-se as demandas por equilíbrio fiscal, os direitos transindividuais – direitos republicanos para Bresser (1998) e direito fundamental à boa administração pública para Freitas (2009) -, dentre os quais o direito fundamental à participação ampliada, ao uso racional do patrimônio público, do combate à corrupção, ao acesso aos serviços públicos universais e qualificados, à distribuição da renda nacional, dentre outros, passaram a ser o foco central da questão e da gestão pública, justificando os motes do controle, da transparência e da participação como motores da nova etapa de avanços a serem consolidados na gestão pública brasileira.

Abrucio (2007) aponta cinco movimentos de ações inovadoras da administração pública, que não teriam ficado circunscritas a uma lógica cronológica, período ou governo. Dente os movimentos ressalta: (i) a questão fiscal, cujo corolário foi a aprovação da Lei de

Responsabilidade Fiscal, com enormes ganhos de economicidade ao Estado brasileiro, mas pouco sucesso quanto a eficiência (fazer mais com menos);[64] (ii) a ampliação da participação social no campo das políticas públicas e da expansão dos centros de atendimento integrado; (iii) a adoção de mecanismos de avaliação, formas de coordenação administrativa e financeira, avanço do controle social, programas voltados à realidade local e, em menor medida, ações intersetoriais aparecem como novidade; (iv) a adoção crescente da ideia de planejamento menos cetralizador e tecnocráta, adotado no regime militar e mais integrador de áreas a partir de programas e projetos e (v) a adoção de alguns dos instrumentais do governo eletrônico que, impulsionado pela experiência do governo estadual de São Paulo, alcançou outros estados, capitais e governo federal (ABRUCIO. 2007, p.75-76).

Não obstante os discursos políticos excludentes, daqueles que levam a cabo os processos de reforma desde os anos 90, nosso olhar científico aponta para pequenas divergências de forma e grandes convergências de fundo[65] que têm trabalhado, no tempo, para a consolidação de uma das maiores democracias do mundo, que está na vanguarda de temas como o da transparência da relação do Estado com o cidadão, materializada na Lei Complementar nº 131/2012, sobre a qual falaremos mais à frente.

Fazendo coro com Abrucio (2007) pode-se referir que os principais avanços obtidos na reforma Bresser foram a continuação e o aperfeiçoamento da *civil service reform* (típica da reforma burocrática), quando houve uma grande reorganização administrativa do Governo Federal, com a melhoria substancial das informações da administração pública e o fortalecimento das carreiras de Estado. Houve um "choque cultural" para a construção de uma administração voltada para resultados que alcançaram as unidades municipais. "Em suma, o ideal meritocrático contido no chamado modelo weberiano não foi abandonado pelo MARE; ao contrário, foi aperfeiçoado" (ABRUCIO, 2007, p.71). "Ademais, a reforma Bresser

---

[64] "A agenda da eficiência vai exigir ações de gestão pública, algo cuja importância os economistas, membros majoritários desse grupo, ainda não compreenderam. Para tanto, terão de conhecer melhor os mecanismos da nova gestão pública" (ABRUCIO, 2007, p. 75).

[65] Ao contrário, trata-se mais de um movimento dialético em que há, simultaneamente, incorporações de aspectos do modelo weberiano e a criação de novos instrumentos de gestão. (ABRUCIO, 2007).

elaborou um novo modelo de gestão, que propunha uma engenharia institucional capaz de estabelecer um espaço público não estatal"⁶⁶ (ABRUCIO, 2007, p.72).

No mandato de Luis Inácio Lula da Silva, embora tivesse faltado um plano orientador das reformas na gestão pública,⁶⁷ a grande inovação em matéria de controle foi o fortalecimento da atuação da CGU e da Polícia Federal no combate à criminalidade de caráter econômico. Outro avanço na questão da participação popular na tomada de decisões públicas foi a criação do Conselho de Desenvolvimento Econômico e Social (CDES), mais conhecido como "Conselhão" que, embora não tenha alcançado o sucesso esperado, porque perdeu o foco⁶⁸ e passou a ter uma agenda pulverizada, foi extremamente relevante para testar novas metodologias de participação social no processo decisório que foi complementado pelo início das atividades da 1ª Consocial (ABRUCIO, 2007).

No seu primeiro mandato, a presidente Dilma Rousseff pareceu privilegiar a gestão da máquina pública em detrimento da atuação política junto ao Parlamento. Se de um lado isso gera problemas de governabilidade – devido ao modelo de presidencialismo de coalizão adotado no Brasil – por outro, poderia ter se apresentado como um momento precioso para repensar os

---

⁶⁶ Por outro lado, "a visão economicista estreita da equipe econômica barrou várias inovações institucionais, como a maior autonomia às agências, dado que havia o medo de perder o controle sobre as despesas dos órgãos. Mas havia outras resistências políticas, vindas primordialmente do Congresso. Os parlamentares temiam a implantação de um modelo administrativo mais transparente e voltado ao desempenho, pois isso diminuiria a capacidade de a classe política influenciar a gestão dos órgãos públicos, pela via da manipulação de cargos e verbas. Ademais, também havia senões no núcleo central do governo, sob a influência do ministro chefe da Casa Civil, Clóvis Carvalho, o que levou o Palácio do Planalto a não apostar numa reforma administrativa mais ampla" (ABRUCIO, 2007, p.73).

⁶⁷ "Eleito por um discurso em prol de uma ampla transformação da sociedade brasileira, o presidente Lula acreditava que bastava vontade política para mudar o país. A esta visão voluntarista se somou a ausência de um projeto de reforma do Estado, pois o PT, até há pouco tempo, enxergava em qualquer projeto neste sentido uma natureza "neoliberal" – em outras palavras, um "pecado". Resultado: muitas das promessas eleitorais não puderam ser cumpridas porque a gestão pública não estava preparada para atingir os fins propostos" (ABRUCIO, 2007, p.79).

⁶⁸ "Cabe ressaltar que quando todos os assuntos são pautados na mesma intensidade por um governo, este não tem prioridades claras, o que afeta negativamente seu desempenho. Esta característica, na verdade, é válida para várias das ações da gestão petista. Como defeito mais grave, as decisões do "Conselhão" praticamente não tiveram impacto sobre a formulação das políticas públicas. Seu papel foi mais o de receber sugestões da sociedade do que o de montar uma rede mais efetiva com setores sociais para influenciar e/ou fortalecer uma agenda reformista" (ABRUCIO, 2007, p.79).

grandes temas da gestão pública brasileira, dos mecanismos de controle do patrimônio econômico do Estado e, implantar alguns avanços necessários. Não obstante às iniciativas louváveis deste governo, principalmente no âmbito legislativo da transparência e *compliance*, muito deixa a desejar num efetivo fortalecimento do controle interno preventivo, especialmente na administração pública indireta e nos bancos públicos. É necessário avançar mais em combate a corrupção, transparência das informações financeiras do Estado, liberdade de imprensa e expressão, dentre outros temas.

Como maiores destaques do primeiro mandato da Presidente, ressaltam-se a Lei da Transparência, a conclusão da Consocial e a participação no fórum da ONU sobre Governo Aberto e a Lei de *Complience* para as empresas que contratam com o governo. Não obstante a proximidade dos acontecimentos analisados, parece-nos intuitivo que se trata de linha divisórias positiva na gestão e no controle do Estado, assim como foram as reformas implementadas na era Vargas e no Governo de Fernando Henrique Cardoso, mas como os fatos mostram ainda muito aquem do necessário para a melhoria significativa do modo de gestar e de gerir o público no Brasil.

Para frente, dentre tantos outros desafios, a administração pública brasileira precisa: (i) criar modelos institucionais e jurídicos modernos e efetivos que organizem a participação nas diferentes esferas governamentais e que estes sejam dinâmicos o suficiente para absorver as tendências cambiantes inerentes à democracia; (ii) gerar processos racionais e eficientes; (iii) criar estruturas organizacionais adequadas; (iv) manter força de trabalho motivada, gerida com eficiência e eficácia; (v) implantar sistemas de monitoramento e avaliação institucionais efetivos e acompanhar resultados, com medição e reconhecimento (PASSADOR, 2012; PAULA, 2005b); (vi) criar entidades sociais independentes que aumentem e disseminem o conhecimento[69] sobre as ações e os impactos dos programas governamentais (ABRUCIO, 2007)"; (vii) manter o equilíbrio e as interações entre o Executivo, o Legislativo, [Judiciário] e os cidadãos; (viii) abrir caminhos para viabilizar a capacitação técnica e política

---

[69] E aqui o papel dos acadêmicos, dos intelectuais e, em suma, da universidade, tem de ser maior do que é atualmente. Isso é válido tanto para entender de forma sistemática e sistêmica as políticas públicas, quanto para repassar à população, de maneira acessível, indicadores e alternativas de políticas (ABRUCIO, 2007).

dos funcionários públicos e dos cidadãos; (ix) elaborar uma nova proposta para a organização administrativa do aparelho do Estado; (x) sistematizar experiências alternativas de gestão que contemplem os aspectos técnicos e políticos; (xi) buscar equilíbrio entre as dimensões econômico-financeira, institucional-administrativa e sociopolítica da gestão; (xii) buscar referências teóricas e metodológicas para melhorar a compreensão dos processos políticos e administrativos estudados; e (xiii) alterar as históricas restrições impostas pela lógica de funcionamento da máquina estatal e a tendência à cultura política autoritária e patrimonial (PAULA, 2005b, p. 43-44).

Diante desse quadro cabe a nós, juristas, tentar compreender qual é o nosso papel para a superação desses desafios. Cabe também entender qual é o papel do Poder Judiciário, enquanto Poder estatal,[70] nessa tarefa: se tem acompanhado a evolução dos mecanismos de controle; se tem sido efetivo ao controlar resultados (legalidade ampliada), e não somente a legalidade clássica dos atos administrativos; se ele próprio já superou o modelo burocrático de prestação jurisdicional e de gestão da máquina judicial e alcançou o modelo gerencial ou até mesmo o societal de prestação do serviço de distribuição da justiça à sociedade.

Para discutirmos e chegarmos a conclusões, ainda que parciais, sobre alguns desses questionamentos, é imprescindível mergulhar no capítulo seguinte, onde trataremos do sentido social e jurídico do controle: porque controlamos e o que controlamos.

Não seria possível, ao nosso entender, responder a esses questionamentos sem que assumíssemos ativamente o olhar transdisciplinar da pesquisa: Gestão, Direito, Política e Economia juntos, promovendo o desejo Constitucional de consolidar um *Estado Democrático [participativo e transparente]* e *Republicano [eficaz, eficiente, efetivo, econômico] de Direito*.

---

[70] Vanice Regina Lírio do Valle (2011, p. 90-98) refere-se a uma resistência dos Poderes Legislativo e Judiciário ao processo de reforma da administração pública após 1995. No campo do Poder Legislativo teria havido resistência passiva, uma vez que não regularam muitas das propostas da reforma dispostas após as Emendas Constitucionais 19 e 20. A título de exemplo, somente em 2012, foi aprovada a norma que estabelece a obrigatoriedade de transparência nas relações entre Estado e cidadãos (Lei da Transparência). No que se refere ao Poder Judiciário, a resistência foi ativa, por meio da censura judicial a alguns pontos das reformas que se contrapunham ao modelo burocrático incrustado no sistema legal e jurisprudencial, a exemplo dos processos de descentralização por meios das Fundações, OSIP ou até o regime de contratação da administração pública descentralizada.

CAPÍTULO 2

# CONTROLE DA ADMINISTRAÇÃO PÚBLICA E SUAS CONCEPÇÕES

> *Mas, o que é controlar? Se examinarmos bem de perto, vamos constatar, com surpresa, que essa palavra tão usual nunca foi objeto de uma definição. Ela se limita a qualificar um conjunto um tanto estranho de medidas bastante diversas; a doutrina clássica havia organizado um pouco mais as coisas ao distinguir o controle hierárquico do controle de tutela. Mas, hoje em dia, como esse último vocábulo é considerado humilhante para os controlados, ele vem desaparecendo em favor do termo controle, simplesmente, o que acaba por apagar o pouco de clareza que se havia conseguido para o sentido da palavra.*[71]
> Rivero, 1962

## 2.1 Da Relação entre descentralização e controle

Quando esta epígrafe foi escrita, os mecanismos de controle aos quais o autor se referia como certos, eram modalidades de controle interno *lato sensu*, derivados da gestão burocrática, cujo papel garantidor da moralidade pública caberia: (i) à lei; (ii) ao sistema institucional liberal e burocrático, baseado em normas escritas e detalhistas; (iii) ao sistema de divisão de poderes, *checks and balances*; (iv) às auditorias internas e externas; e (v) aos burocratas,

---

[71] Prefácio. In: LESCUYER, Georges. *Le controle de l'État sur lês entreprises nationalisées*. Paris: LGDJ, 1962 apud DUTRA, Pedro Paulo de Almeida. Controle de Empresas Estatais. São Paulo: Saraiva, 1991.

que apoiados na estabilidade[72] do emprego, teriam condições de enfrentar a corrupção e o nepotismo clientelista dos políticos ou de seus chefes burocratas.

> Um dos objetivos clássicos da administração pública é proteger o patrimônio público, é defender a res publica contra a sua captura por interesses privados. A democracia, por sua vez, é o regime político que torna possível essa defesa. [...] assistimos à emergência, no último quartel do século vinte, de um novo tipo de direito de cidadania: os "direitos republicanos" – o direito que cada cidadão tem de que o patrimônio público seja usado para fins públicos ao invés de ser capturado por interesses privados (BRESSER PEREIRA, 1998, p. 81).

Ou, em linguagem jurídica:

> Almeja-se, em outro dizer, que o centro de gravidade evolua para a concretude do primado do direito fundamental à boa administração pública, compreendido – com inspiração no art. 41 da Carta dos Direitos Fundamentais de Nice e, sobretudo, à luz da nossa Constituição – como o direito fundamental à administração pública eficiente, eficaz, proporcional cumpridora de seus deveres, com transparência, motivação, imparcialidade e respeito à moralidade, à participação social e à plena responsabilidade por suas condutas omissivas e comissivas (FREITAS, 2009, p. 36, grifos do autor).

---

[72] Com isso, entretanto, o Estado e os administradores públicos perdiam uma parte importante de seu próprio controle sobre os burocratas que tanto podiam usar sua estabilidade para defender-se das pressões, como para não trabalhar, não cooperar (BRESSER PEREIRA, 1998). A estabilidade dos funcionários é uma característica das administrações burocráticas. Foi uma forma adequada de proteger os funcionários e o próprio Estado contra as práticas patrimonialistas que eram dominantes nos regimes pré-capitalistas.
A estabilidade, entretanto, implica um custo. Impede a adequação dos quadros de funcionários às reais necessidades do serviço, ao mesmo tempo em que inviabiliza a implantação de um sistema de administração pública eficiente, baseado em um sistema de incentivos e punições. Era justificável enquanto o patrimonialismo era dominante e os serviços do Estado liberal, limitados; deixa de sê-lo quando o Estado cresce em tamanho, passa a realizar um grande número de serviços e a necessidade de eficiência para esses serviços torna-se fundamental, ao mesmo tempo em que o patrimonialismo perde força, deixa de ser um valor para ser uma mera prática, de forma que a demissão por motivos políticos se torna algo socialmente inaceitável. No Brasil, a extensão da estabilidade a todos os servidores públicos, em vez de limitá-la apenas às carreiras nas quais se exerce o poder de Estado e o entendimento dessa estabilidade em forma tal que a ineficiência, a desmotivação, a falta de disposição para o trabalho não pudesse ser punidos com a demissão implicaram um forte aumento da ineficiência dos serviços público (BRESSER PEREIRA, 2002, p. 196).

O direito fundamental à boa administração pública (art. 41), abaixo transcrito, está originalmente previsto no Tratado de Nice (em vigor desde 2003) [73] no Capítulo da Cidadania.

> Artigo 41. O Direito a uma boa administração
> 1. Todas as pessoas têm direito a que os seus assuntos sejam tratados pelas instituições e órgãos da União de forma imparcial, equitativa e num prazo razoável.
> 2. Este direito compreende, nomeadamente: o direito de qualquer pessoa a ser ouvida antes de a seu respeito ser tomada qualquer medida individual que a afete desfavoravelmente; o direito de qualquer pessoa a ter acesso aos processos que se lhe refiram, no respeito dos legítimos interesses da confidencialidade e do segredo profissional e comercial; obrigação, por parte da administração, de fundamentar as suas decisões.
> 3. Todas as pessoas têm direito à reparação, por parte da comunidade, dos danos causados pelas suas instituições ou pelos seus agentes no exercício das respectivas funções, de acordo com os princípios gerais comuns às legislações dos Estados-Membros.
> 4. Todas as pessoas têm a possibilidade de se dirigir às instituições da União numa das línguas oficiais dos Tratados, devendo obter uma resposta na mesma língua.

No Brasil, é de Juarez Freitas, na sua obra *Discricionariedade Administrativa e o Direito Fundamental à Boa Administração Pública*, a doutrina categórica no sentido de que a CRFB/1988 acolheu como princípio fundamental, o da boa administração pública – implícito e de eficácia imediata. Não obstante, já houvesse prenúncios da existência desse princípio no ordenamento jurídico, na obra de Medauar (1993, p.33), como critério classificatório de controle, em Moreira Neto (2009, p. 104), como sinônimo de ausência de subjetividade, e em Meirelles (1995, p. 90) como sinônimo de eficiência. Depois de Juarez Freitas (2007a; 2007b; 2008; 2009a; 2009b; 2009c; 2009d; 2010; 2012), seguiram-se outros autores que lhe reconhecem o caráter de princípio fundamental [(SARLET [s/d], p. 1-2); (VALLE 2008, p. 87-110); (OLIVEIRA, 2008, p. 60-68; 2009, p. 20-30); (FINGER, 2009, p. 133-143)][74]; (BARBOSA, 2010, p. 90); (MARTINS JUNIOR, 2002, 9-10); (TAVARES, 2005).

---

[73] Estes direitos encontram-se agrupados em seis grandes capítulos: Dignidade; Liberdade; Igualdade; Solidariedade; Cidadania e Justiça.
[74] Todos referidos por Valle (2011, p. 80) e checados por essa autora.

Observe-se que a concretização desse direito permitiria atender, igualmente, o critério proposto por Sarlet [s/d] de identificação de direitos materialmente fundamentais implícitos no texto constitucional – "para reconhecer um direito fundamental fora do Título II, ainda que seja na Constituição, preciso demonstrar a sua fundamentalidade material, que é presumida em relação aos direitos do Título II". Ora, se é no âmbito da função administrativa que se assegura a concretização dos direitos fundamentais no que toca aos deveres de atuação do estado, evidente a indissociação entre resultado (normalmente tutelado no elenco do Título II) e o meio, cujos parâmetros de atuação se veriam definidos no direito fundamental à boa administração (VALLE, 2011, p. 82).

Valle (2011, p. 83) defende que o direito fundamental à boa administração é a face jurídica do instituto originariamente político e de gestão, da governança. Sendo esta a que promove a decisão das políticas públicas de forma compartilhada entre Estado e cidadania, visa à efetividade dessas mesmas políticas públicas parte da noção de legitimidade do poder estatal e converge para a noção jurídica de administração pública democrático-participativa, dialógica, eficiente, eficaz, efetiva e econômica.

Ao que nos parece, o conteúdo material do artigo 41 do Tratado de Nice – e até mais do que nele disposto – já havia sido em grande parte preconizado pelos dispositivos da "Constituição Material Fundamental" brasileira de 1988, em vários dos seus dispositivos.

Defendemos que, no Brasil, esse direito fundamental à boa administração se amplia para acolher, dentre outros direitos fundamentais,[75] os protetivos ou inibidores de apropriação

---

[75] Apenas para referir o sistema de normas jurídicas estabelece princípios e regras em várias atividades administrativas, dentre tantos outros: dignidade da pessoa humana (art. 1º, III, CF), liberdade de crença, reunião, expressão do pensamento, locomoção e direito de igualdade, informação, certidão, petição, assistência judiciária, gratuidade de registros públicos aos pobres (art. 5º, Constituição Federal; Lei Complementar Federal n. 80/94; Leis Federais nºs 1.060/50, 9.265/96, 9.534/97, 9.507/97, 9.051/95) exercício da boa administração com respeito à moralidade, legalidade, razoabilidade, eficiência, impessoalidade, transparência, devido processo legal e à participação comunitária (art. 1º, parágrafo único, 29, XII e XII (sic), 37, *caput*, §§3º e 4º, 194, VII, 198, III, 204, II, 206, VI, 227, §1º, Constituição Federal, Lei Federal n. 4.717/65, Lei Federal nº 8.429/92, Lei Federal n. 9.784/99), prestação regular de serviços públicos locais e do transporte coletivo urbano (art. 30, V, Constituição Federal), igualdade de acesso a cargos, funções e empregos públicos e reserva de vagas aos portadores de deficiências (art. 37, I, II E VIII, Constituição Federal), preservação da ordem pública e da incolumidade pessoal e patrimonial na segurança pública (art. 144 Constituição Federal), gestão responsável das finanças públicas (art. 163 e 169, Constituição Federal; Lei Complementar Federal nº

privada do patrimônio econômico do Estado como parte do processo de privatização nefasta, a que fez referência Bresser-Pereira (1988).

Segundo Juarez Freitas, sob o abrigo do direito fundamental à boa administração pública – um dos direitos republicanos, no dizer de Bresser Pereira (1998) – aninham-se outros direitos fundamentais, dentre os quais os direitos à administração pública: (i) transparente; (ii) dialógica e processualizada; (iii) isonômica ou imparcial; (iv) proba, que veda condutas eticamente não-universalizáveis, omissivas ou comissivas, inequivocamente desonestas; (v) eficiente (respeitadora da compatibilidade entre os meios empregados e os resultados pretendidos); (vi) eficaz (respeitadora da compatibilidade entre os resultados efetivamente alcançados e os mensuráveis objetivos traçados pela Constituição); (vii) economicamente ciosa; (viii) fiscalmente responsável; e (ix) redutora de conflitos intertemporais (FREITAS, 2009, p. 36-37).

Na gestão gerencial a proposta foi, sem negar o papel de controle dos burocratas e do sistema de *checks and balances*, adicionar novos sujeitos e elementos de controle da administração pública.

Considerando que o avanço maior no modelo gerencial foi a proposta de descentralização das decisões e o consequente aumento da autonomia local, seria necessário adequar os mecanismos de controle a essa nova realidade. Assim, enquanto as opções predominantes

---

101/00), obrigatoriedade de execução dos serviços públicos com a garantia de direitos aos usuários, de política tarifária e da obrigação de manter o serviço adequado (art. 175, Constituição Federal), direito à eficiência, continuidade, competitividade, adequação, informação, modicidade da tarifária, atualização e segurança na prestação de serviços públicos (Lei Federal nº 8.987/95, art. 6º; Lei Federal nº 8.078/90, art. 22), universalização, gratuidade e participação comunitária nos serviços públicos não exclusivos (Lei federal nº 9.790/99, Lei Federal nº 9.637/98), gratuidade, universalidade e eficiência no sistema de saúde pública (art. 196 a 200, Constituição Federal; Lei nº 8.080/90) e assistência social (art. 203 a 204, Constituição Federal; Lei Federal nº 8.742/93), igualdade, gratuidade, universalidade, acesso, permanência e oferta regular do ensino público, facultatividade do ensino religioso (arts. 205 a 214, Constituição Federal, Lei Federal nº 9.394/96), proteção da pessoa e da família em face da programação dos meios de comunicação (arts. 21, XVI, 220 e 221, Constituição Federal), direito à saudável qualidade de vida e à proteção do meio ambiente, por meios preventivos e corretivos (art. 23, VII e VIII e 225, Constituição Federal; Lei Federal nº 6.938/81), gratuidade dos idosos no transporte coletivo urbano (art. 230, §2º, Constituição Federal), acesso aos portadores de deficiência aos logradouros e edifícios públicos e no sistema de transporte coletivo com superação das barreiras arquitetônicas ou de outra ordem (art. 227, §2º, e 224, Constituição Federal), gratuidade do transporte coletivo interestadual às pessoas portadoras de deficiências (Lei Federal nº 8.899/94) (MARTINS JUNIOR, 2002, nota de rodapé 10, p. 9-10).

de controle do modelo burocrático (legalidade e hierarquia) eram adequadas a um modelo decisório centralizado; a opção de controle de resultados, *a posteriori*, e por um maior número de sujeitos (controle difuso e plurisubjetivo), seria adequada para um modelo de gestão descentralizada, na forma desenhada pela CFRB/1988.[76]

> Não rejeita, também, a necessidade de leis e regulamentos que ajudem a garantir a moralidade pública. Afirma, apenas, que existe uma correlação positiva entre autonomia do administrador público e eficiência e um trade-off entre autonomia e corrupção. Quanto maior for a autonomia, quanto mais descentralizadas e desconcentradas as ações, quanto mais os controles forem a posteriori, por resultados e por competição administrada, mais eficientes serão os serviços públicos; em contrapartida, maior será o risco de corrupção e de clientelismo. [...] Por que existem mecanismos democráticos de controle [...] é possível conceder mais autonomia aos administradores públicos. Essa maior autonomia resulta não apenas em maior eficiência, mas também deve favorecer o aumento do nível da moralidade pública. (BRESSER PEREIRA, 1998, p. 155).

Com a descentralização exigiu-se dos controladores a checagem e somente a adequação do "ato administrativo"[77] à norma preestabelecida, mas também a observância da sua eficácia, eficiência, efetividade e economicidade.

O modelo de gestão societal (social, NSP ou NGD) deu um passo a mais, além da observância da checagem de legalidade, bem como do atendimento aos 4Es. Também se passa a exigir do controlador que observe a garantia de participação da cidadania nos processos decisórios e de acompanhamento das políticas públicas, além da transparência dos "atos administrativos" controlados.

A descentralização não só exigiu o desenvolvimento de novas capacidades dos controladores, como também ampliou o rol de sujeitos aptos a controlar, bem como seus poderes instrumentais, numa tentativa de restringir as externalidades

---

[76] "[...] a crença na possibilidade do planejamento e do controle central dos serviços do Estado por uma burocracia racional diminui a cada dia, enquanto aumenta a confiança de que, no nível local, cada vez mais, é e será possível controlar socialmente o Estado e sua burocracia" (BRESSER PEREIRA, 1998, p. 146).

[77] Adota-se ato administrativo na concepção que lhe confere Regis Fernandes de Oliveira como "declaração unilateral do Estado, ou de quem faça as suas vezes, no exercício da função administrativa, que produza efeitos jurídicos" (2007, p. 70-71). Excluem-se dessa definição atos materiais e incluem-se atos de juízo, conhecimento e opinião, atos políticos e de governo.

negativas ligadas à corrupção e à ineficiência do gasto público, já referidas por Bresser Pereira (1998), quando se adota o mecanismo descentralizador.

Se no movimento constitucionalista pós-Revolução Francesa a preocupação e desconfiança se centravam nas figuras dos Reis e dos Juízes, o que gerou o fortalecimento institucional do Poder Legislativo; no Brasil, na década de 1980, a desconfiança era dirigida ao Poder Executivo – que se mostrou autoritário e castrador no regime ditatorial – e à burocracia (administração pública) – que se mostrou ineficiente -, tendo como efeito a ampliação dos mecanismos de controle da administração pública e a ampliação dos espaços de participação social.

> [...] Os direitos republicanos terão defensores dependendo da natureza dos mesmos? [...] o direito a res publica, finalmente, tem nos economistas seus patronos mais diretos, embora deva caber sempre aos juristas e filósofos a definição desses direitos, e aos juristas a sua implementação. [...] Ao Poder Judiciário, caberá julgar as ações a partir de critérios que o Poder Legislativo procurará definir em lei, mas que dependerão em grande parte da própria jurisprudência que aos poucos for sendo definida. Na medida, porém, em que não há direito positivo definido para as violências à res publica relacionadas com as políticas econômicas e sociais do estado, nem critério para julgar o que é abusivo e o que é legítimo nessa área, o trabalho de definição dessa área do direito será necessariamente o resultado do trabalho conjunto de economistas, filósofos políticos e sociais, e juristas. [...] (grifo nosso). [...] Os economistas são candidatos naturais à proteção da res publica. Entretanto, essa é uma tarefa muito maior do que aquela que eles podem realizar. Precisam da contribuição crítica e atuante de cientistas socais, de juristas, de filósofos socais, de administradores públicos e de políticos. A tarefa não é apenas definir critérios. É, principalmente, denunciar os violentadores da coisa pública. Quem são eles? Sob certo aspecto somos todos nós. Afinal, Hobbes postulava para os homens a 'cobiça natural' [...] (BRESSER PEREIRA, 1998, p. 91-93).

Para Bresser-Pereira (1998), os direitos republicanos seriam fruto de uma quarta onda de direitos e sua proteção passou a ser tema dominante em todo o mundo, trazendo ao debate a necessidade de "refundar a República", pois a crise do Estado tornara sua reforma uma prioridade e, por conseguinte, a democracia e a administração pública burocrática – criadas para proteger o patrimônio público – também teriam de mudar. Nessa linha de ideias, a democracia deveria ser aprimorada para tornar-se mais participativa (mais direta); a administração pública burocrata deveria ser substituída por um novo modelo gerencial e a proteção dos direitos republicanos – particularmente do direito a coisa pública – passou a ser uma tarefa essencial (BRESSER PEREIRA, 1998, p. 89-90).

> [...] No século dezoito, os contratualistas e as cortes inglesas definiram os direitos civis, que serviriam de base para o liberalismo; no século dezenove, os democratas definiram os direitos políticos. Esses dois direitos estabeleceram as bases das democracias liberais do século vinte. Por meio dos direitos civis, os cidadãos conquistaram o direito à liberdade e à propriedade, em relação a um Estado antes opressor ou despótico; por meio de direitos políticos, os cidadãos conquistaram o direito de votar e serem votados, de participar, portanto, do poder político do Estado, contra um Estado antes oligárquico. Finalmente, na segunda metade do século dezenove os socialistas definiram os direitos sociais, que, no século seguinte, foram inscritos nas constituições e nas leis dos países.
> No último quartel do século vinte, entretanto, um quarto tipo de direito está surgindo: os direitos dos cidadãos de que o patrimônio público seja efetivamente de todos e para todos. [...] Poderíamos dizer a partir de uma concepção a-histórica, que estes direitos sempre existiram. No plano da história, entretanto, tais direitos só recentemente começaram a ganhar contorno definido entre os direitos difusos. São direitos que cada vez mais deverão merecer a atenção de filósofos políticos e juristas (p. 81-82, grifo nosso).
> Com a definição dos direitos republicanos neste último quartel do século vinte, a visão de cidadania ligada à ideia de interesse público e de valores cívicos, que foi ameaçada pela visão neoliberal, afinal ganhou novas forças. Foi se tornando claro que a cidadania só se completa quando os cidadãos têm consciência do interesse público. Quando o cidadão luta por seus direitos civis, políticos e sociais, ele o faz como membro de uma sociedade cujos interesses coletivos ele sabe que estão acima dos seus interesses particulares. Assim, a ideia de cidadania plena se completa quando acrescentamos aos direitos civis, políticos e sociais os direitos republicanos. Nesse momento, o cidadão é obrigado a pensar no interesse público em geral – cultural, ambiental, e econômico. Nesse momento surge a indignação cívica contra as violências que sofre a res publica (ROSENFIELD, 1992, p. 13 apud BRESSER PEREIRA, 1998, p. 85-86).

Vale observar que a premissa que aqui se adota é a de que os mecanismos de controle juridicizados, não foram eles originalmente que levaram às alterações no modo de gerir a coisa pública. São, originalmente, produtos e não "sujeitos"; e chegaram ao plano das normas, ao mundo do Direito, depois de uma escolha política por um ou outro modelo de gestão; ou seja, os mecanismos de controle dos atos administrativos hoje dispostos na CRFB/1988 são frutos de escolhas político-sociais, da década de 1980, que visavam alterar os gestores e agentes sociais e econômicos em face da *res publica*. Assim, os mecanismos de controle – com especial enfoque para o judicial – só serão efetivos se os controladores compreenderem a amplitude transdisciplinar dessa escolha.

Diante disso, é importante romper o sectarismo científico – de alguma forma implantado na teoria jurídica clássica do Estado Burocrático, cujo ápice materializou-se na Teoria Pura do Direito – para aceitar que em matéria de controle do patrimônio econômico do Estado são necessários conhecimentos e aplicação de princípios da Economia, Contabilidade Pública, Ciências Políticas, Filosofia e Direito, sem que nenhum desses ramos da ciência ou da técnica possa se vangloriar de ser prevalente. Nesse sentido, afirma Ayres Britto:

> Existe uma diferença entre compreender a Ciência como uma representação objetiva do real e compreendê-la como uma maneira subjetiva de ver a realidade. Há, por isso, uma distinção abissal a separar a Ciência do Direito do positivismo empírico, que, imperando hegemônico por quase um século, nos instilou a crença do racionalismo novecentista de que a Ciência era um espelho do real, e que, em consequência, o Direito, tampouco, poderia passar de um conhecimento empírico depurado de desejos, de aspirações e de valores, pois de outro modo ele não seria "científico". Em consequência, o positivismo jurídico se jactava de prescindir das expressões dos desejos, das aspirações e dos valores que impulsionam o agir, e se apresentava como único critério metódico confiável para uma "ciência pura do direito". Mas o equívoco do racionalismo positivista residia, afinal, em não reconhecer algo muito simples e apotegmático: que a própria realidade também é constituída por esses desejos, aspirações e valores, que os sublimam [...] volta a predominar uma visão gnoseológica revestida de modéstia epistemológica mais acentuada, que considera que a validade das proposições científicas é sempre provisória e, por isso, flexibilizam-se, modificam-se, transmutam-se e atualizam-se constantemente, em função do tempo e de suas circunstâncias aplicativas. [...] Com efeito, contam-se atualmente em grande número e são cada vez mais fascinantes esses novíssimos fenômenos juspolíticos, entre os quais pode-se destacar, apenas à guisa de exemplos: a afirmação supraconstitucional dos direitos fundamentais, o pluralismo das fontes normativas, a regulação autônoma, o conceito do público não estatal,

o repensamento da natureza do poder reformador constitucional e, sobretudo, entre tantos outros, o alçamento universal dos princípios à categoria de normas jurídicas e como tal, dotadas de efetividade [...] compatibilizar plenamente o agir do Estado com a democracia substantiva [...] como observou Jean Rivero, ampliando-a à escolha de como queremos ser governados (AYRES BRITTO, 2005, p. 79).

Economistas neoclássicos tendem a dar mais ênfase aos mecanismos de controle do mercado, economistas evolucionários às instituições e suas organizações. Juristas e burocratas até então, às normas e processos, respectivamente. Cientistas políticos, à sociedade civil ao lado do Estado (BRESSER PEREIRA, 1998, p. 139). O grande desafio é saber juntar todas essas perspectivas acolhidas pela CRFB/1988 e – portanto, juridicizadas – quando o Poder Judiciário for chamado ao exercício da função de distribuição da justiça que, no caso do controle do patrimônio econômico do Estado, já ultrapassou o mero dever de "dizer o direito". Em outros termos, o "dizer o direito" da CRFB/1988 ampliou seus espectros para além dos horizontes do modo de julgar burocrático: o mero julgamento de legalidade clássica. Cabe-nos agora, meditar sobre qual é o modo de administrar, legislar e julgar compatível com os modelos de gestão gerencial e societal, que convivem hoje no Estado brasileiro pela prática da administração pública, mas, principalmente, pela norma que se extrai da interpretação constitucional.

E, a partir da perspectiva do controle realizado pela sociedade civil, o Estado até pode deter o monopólio do uso da violência, mas não terá exclusividade no controle dos atos da administração pública. Nesse sentido, discorda-se da doutrina de Maria Sylvia Zanella Di Pietro (2010),[78] para quem o controle social só existe dentro do controle estatal.[79] O controle da administração, para

---

[78] "Embora o controle seja uma atribuição estatal, o administrado participa dele à medida que pode e deve provocar o procedimento de controle, não apenas na defesa de seus interesses individuais, mas também na proteção do interesse coletivo. A Constituição outorga ao particular determinados instrumentos de ação a serem utilizados com essa finalidade. É esse, provavelmente, o mais eficaz meio de controle da Administração Pública: o controle popular" (DI PIETRO, 2010, p. 728).

[79] "O controle constitui um poder-dever dos órgãos a que a lei atribuiu essa função, precisamente pela sua finalidade corretiva; ele não pode ser renunciado nem retardado, sob pena de responsabilidade de quem se omitiu. Ele abrange a fiscalização e a correção dos atos ilegais e, em certa medida, dos inconvenientes ou inoportunos. Com base nesses elementos, pode-se definir o controle da Administração Pública como o poder de

a autora, é aquele exercido sobre a administração pública por ela mesma e pelos Poderes Legislativo e Judiciário. Visa aferir o atendimento dos princípios que regem a administração pública e também pode atingir o mérito do ato administrativo. É a visão clássico-burocrática de análise de conformidade do ato à norma. O fato de ter incluído os princípios em sua proposta teórica não lhe retira a limitação de olhar, uma vez que eficiência e efetividade somente se controlam a partir de métodos que afiram resultados, o que não é compatível com o procedimento puro de simples checagem de compatibilidade entre ato e norma. Parece que a inclusão dos princípios, no mundo dos fatos, passa a ser mais teórica e retórica que prática e efetiva.

O que torna o Direito mais visível no processo de controle da *res publica* é o fato de o Poder Judiciário, no modelo constitucional brasileiro, o último a dar a palavra;[80] ser aquele que implementa o controle, mas isto não o permite fazê-lo de forma isolada e enclausurada, pois se assim o fizer, prestará o serviço de distribuição de justiça não efetivo, meramente formal, sem atingir o interesse público, que não é ponto de chegada exclusivo dos atos do Poder Executivo.

Se no passado cabia ao Poder Judiciário o controle predominante da legalidade clássica dos atos administrativos, hoje há a primazia dos princípios e dos direitos fundamentais, dentre os quais o direito à boa administração pública se inclui (FREITAS, 2009).

> Certo, de nada serve o singelo e epidérmico apelo emotivo a princípios fundamentais (sem compromisso encarnado com a aplicação no mundo da

---

fiscalização e correção que sobre ela exercem os órgãos dos Poderes Judiciário, Legislativo e Executivo, com o objetivo de garantir a conformidade de sua atuação com os princípios que lhe são impostos pelo ordenamento jurídico" (DI PIETRO, 2010, p. 729).

[80] "Posição em que também fica o Poder Judiciário, estrategicamente situado entre os fundamentos da República e os objetivos igualmente fundamentais dessa República. Mas há uma diferença, os magistrados não governam. O que eles fazem é evitar o desgoverno, quando para tanto provocados. Não mandam propriamente na massa dos governados e administrados, mas impedem os eventuais desmandos dos que têm esse originário poder. Não controlam permanentemente e com imediatidade a população, mas têm a força de controlar os controladores, em processo aberto para esse fim. Os magistrados não protagonizam relações jurídicas privadas, enquanto magistrados mesmos, porém se disponibilizam para o equacionamento jurisdicional de todas elas. Donde a menção do Poder Judiciário em terceiro e último lugar (há uma razão lógica e cronológica) no rol dos Poderes estatais (primeiro, o Legislativo, segundo, o Executivo, terceiro, o Judiciário), para facilitar essa compreensão final de que o Poder que evita o desgoverno, o desmando e o descontrole eventual dos outros dois não pode, ele mesmo, se desgovernar, se desmandar, se descontrolar" (AYRES BRITTO, 2012).

vida), tampouco se dispensam as medições úteis e, não raro, necessárias, das regras legais (especialmente nas hipóteses da 'reserva da lei').
O que se mostra inaceitável é a ideia de vinculação absoluta às regras legais. Contudo, daí não surge qualquer acolhida nefelibata de extremismos 'principiológicos' de caráter arbitrário. Rejeita-se, desse modo, todo e qualquer decisionismo hiperbólico, sem modulações e nefasto à racionalidade dialógica, assim como o servilismo dos esbulhadores da juridicidade sistemática (p. 31).
Com tais premissas e com os olhos fitos nos objetivos fundamentais da Constituição (é dizer, na teleologia superior dos princípios e direitos fundamentais), a missão dos controles consiste em, consideravelmente, reduzir a enorme distância entre "ser" e "dever-ser", ou seja, entre o plano dos princípios fundamentais (inconfundíveis com simples princípios gerais) e a presente ambiência econômica, jurídica e cultural, ainda pouquíssimo afeita ao Direito Administrativo dignificado pela regência dominante do Direito Fundamental à boa administração. [...] De sorte que o inovador consiste em ampliar a efetividade dos controles de conformidade da gestão pública com os objetivos fundamentais da Constituição, de maneira a afirmar um superior padrão qualitativo e quantitativo de avaliação (tudo rigorosamente mensurável, com impositiva indução, para ilustrar, do improtelável sistema nacional de avaliação de custos e monitoramento das metas de desenvolvimento humano). Claro, sem cair nas armadilhas labirínticas e "burocráticas" sufocantes e kafkianas. [...] (FREITAS, 2009, p. 34-35).

Como últimas palavras desse tópico, aponta-se que, sob o olhar da teoria social e da teoria constitucional, o Poder/Dever de controlar o Estado e o Direito de Resistência[81] do cidadão estão intimamente ligados. Se entendermos direito de resistência[82] como gênero do qual são espécies a desobediência civil e a revolução legítima, o aceitaremos como o direito de se opor ao exercício arbitrário ou injusto do Poder Estatal (ROCHA, 2010), inclusive quanto ao mau uso do patrimônio econômico do Estado, que sempre

---

[81] "Frequentemente as sanções jurídicas organizadas contra o abuso do Poder não são suficientes para conter a injustiça da lei ou dos governantes, pois estes, quando extravasados de seus naturais limites, muitas vezes não podem ser contidos por normas superiores que já não respeitam. Por isso, reconhece-se aos governados, em certas ocasiões, a recusa da obediência. Esta, contudo, pode assumir o tríplice aspecto: a oposição às leis injustas, a resistência à opressão e a revolução" (PAUPÉRIO, 1997, p. 1).

[82] A resistência pode ser intrassistêmica e contrassistêmica. A primeira não objetiva o colapso da ordem vigente, visa proteger o cidadão do abuso de poder (ou omissão estatal), resistindo sob o amparo dos princípios vigentes, já a resistência contrassistêmica se confunde com o poder revolucionário (ROCHA, 2010, p. 57).

terá como contraface a tributação injusta e expropriatória, porque desnecessária ou mal aplicada nas despesas públicas.

Na medida em que o texto constitucional descentraliza atribuições, amplia os mecanismos de participação e cria um sistema de controle plurisubjetivo e interdisciplinar complexo como uma forma de evitar rupturas com a ordem institucional escolhida, diminuindo a possibilidade de reação ao arbítrio estatal pela via da desobediência civil ou da revolução, já muitas vezes assistida na história dos povos. Pode-se defender que, em tempos de estabilidade institucional, predomina o exercício regular do Poder/Dever de controle; em épocas de instabilidade institucional moderada vê-se a desobediência civil e, por fim, em períodos de instabilidade institucional irreversível, resta ao povo a opção da revolução.

As já referidas "jornadas de junho" de 2013 apontam uma tendência de movimentação da sociedade brasileira da primeira etapa para a segunda, ainda muito mais próxima da primeira. No entanto, diante da surpresa da primeira movimentação, nada nos espante a segunda chegar de forma mais rápida e ampla que o esperado.

Para alcançar algo próximo do ideal de controle jurídico (e não meramente judicial) do Estado, o Direito Administrativo e o Direito Financeiro (na qualidade de direito administrativo especialíssimo) assumem um papel central no estudo de como controlar a administração pública, bem como nos limites desse controle. Tudo absolutamente vigiado pela onipresença das normas constitucionais que, ao estabelecerem a divisão de Poderes no Estado brasileiro, deixaram armados vários dispositivos, de vasto alcance, para monitorar, corrigir e eventualmente sancionar a atuação e a omissão do Poder Estatal.

Desde a primeira edição da indispensável obra de Miguel Seabra Fagundes (1941), *Controle dos atos administrativos pelo Poder Judiciário*, a noção de controle, para o Direito Administrativo, vem tomando novas formas. Alguns autores de diferentes escolas jurídicas, como Medauar (1993), Moreira Neto (2008; 2009) e Freitas (2007a; 2007b; 2008; 2009a; 2009b; 2009c; 2009d; 2010; 2012), dentre outros,[83] vêm levantando a bandeira das transformações necessárias na abordagem da relação Estado/sociedade, bem como dos efeitos dessa nova teoria (por alguns denominada Novo Direito Administrativo) nos

---

[83] Vide também: CASSESE, Sabino. As transformações do direito administrativo do século XIX ao XXI. *Interesse Público*. Ano 5. n. 24, março/abril de 2004. Porto Alegre: Notadez, 2004.

mecanismos de controle do Poder Público, pois há casos "em que o governo majoritário conspira contra a democracia, e daí a importância da imparcialidade e da racionalidade aberta[84] (não meramente instrumental) dos agentes de Estado Democrático" (FREITAS, 2009, p. 47).

Essa transformação foi resumida por Moreira Neto (2001) pela tríade: (i) sociedade em mudança;[85] (ii) Estado em transformação; e (iii) administração pública em transição.[86] Dentre as principais transformações – mutações, no dizer Moreira Neto (2001) – do Direito Administrativo moderno podemos citar conforme a doutrina de Juarez Freitas (2009, p. 38-48) e de Odete Medauar (1992; 2010):[87]

(i) o trânsito da preponderância monológica rumo a padrões dialógicos, abertos e voltados à afirmação da dignidade humana, com certa fragmentação da ideia de supremacia da administração pública (típica dos séculos dezenove e vinte);

---

[84] "Em outras palavras, convém ter presente que a racionalidade aberta recomenda novo e arejado controle mensurável e sistemático da juridicidade constitucional das relações administrativas, simultaneamente avesso a antagonismos rígidos (do culto passivo às regras) e à discricionariedade pura (não sindicável nos resultados ou na conformação com os objetivos fundamentais). Controle que, bem exercido, induzirá uma melhora sensível dos indicadores de educação, saúde, segurança e renda, uma vez que as 'vistas grossas' cederão lugar à vontade da 'Constituição que administra' – expressão que quer significar a descida transformadora dos princípios constitucionais ao plano concreto encarnado das relações administrativas" (FREITAS, 2009, p. 48).

[85] Mobilidade de informação, mobilidade da produção, mobilidade financeira, mobilidade social. "O polifacetismo, daí o conceito de sociedade pluralista como uma constelação de módulo de interesses diversificados em torno dos quais gravitam e se agregam, em câmbio permanente, os indivíduos e as entidades de sua criação" (MOREIRA NETO, 2001, p. 37-38).

[86] Consensualidade, agências reguladoras e descentralização, financiamento de obras públicas por seus usuários, teto remuneratório, responsabilidade fiscal, eficiência da administração pública, dentre outas.

[87] A Reforma do Estado, na qual se insere a reforma da administração pública, introduziu novidades no âmbito do Direito Administrativo. A partir de então o Direito Administrativo sofre influência de princípios das ciências econômicas e das ciências da administração. Maria Sylvia Zanella Di Pietro (2010) aponta como principais reflexos dessa interação no Direito Administrativo: (i) democracia participativa; (ii) movimento de agencificação; (iii) ampliação do princípio da subsidiariedade (que leva a privatização de empresas, privatização de serviços públicos não mais considerados como tal, ampliação de parcerias entre público e privado; ampliação de formas de fomento; criação do terceiro setor); (iv) substituição de servidores públicos por terceirizados; (v) crise da noção de serviço público; (vi) princípio da supremacia do interesse público, por ser incompatível com a existência de direitos fundamentais constitucionalmente definidos; e (vii) contrato administrativo, diferenciado dos contratos privados (p. 27). Por fim, a autora alega criticamente a existência de uma tentativa de fuga do Direito Administrativo e conclui que a fuga do Direito Administrativo, não pode e não será total (DI PIETRO, 2010, p. 39). De fato, afasta-se do Direito Administrativo burocrático, abrindo-se espaço para um Direito Administrativo, digamos, "societal".

(ii) mitigação da crença da discricionariedade pura e imune ao controle;
(iii) a cobrança de que o Poder Judiciário e os demais controladores emprestem atenção axiológica, para além da meramente formal, ao dever de motivação dos atos administrativos, sejam estes discricionários[88] ou vinculados, caminha-se para o centro da qualidade dos atos administrativos;
(iv) a maior vigilância ao exercício do "poder de cautela", com expedição restrita de poderes cautelares;
(v) o trânsito da preponderância do Direito Administrativo, como Direito do Estado executor de serviços (mantendo--se apenas para o núcleo essencial do serviço público), para o Direito do Estado Regulador;
(vi) "tendem a ser salutarmente revisadas categorias demasiado rígidas, sem que se aceite, com entusiasmo ingênuo, a exacerbada vinculação napoleônica ou mania quimérica de tudo controlar, tão cara à Escola da Exegese. Dessa maneira, avança nova concepção do princípio da legalidade, ainda mais que se admitem, por força da complexidade do sistema jurídico, atividades ou proibições administrativas que se impõem, independentemente de previsão legal, por força direta e imediata da Constituição. Não é mais certo, portanto, asseverar que a vontade administrativa seja apenas aquela que brota da regra legal. Brota, acima disso, da Constituição" (FREITAS, 2009, p.44-45);

---

[88] "Discricionariedade é, pois, a integração da vontade legal feita pelo administrador, que escolhe um comportamento previamente validado pela norma, dentro dos limites da liberdade resultantes da imprecisão da lei, para atingir a finalidade pública" (OLIVEIRA, 2007, p. 93) [...] Ao que se vê, não se pode confundir discricionariedade com interpretação. Esta apenas nos leva a uma só solução do ângulo de quem a realiza, valendo-se de dados concretos ou objetivados. Enquanto se apura a determinação do sentido da norma a se aplicar, dirigida à modificação jurídica (já agora se falando de interpretação específica da norma) que se pretende operar no mundo jurídico, está-se diante da interpretação. A partir do momento em que não se tem dados objetivos de firmeza da apuração da determinação do sentido da norma ingressa-se no campo da discricionariedade". "Discrição é ato volitivo". "Interpretação é ato intelectivo" (OLIVEIRA, 2007, p. 99-100). "A finalidade é sempre vinculada. Os fins podem ser discricionários. A formalidade é sempre vinculante. A forma poderá ser discricionária. O motivo poderá ser discricionário, ou seja, poderá haver a escolha dos pressupostos" (OLIVEIRA, 2007, p. 103).

(vii) uma incidência crescente de regras de Direito Administrativo Privado (com a adoção de formas, e não de autonomia privada);
(viii) concepção da relação administrativa com a menor precariedade possível, de forma a garantir a segurança jurídica dos agentes que ocupam espaços anteriormente preenchidos pelo Estado;
(ix) o cidadão passa a ser proativo e protagonista. Perde a antiga aparência de "administrado" para cobrar soluções técnicas e razoáveis e colaborar com a administração;
(x) o controle das relações administrativas é permeado pelo princípio constitucional da democracia fortalecida (direta e indireta).

Essas transformações do direito têm impacto direto no exercício dos controles interno e externo – baseados no processo administrativo, como o exercido pelos Tribunais de Contas – e indireto, mas não menos importante, nos controles realizados pelo Poder Judiciário, seja nos casos em que funciona como instância revisora, que convalida os atos de controle praticados por aqueles ou quando, por provocação de outros legitimados ao controle, mas não à aplicação da sanção, se vê obrigado a fazer o controle original que envolve a verificação da legalidade, mas também da legitimidade, dos resultados e da eficiência, além da eficácia, efetividade e economicidade, no sentido de aferir o atingimento e atendimento de direitos e princípios relevantes, sagrados no texto constitucional ou em dispositivos legais.

Nesse sentido é que se propôs do PL nº 8.058/2014 que trata da avaliação dos resultados das políticas públicas, no que se refere ao cumprimento da legalidade ampliada, pelo Poder Judiciário.

## 2.2 Classificação e tipos de controle dos atos administrativos

De modo geral, a sociedade organizada estabelece mecanismos de controle ou de coordenação para a manutenção do equilíbrio entre desejos, necessidades e possibilidades coletivas, aos olhos da Gestão Pública. Sob o ponto de vista *institucional*, as ferramentas de controle do Poder Público são divididas em três subgrupos: (i) o Estado (sistema legal ou jurídico com normas e instituições fundamentais da sociedade); (ii) o mercado (sistema econômico no qual o controle se faz por meio da competição); e (iii) a sociedade civil.[89] Sob a perspectiva *funcional* – que se sobrepondo à institucional não lhe é inteiramente coincidente – também há três mecanismos de controle: (i) o hierárquico ou administrativo (interno às organizações públicas ou privadas); (ii) o democrático ou social (em termos políticos, exercido sobre organizações e indivíduos); e (iii) o controle econômico (via mercado) (BRESSER PEREIRA, 1998).

> A partir do critério funcional, podemos dispor os mecanismos de controle relevantes para nossa análise em um leque que vai do mecanismo de controle mais difuso, automático, ao mais concentrado e fruto de deliberação; ou do mais democrático ao mais autoritário. Segundo esse critério, e disposto nessa ordem temos os seguintes mecanismos ou tipos de controle, além do sistema jurídico-legal: o controle por meio do mercado; o controle político-democrático, que pode realizar-se, por um lado, por meio dos mecanismos da democracia representativa, da democracia direta ou do controle social, e por outro, da transparência de informação e do controle por parte das mídias e da oposição; e o controle hierárquico, que pode ser gerencial, burocrático, ou tradicional. O princípio geral é o de que será preferível o mecanismo de controle que for mais genérico, mais difuso, mais automático. [...] A democracia direta, o controle social é, em seguida, o mecanismo de controle mais democrático e difuso. Por intermédio do controle social, a sociedade se organiza formal e informalmente para controlar não apenas os comportamentos individuais, mas – e é isso que importa nesse contexto – para controlar as organizações públicas. Pode ocorrer também no plano político, com o sistema de plebiscitos ou referendos. O controle social das organizações públicas pode ocorrer de duas maneiras: de baixo para cima, quando a sociedade se organiza politicamente

---

[89] "[...] ou seja, a sociedade estruturada segundo o peso relativo dos diversos grupos sociais – constitui-se em um terceiro mecanismo básico de controle; os grupos sociais que a compõem tendem a se organizar, seja para defender interesses particulares, corporativos, seja para agir em nome do interesse público; em qualquer das hipóteses, são um mecanismo essencial de controle" (BRESSER PEREIRA, 1998, p. 139).

para controlar ou influenciar instituições sobre as quais não tem poder formal; ou de cima para baixo, quando o controle é exercido formalmente por conselhos diretores de instituições públicas não-estatais. A democracia direta é a ideal, mas no plano nacional só pode ser praticada de maneira limitada, por meio de sistemas de consulta popular sobre temas muito claramente definidos.

Em terceiro lugar, temos a democracia representativa [...] as limitações desse tipo de controle são também evidentes, na medida em que só é adequado para definir leis gerais, não para executá-las. [...] Essa lógica do leque de controle, que orienta a reforma do Estado, tem, portanto, um caráter histórico, ao mesmo tempo em que obedece a alguns princípios gerais: o princípio da maior democracia, o princípio da maior difusão do poder, o princípio econômico da eficiência, o princípio da maior automaticidade dos controles, e o princípio do aumento do espaço público não-estatal. [...] (BRESSER PEREIRA, 1998, p. 139-142, grifo nosso).

Por se tratar de um texto jurídico, focar-se-á o objeto de análise nas modalidades de controle democrático (responsabilização do administrador público) e gerencial (controle administrativo), ambos passíveis de análise jurídica, além do controle jurídico-legal *stricto senso*, o judicial, ficando excluída desse texto a modalidade de controle do mercado.

O controle democrático é um tema amplo, que envolve toda a problemática da governabilidade e da afirmação dos direitos de cidadania. As questões de representação política, da legitimidade dos governantes e da sua responsabilização são aqui centrais. *No plano específico da administração pública, entretanto, a questão fundamental é como controlar a burocracia de forma que ela aja de acordo com, ou visando ao interesse público. Ou, em outras palavras, a responsabilização do administrador público perante a sociedade. A resposta burocrática a essa questão, consagrada no direito administrativo, mas que também é com frequência encontrada nos textos recentes que usam a teoria do principal-agente,*[90] *é tão simples quanto insatisfatória. Haveria controle democrático ou responsabilização quando o burocrata obedece às restrições impostas pela lei e, adicionalmente, dentro da discrição estabelecida pela lei, quando o burocrata (o agente) obedece às decisões do político eleito (o principal). A ideia de que o controle do burocrata pode ser conseguido pela previsão legal de suas ações leva a todas*

---

[90] "[...] isto é, às relações em que o principal "A" encarrega um agente "B" para executar uma ação "X" em seu lugar. [...]" (CENEVIVA; FARAH, 2007, p. 134).

*as distorções burocráticas que estamos analisando neste livro*. Por outro lado, a perceptiva do principal-agente é apenas uma generalização interessante, obviamente não resolvendo o problema. *A dificuldade de tornar o político mais responsabilizado perante a sociedade é talvez o maior desafio das democracias modernas.* [...] (BRESSER PEREIRA, 1998, p. 143, grifo nosso).

Controles políticos são próprios do Estado e da sociedade, controles administrativos[91] geralmente baseiam-se no princípio da hierarquia. O controle burocrático e o controle hierárquico muitas vezes são apontados como sinônimos, tal a sua sinergia. São marcadamente mecanismos de controle legal de procedimentos. Define-se o máximo possível em lei, como antídoto contra a arbitrariedade, para garantir a racionalidade, com a materialização do princípio geral da universalidade de procedimentos. O controle horizontal se realiza na divisão de poderes (*checks and balances*) e na auditoria interna e externa. Procura evitar a corrupção, limitar o nepotismo e garantir o império da lei. Eis suas metas (BRESSER PEREIRA, 1998, p.146).

A eficácia tão esperada dos mecanismos de controle deve incluir o controle dos burocratas e dos políticos, uma vez que os primeiros dão conta do cumprimento do seu dever, das ordens e da legalidade, enquanto os seguintes são responsáveis pelos acordos firmados (com eleitores e com apoiadores no federalismo de coalisão brasileiro) e pela escolha das políticas públicas a serem executadas (OLIVIERI, 2010, p. 55).

Há estratégias de gestão mais recentes que dão ênfase no controle de processos. "Não devemos confundir controle de resultados com permanente definição e redefinição dos processos de trabalho, que é uma estratégia gerencial por excelência, com controles de procedimentos, que caracteriza a administração burocrática" (BRESSER PEREIRA, 1998, p. 147).

A partir dessa análise podemos propor uma tipologia, uma primeira classificação dos mecanismos de controle, conforme o quadro abaixo.

---

[91] Dizemos, geralmente, pelo fato da Constituição Federal ter instituído um tipo de controle administrativo especialíssimo do patrimônio público, o controle interno *stricto sensu*.

Quadro 3
Tipologia dos Controles dos Atos Administrativos, segundo a doutrina de Gestão Pública e Ciências Políticas.

| | | Controle dos atos administrativos | |
|---|---|---|---|
| | | Externo | Interno |
| | | Político-Democrático | Administrativo |
| Vertical | | Democracia direta<br>Democracia representativa<br>Controle social<br>Mídia<br>Transparência de informação | |
| Horizontal | | Oposição<br>Checks and balances | Hierárquico (tradicional burocrático ou racional-legal)<br>Controle de processos. |

Formulado a partir de Bresser Pereira (1998)

O melhor texto jurídico a categorizar os controles dos atos administrativos, a partir da varredura da doutrina clássica sobre o tema, é o de Odete Medauar (1993[92]), que dedica capítulo específico sobre a tipologia dos controles, o qual apresentamos a classificação resumida na tabela 4 do pensamento de: Bergeron (1965[93]); Censio (1976[94]); Braibant, Questiaux e Wiener (1973[95]), Gianini (1981[96]); Cretela Júnior (1984), Caio Tácito (1975) e Seabra Fagundes (1979[97]); Hely Lopes Meirelles(1995); a dela própria, tudo isso criticamente compilado para a apresentacao de uma classificação por nós seguida.

---

[92] Na doutrina pátria, Cretella Júnior, na obra *Controle Jurisdicional do Ato Administrativo* (Forense, 1984, p. 319-326) e Seabra Fagundes, no livro o *Controle dos Atos Administrativos pelo Poder Judiciário* (Forense, 5. ed., 1979, p. 101). Adotam divisão tríplice, com base no Poder: Controle administrativo, controle legislativo e controle jurisdicional (MEDAUAR, 1993, p. 29).

[93] BERGERON. *Functionnement de l'État*, Paris, 2. Ed, 1965 apud Medauar (1993).

[94] CENSIO, Jorge Silva. El Control de La Adminsitration. In: *Revista de Direito Público*, n. 39/40, jul.-dez./ 1976 apud MEDAUAR (1993).

[95] BRAIBANT, Guy; QUESTIAUX, Nicole; WIENER, Celine. Le Contrôle de l'Administration et La Protection dês Citoyens, Paris: Ed. Cujas, 1973 apud MEDAUAR (1993).

[96] GIANINI, Massimo Severo. *Instituzioni di Diritto Amministrativo*. (s/c): GIUFFRÈ, 1981 apud MEDAUAR (1993).

[97] Checado por essa autora na 6ª Ed. 1984.

Quadro 4
Tipologia Proposta

| | | Tipologia Proposta | |
|---|---|---|---|
| 1. Quanto ao agente controlador | Intraorgânicos | Ouvidoria | Interno *Lato Sensu* |
| | | Hierárquico | |
| | | Autotuleta | |
| | | Tutela | |
| | | Supervisão ministerial | |
| | | Gestão | |
| | Interorgânicos | Interno Stricto Sensu – RFB/1988 | Controle externo |
| | | *Checks and balances* | |
| | | Legislativo | |
| | | Executivo | |
| | | Judiciário | |
| | Extraorgânicos | Tribunais de Contras | |
| | | Ministério Público | |
| | | Sociedade Civil Organizada | |
| | | Cidadão individualmente | |
| | | *Ombudsman* | |
| | | Imprensa | |
| 2. Quanto ao aspecto da atuação sob a qual incide | Legalidade | Genérica | |
| | | Contábil-financeira | |
| | Mérito | | |
| | Boa administração ou boa gestão | Eficiência | |
| | | Eficácia | |
| | | Efetividade | |
| | | Economicidade | |
| | | Transparência | |
| | | Participação | |
| 3. Quanto ao momento de exercício de controle | Prévio | Concomitante | Sucessivo |
| 4. Quanto à amplitude[98] | De ato | De atividade | |
| | | Gestão | Contábil | Resultados |

---

[98] Abrindo espaço para a questão do controle das políticas públicas que são tipos de atividades.

| 5. Quanto ao modo de desencadear | De ofício | Por provocação | Compulsório |
|---|---|---|---|
| 6. Quanto à sanção | Sugestão e conselho | | |
| | Instrução e disciplina | | |
| | Comando e execução | | |
| | Ingerência e intervenção | | |
| | Anulação e reforma | | |
| | Gestão e apropriação | | |
| | Substituição e eliminação | | |
| | Sanções derivadas da legislação penal, civil, eleitoral e de responsabilidade fiscal | | |
| 7. Quanto à formalidade | Formais | | Informais |

Fonte: Autora a partir da revisão doutrinária em Medauar (1993)

Ressalte-se que as modalidades e os agentes de controle não são excludentes uns dos outros. Um mesmo agente pode realizar sua atividade de controle de forma concomitante e sucessiva (MEDAUAR, 1993, p. 34).

Considerando a classificação acima acolhida – cunhada com base no pensamento revisitado da doutrina de Medauar (1993), acrescido dos novos modelos públicos de gestão e controle e da doutrina do Novo Direito Administrativo, encabeçada pela própria autora – no capítulo III teceremos alguns comentários sobre os controles em espécie (tipos de controle). Por hora, trabalharemos na construção de um conceito jurídico de controle, o que faremos introduzindo o tema da *accountability* nesse estudo.

## 2.3 *Accountability* e controle: por que e o que controlar

Já asseveramos no capítulo I que uma das finalidades da gestão do NSP (social, societal, NGD) e das recentes medidas tomadas pelos Poderes Executivo (Consocial, Governo Aberto) e Legislativo (Frente Parlamentar Mista de Fortalecimento da Gestão Pública e Lei de Acesso à Informação) é de intensificar a *accountability*. Note-se que mantivemos a nomenclatura em seu idioma original, nos comprometendo a apresentar-lhe o sentido adotado nesse texto. É o que se fará, uma vez que para responder à indagação do porquê e o que controlar deve-se partir de uma noção referencial de controle. Sem querer antecipar o tópico específico que tratará do conceito jurídico de controle, faz-se necessário apresentar alguma base conceitual extrajurídica: iniciemos pela relação entre *accountability* e controle.

Consideremos *accountability*[99] como sinônimo de responsabilização e que esta pressupõe o ato de controle. Podem-se encontrar três termos sinônimos- *accountability, responsibility* e *answerability* (CENEVIVA; FARAH, 2007, p. 130).

Ceneviva e Farah (2007, p. 129-130), ao estudar os mecanismos de avaliação das políticas públicas, como via de controle da administração, alertam que a palavra *accountability* ainda não tem uma clara definição teórica, com a tendência de variar conforme o autor ou a tradução disciplinar em que o trabalho se insere, já que esse é um tema do qual se apropriam várias áreas das ciências socais: administração de empresas, educação, administração pública, ciência política e, acrescento, direito.

> Que a ideia de accountability refere-se ao controle e fiscalização dos agentes públicos, isso é comumente aceito. Contudo, quando se trata de delimitar seus objetos, sujeitos, meios e escopo, o debate torna-se bastante disputado (CENEVIVA; FARAH, 2007, p. 130).
> Além disso, cabe ressaltar que a ideia de responsabilização transcende a ideia de simples prestação de contas. A accountability não se limita à necessidade de justificação e de limitação da discricionariedade daqueles que exercem o Poder Público em nome dos cidadãos, mas também deve incluir a possibilidade de sanção. Em contrapartida não se pode subestimar a importância da atuação das organizações da sociedade civil e da imprensa na fiscalização e controle do exercício do Poder Público pelos governos e burocratas (CENEVIVA; FARAH, 2007, p. 132, grifo nosso).

Para compreender o status doutrinário desse tema, seguimos o mesmo caminho percorrido por Ceneviva e Farah (2007), que se servindo da obra de Mainwaring e Welma (2003), identificou cinco grandes áreas de divergência doutrinária e disputa conceitual do termo *accountability*, resumidas no quadro abaixo.

---

[99] *Accountable – responsible for the effects of your actions and willing to explain or be criticized for them; consider someone responsible* (LOGMAN, 1995).

## Quadro 5
### Áreas de Disputa Conceitual do Termo *Accountability*

| Áreas de Disputa Conceitual do Termo *Accountability* | | |
|---|---|---|
| **Quais mecanismos de controle dos governantes e da burocracia devem ser classificados como accountability?** | | |
| **1ª corrente: Restritiva** | **2ª corrente: Intermediária** | **3ª corrente: Ampliativa** |
| Apenas mecanismos de controle formais e institucionalizados. Não inclui relações informais de fiscalização e controle (exclui imprensa e organizações da sociedade civil) Guilhermo O'Donnell (1998; 1999; 2003); Charles Kenney (2003); Fernando Abrucio e Maria Rita Loureiro (2005) e Mainwaring e Welma (2003, p.7) | Não restringe aos controles formais, mas exige capacidade de sancionar os agentes públicos. As sanções não se restringem apenas às legais, mas também às simbólicas, como as reputacionais. Delmer Dunn (1999);[100] Robert Keohane (2002), Ronald Okerson (1998) | Toda e qualquer atividade de controle, fiscalização e monitoramento, inclusive os não voluntários e ocasionais. Day e Klein, (1987); Fox e Brown, (1998); Paul, (1992) |
| **Quais os objetos dos mecanismos de accountability?** | | |
| Limitam-se ao controle e fiscalização de violações legais (accountability horizontal). Charles Kenney (2003; Guilhermo O'Donnell, (1998; 2003) | | Compreendem o monitoramento, o controle e a sanção de ações ou omissões políticas, ndependentemente de envolverem violação estrita à lei (responsabilização legal ou jurídica). Em outros termos, controlam-se todos os atos incluindo os políticos, os de gestão e o desempenho, não se resumindo a perquirir exclusivamente a legalidade. Mainwaring e Welma (2003); Fernando Abrucio e Maria Rita Loureiro (2005); CLAD (2000); Schmitter (1999);[101] Elster (1999)[102] |

---

[100] DUNN, Delmer. Mixing elected and non-elected official in democratic policy making: Fundamentals of accountability and responsibility. In: PRZEWORSKI, Adam; SOTOKS, Susan C.; ININ, Bernard (Eds.). *Democracy, Accountability and Representation. (Cambridge Studies in Theory of Democracy). Cambridge:* Cambridge University Press, 1999 apud Ceneviva e Farah (2007).

[101] SCHIMITTER, Philippe C. The limits of horizontal accountability. In: SCHEDLER, Andreas; DIAMOND, Larry; PLATTNER, Marc F. *The Sel-restraining State:* Power and Accountability in New Democracies. Bolder: Lynne Rienner, 1999 apud Ceneviva e Farah (2007).

[102] ELSTER, Jon. Accountability in Athenian Politics. In: PRZEWORSKI, Adam; SOTOKS, Susan C.; ININ, Bernard (Eds.). *Democracy, Accountability and Representation.* (Cambridge Studies in Theory of Democracy). Cambridge: Cambridge University Press, 1999 apud Ceneviva e Farah (2007) *apud* Ceneviva e Farah (2007).

| Capacidade de sanção dos mecanismos e agentes de accountability: | | |
|---|---|---|
| Somente se for capaz de gerar sanção aos governantes ou burocratas sujeitos ao controle. Não inclui a mera exigência de responsividade.<br><br>Dunn (1999);[103] Kenney (2003);[104] Moreno; Crisp; Shugart (2003);[105] Elster (1999) | Alguns mecanismos de accountability sustentam-se apenas pela capacidade de demandar justificação ou prestação de contas dos agentes públicos por seus atos ou omissões (answerability). Sem ter, necessariamente, capacidade de impor sanção, mas desde que tenham a possibilidade de acionar outras formas de sanção. (exemplo: Ministério Público, ombudsman).<br><br>As sanções podem ser as legais ou as simbólicas de caráter político.<br><br>Guilhermo O´Donnell (2003); Schedler (1999); Mainwaring (2003); Catalina Smulovitz e Enrique Peruzzotti (2000; 2003) | Incluem-se as sanções políticas de caráter simbólico. Ceneviva e Farah (2007, p. 133).<br><br>Detém poder indireto, embora não institucionalizado, de impor sanções legais.<br><br>Ceneviva; Farah (2007, p. 134) |
| Restrição dos mecanismos de accountability àqueles adequados à relação do tipo agente-principal | | |
| | Somente nos casos em que o principal agente A tem capacidade de responsabilizar e punir diretamente o agente B poder-se-ia alegar a existência de relação de accountability.<br><br>Moreno; Crisp; Shugart (2003) | |

---

[103] DUNN, Jon. Situating Political Accountability. In: PRZEWORSKI, Adam; SOTOKS, Susan C.; IN: Bernard (Eds.). *Democracy, Accountability and Representation.* (Cambridge Studies in Theory of Democracy). Cambridge: Cambridge University Press, 1999 apud Ceneviva e Farah (2007) *apud* Ceneviva e Farah (2007).

[104] KENNEY, Charles D. Horizontal Accountability: Concepts and Conflicts. IN: Bernard (Eds.). Democracy, Accountability and Representation. (Cambridge Studies in Theory of Democracy). Cambridge: Cambridge University Press, 1999 *apud* Ceneviva e Farah (2007).

[105] MORENO, Erika; CRISP, Brian; SHUGART, Mathew S. The accountability deficit in Latin America. In: BERNARD (Eds.). *Democracy, Accountability and Representation.* (Cambridge Studies in Theory of Democracy). Cambridge: Cambridge University Press, 1999 *apud* Ceneviva e Farah (2007).

| Quais atores podem exercer o papel de agentes de accountability? | | |
|---|---|---|
| Admitem apenas atores institucionais como agentes de responsabilização.<br><br>Charles Kenney (2003); Fernando Abrucio e Maria Rita Loureiro (2005) e Mainwaring e Welma (2003) | Limita a noção de accountability à noção principal-agente e considera atores apenas: (i) eleitores em relação aos eleitos; (ii) políticos em elação à burocracia; (iii) parlamentes em relação aos ministros nas democracias parlamentaristas; e (iv) outros principais nas relações com as agências nas burocracias Estatais. Exclui instituições estatais que são independentes entre si, mesmo que formalmente concebidas para controlar indivíduos ou organizações públicas.<br><br>Moreno; Crisp; Shugart (2003)<br><br>Deixa fora agências estatais de fiscalização, mas inclui órgãos com poder de sanção como o Poder Judiciário.<br><br>Charles Kenney (2003);<br><br>Atores institucionais somente podem ser considerados agentes de controle quando incumbidos de fiscalizar e punir violações legais.<br><br>O'Donnell (2003) Para Mainwaring (2003, p. 16) não se restringe a transgressões legais. | Maior número de atores e organizações, institucionais ou não, como agentes de accountability.<br><br>Paul, (1992); Catalina Smulovitz e Enrique Peruzzotti (2000; 2003) |

Fonte: Ceneviva e Farah (2007, p. 129-136).

Ainda quanto à classificação doutrinária, vale a referência à obra de (O'DONNELL, 1999) para quem a *accountability* vertical refere-se às atividades de fiscalização e controle ascendentes dos cidadãos e da sociedade civil sobre os governantes e burocratas (instrumentos de democracia direta e ações da sociedade civil e da mídia). Já a *accountability* horizontal diz respeito aos mecanismos institucionalizados de controle e fiscalização mútua, além de outras agências cuja finalidade seja monitorar e fiscalizar a administração pública (CENEVIVA; FARAH, 2007, p. 136-137). Embora passível de críticas, essa classificação de O'Donnell (1999) caracteriza-se como um divisor de águas no estudo do controle dos atos do poder público. Foi aprimorada por Abrucio e Loureiro (2005) para tratar do controle das políticas públicas, os quais introduziram a subdivisão da *accountability* democrática em: *accountability* eleitoral e *accountability* não eleitoral (controle institucional no curso do mandato).

Para responder por que controlamos, é necessário resgatar a ideia de que não é possível pensar em exercício de cidadania apenas manejando direitos civis e liberdades negativas.

A democracia, a imprensa livre, atualmente ameaçada, e a introdução da administração pública burocrática foram um grande avanço no controle da *res publica* e combate ao nepotismo e à corrupção patrimonialistas. Apesar disso, a corrupção e o corporativismo foram as formas de apropriação da *res publica* do século XX, quando o patrimônio público é confundido com o patrimônio do grupo ou corporação, que tende a identificar e replicar o discurso de que seus interesses particulares coincidem com o público. Nesse caso, o risco de privatização da coisa pública é muito grande. Para combater isso, é fundamental a ampliação de mecanismos de controle (BRESSER PEREIRA, 1998, p. 93-94).

A palavra "ampliação", aqui adotada, não deve ser interpretada como mero enrijecimento dos métodos de controle, mas como efetividade do seu exercício, já que a opção política foi pela descentralização, controle *a posteriori* e controle de resultados.

> [...] da mesma forma que o cidadão tem direito à liberdade e à propriedade (direitos civis), a votar e a ser votado (direitos políticos), à educação, à saúde e à cultura (direitos sociais), ele tem o direito de que o patrimônio econômico do Estado – seja ele constituído pelo patrimônio ambiental, seja pelo patrimônio cultural, seja pelo patrimônio econômico – todos genericamente denominados res publica – continue a ser um patrimônio a serviço de todos, ao invés de ser apropriado por grupos patrimonialistas ou corporativistas que dentro da sociedade atuam como franco-atiradores (BRESSER PEREIRA, 1998, p. 86-87).

Sendo o controle algo finalístico, e não um fim em si mesmo,[106] defende-se que um possível conteúdo material do "interesse público" buscado por meio da função administrativa de controle seja

---

[106] "O apelo ao controle do próprio controle, mais do que um jogo de palavras, é uma realidade quando a opinião pública se manifesta com indignação diante de uma denúncia de malversação de recursos públicos. A reação imediata de arautos dos bons costumes é o apelo à moralidade e à exigência de acatamento incondicional das normas de direito estabelecidas. Isso significa mais da mesma coisa, pois as leis que deviam ser respeitadas por corruptos já existiam no ato do erro, e por não serem observadas é que o ilícito se verificou, ou seja, não cumprir leis não pode ter como solução somente o apelo a cumpri-las doravante com vistas a recuperar o controle do controle perdido" (Nota de rodapé número 4. In: GUEDES, 2007, p. 189, *grifo nosso*)

a preservação da essência do Estado Democrático, Republicano e Participativo de Direito – o poder/dever de controlar o Poder Público e, especialmente, a Administração Pública – e isto significa que a finalidade do ato de controle se desdobra em controlar para: (i) aperfeiçoar processos; (ii) assegurar a execução mais eficiente dos serviços públicos; (iii) melhor utilizar o dinheiro público; (iv) aferir os resultados das políticas públicas do Estado; (v) apurar e condenar o desvio de legalidade ou o uso inadequado ou criminoso do patrimônio público; e (vi) participar das decisões do Estado.

Por fim, resta-nos delimitar o que controlar. Seria tentador respondermos, num ímpeto de materialização do regime democrático, que podemos/devemos controlar tudo;[107] o que não está, em tese, de todo errado. De certa forma, já o tentamos fazer quando adotamos o modelo de controle centralizado, prévio e burocrático de legalidade.

O Estado deve servir ao cidadão e, nessa condição, deve submeter-se, juntamente com os que lhe representam, ao escrutínio e controle permanentes das instituições, legitimadas para tal, e dos cidadãos, seja individualmente ou por meio da sociedade organizada. Entretanto, a atividade de controle gera um custo operacional que deve ser ponderado (análise de custo-efetividade), tanto para delimitar o que precisa ser fiscalizado, quanto como isso deve ser feito. Ao se conceber uma estrutura de controle nova, bem como ao avaliar o desempenho de uma instituição ou modalidade de controle existente, deve-se considerar e ponderar esses aspectos. Não obstante, no que concerne ao controle social, cujo sujeito é o povo, a nação politicamente organizada, aquela que detém o poder político original, não pode imputar limites a estes para o exercício do controle, que não os dispostos na Constituição, sob pena de rompimento do liame que une o Estado-Sociedade ao Estado-Poder, atados que estão pelo laço do Estado Democrático de Direito.

---

[107] "Acrescente que o controle sistemático dos atos administrativos vinculados ou discricionários não há de ser mínimo nem máximo, pois não se deve adotar a lógica do 'tudo-ou-nada'. O controle deve ser proporcional; e, nessa medida, abrangerá, com maior cuidado, a íntegra dos motivos dados (fundamentos de fato e de direito), na incipiente era da motivação dos atos administrativos. Na linha do aprofundamento, por exemplo, a ação fiscalizatória do Poder Legislativo (CF, em especial arts. 49, V e 71, §1º) e dos Tribunais de Contas precisa ser exercida tendo em mente o conjuntos dos princípios fundamentais, inclusive e *mui* especialmente a prevenção, cuja efetividade deve ser francamente conquistada, morment e suas conexões com o princípio da proporcionalidade, que veda, simultaneamente, excessos e omissões" (FREITAS, 2009, p. 367; 2011).

Esta consideração de análise de custo-efetividade não é nova. Como exemplo, podemos referir ao caso das auditorias que são realizadas a partir de métodos de amostragem, ao invés da realização integral em todos os contratos, o que inviabilizaria a própria atividade de controle, além de torná-la extremamente onerosa à estrutura de Estado e à sociedade. Dentro da própria doutrina processual civil, já se considera a efetividade da prestação jurisdicional como requisito de acolhimento do pedido das partes, uma vez que movimentar a máquina judicial implica no alto custo econômico e de expectativas para a sociedade.

Além do aspecto econômico de viabilidade do controle, há duas outras questões, que se intercambiam, a serem referidas no tema "do que controlar": (i) o controle jurisdicional de políticas públicas e (ii) dos atos discricionários. Estão interligados porque, geralmente, a escolha da política a ser aplicada ou, ainda que esta seja uma determinação legal, a forma de executá-la é veiculada por atos administrativos, geralmente discricionários.

A desconfiança do cidadão em relação ao Estado Burocrático, sua ineficiência e inefetividade na prestação de serviços, a crise dos Poderes Judiciário e Legislativo[108] e a descrença quanto aos mecanismos de controle do Estado geraram uma série errática e sem coordenação de medidas dos órgãos estatais, em uma tentativa de salvação do naufrágio iminente.

Dentre as medidas sem coordenação, houve um legiferar excessivo e sem racionalidade por parte do Poder Legislativo, o que já foi tratado como "fator de envenenamento do ordenamento jurídico brasileiro" (COSTA JÚNIOR, 2011).

> [...] Em meio a esse quadro, o culto à lei teve, como consequência desagradável, a concepção simplista, ainda dominante em diversos setores da sociedade, de que basta elaborar a lei para que ela seja cumprida.[109]

---

[108] "Diante de tão decantada crise da lei e falência do parlamento, assiste-se à delegação de parcela da função de legislar a outros órgãos do Estado, como ocorre com as medidas provisórias, criadas pela Constituição Federal de 1988, mas que tiveram suas feições deformadas pelo uso abusivo que delas fizeram, desde então, todos os Presidentes da República" (COSTA JÚNIOR, 2011, p. 181).

[109] "Tão farta é a nossa produção legislativa, tão abundante é a elaboração normativa, em todos os âmbitos, áreas e quadrantes, que o número de declarações de inconstitucionalidade deveria ser substancialmente mais significativo do que é. Só assim se 'limpa' e corrige o sistema existente; só assim se prestigia a *correttezza costituzionale*. Só assim os editores de normas inconstitucionais saberão comedir-se" (ATALIBA, 1998, p. 17).

Lamentavelmente, não basta a qualidade redacional do texto para que a lei seja eficaz – com a produção de efeitos instrumentais e a observância pelos interessados – e efetiva – com a modificação da realidade e a solução dos problemas que motivaram sua elaboração.

Há situações em que o legislador, seja por vontade própria, seja por pressão de determinados grupos sociais, seja por impossibilidade prática de agir de outras formas, elabora atos normativos que estão fadados a não produzir os efeitos que normalmente seriam dele esperados. No entanto, podem produzir efeitos diversos, de natureza não instrumental, que são também relevantes. A esses efeitos se atribui o nome de efeitos simbólicos, e quando culminam por eclipsar os efeitos instrumentais do texto, dá-se o fenômeno da legislação simbólica, que pode servir para confirmar valores socais, para postergar a solução do conflito por meio de um compromisso dilatório ou para ser um "álibi" do Estado perante a opinião pública (COSTA JÚNIOR, 2011, p. 182-183).

E a desconfiança em relação ao Legislativo não é somente quanto à lei que produz ou que deixa de produzir, mas também quanto a sua competência para controlar[110] o Poder Executivo e a administração pública como um todo. Sendo o Poder Legislativo o que, dentre os Poderes instituídos, tem mais instrumentos para o exercício do controle da administração – com mecanismos de sanção próprios – deveria ser o agente mais atuante na garantia da moralidade no trato do patrimônio econômico do Estado. Ocorre que, na prática, muito sobra para o Poder Judiciário[111] – que, por sua vez, não consegue suprir a demanda e não detém competência originária para julgar politicamente uma política pública – quando

---

[110] Como exemplo, cito o caso do patrimônio do Fundo Soberano Brasileiro, criado pela Lei nº 11.887/2008, cujos recursos são derivados das reservas e patrimônio públicos (ações da Petrobrás e Banco do Brasil, recém-capitalizados com endividamento público) e das aplicações em fundos de investimentos. Por sua natureza, deveria obedecer a regras claras de governança, transparência e aplicação mais rigorosas. No fechamento desse texto, os demonstrativos do fundo não se encontravam na página do Tesouro Nacional. Tivemos acesso aos seus demonstrativos junto à Comissão Mista de Planos, Orçamentos Públicos e Fiscalização do Congresso Nacional, que não os aprecia desde 2009 (não havendo nem relator nomeado).

[111] Abrindo um parêntesis ao tema de fundo, vale frisar que, nos últimos dez anos, o Poder Judiciário vem passando por um processo interno de choque de gestão. É bom para a República quando a reforma sensibiliza quem "manda" agir de acordo com a Constituição. Nesse período, o Judiciário se abriu às audiências públicas sobre temas polêmicos, criou o Programa Justiça Digital, realizou mutirões carcerários, iniciou reformas de gerenciamento dos Tribunais e Varas, dentre outras medidas. Há muito ainda a ser feito, mas os ventos parecem soprar para o rumo que desejamos.

é provocado por outros sujeitos legitimados ao controle, que não detêm poder sancionatório.

Em matéria de legislação orçamentária, muitas vezes o Plano Plurianual, a Lei de Diretrizes Orçamentária e a Lei Orçamentária Anual têm figurado com um caráter simbólico em termos de melhoria dos indicadores de educação, saúde e infraestrutura no país. Vagam também, no campo da legislação simbólica, vale ressaltar, as Emendas à Constituição que vinculam percentuais fixos do orçamento ou do PIB do Brasil a determinados setores de serviços públicos essenciais, sem que se avalie se esses recursos aumentaram a qualidade do atendimento aos cidadãos.

O controle dos atos discricionários já mereceu bastante destaque na doutrina administrativista brasileira. Não obstante a jurisprudência consolidada por um norte burocrático, e que parte da doutrina formadora de opinião ainda não tenha se apercebido que não há discricionariedade ilimitada, já se vê autores e julgados que buscam a materialização dos princípios e objetivos da república quando do controle desses mesmos atos, reconhecendo que seu exercício será sempre limitado pelos princípios da "Constituição que Administra", que sai do mundo das ideias e desce até o dos fatos (FREITAS, 2009).

Nesse movimento de romper com o pensamento incrustado do Direito Administrativo Burocrático, que apregoa a insindicabilidade do ato administrativo discricionário ou do mérito administrativo, surge uma corrente bem intencionada, mas também radical, no sentido de que seja lícito ao Judiciário determinar "o que seja necessário" para garantir a proteção e o exercício de direitos fundamentais. Nesse embate o pacto republicano – cláusula pétrea da CRFB/1988 – vem a lume com as ponderações sobre a hierarquia constitucional, que deve prevalecer na República, sob pena de rompimento da ordem constitucional. Não pretendemos nos deter aqui nas questões teóricas advindas da judicialização das políticas públicas, mas é fato que são efeito, e não causa, da falta de efetividade das políticas públicas básicas no Brasil.

Um ponto de equilíbrio nessa situação seria a formulação de uma metodologia adequada de sindicabilidade do mérito das políticas públicas,[112] que devem ter como sujeitos de controle mais

---

[112] Que também é uma das metas da 1ª Consocial, da Frente Parlamentar Mista de Fortalecimento da Gestão Pública e do programa Governo Aberto. Além disso, há parlamentares

abalizado, nessa ordem: (i) a sociedade (como detentora original do Poder estatal e consumidora ou usuária dos serviços públicos); (ii) o Parlamento, por seu julgamento político e de mérito; (iii) o Ministério Público (como advogado da sociedade); e (iv) o controle interno *stricto senso*, na Administração Pública. Mas aqui também, a cautela é necessária para que não haja rompimento do equilíbrio entre os Poderes.

Atualmente, a CRFB/1988 traça os parâmetros de quais são os sujeitos ativos e passivos legitimados ao exercício do controle do patrimônio econômico do Estado, bem como seu objeto. Preocupa-nos, enquanto objeto de estudo o controle do patrimônio público sob o aspecto da fiscalização contábil, financeira, orçamentária, operacional e patrimonial, além de, enquanto sujeitos submetidos ao controle, nos termos do parágrafo único do art. 70 da CRFB/1988.

Concluindo esse tópico e afunilando um pouco mais nosso objeto, concentramo-nos no controle das políticas públicas e do patrimônio econômico do Estado, excluído aquele que não seja conversível na modalidade fungível da moeda ou de que lhe represente.[113]

## 2.4 Conceito jurídico do controle

Quem conceituou controle como averiguação da *correspondência de um ato ao disposto nas normas* foi Forti (1915[114]). Para Bergeron (1965, p. 52 *apud* MEDAUAR 1993, p. 17-18), o "controle consiste em estabelecer a conformidade de uma coisa em relação à outra coisa"; daí a necessidade de um "role" ou "cânon ideal", "forma modelo" ou "standard", que serve de medida para a comparação. Para que haja controle, se

---

preocupados com a formulação de legislação com o fito de monitorar as políticas públicas. Na área acadêmica das Ciências Política e da Administração Pública, vem sendo discutido há mais tempo que nas pesquisas jurídicas.

[113] Mais escassa é a legislação sobre controle, uso e manuseio dos demais bens de valor econômico, mas não consistentes em dinheiro. Entretanto, grande parte dos dinheiros públicos transforma-se em bens e a eficiência do controle há de ser a mesma, porque o espírito que preside todo o tipo de atividade controladora é rigorosamente o mesmo e não modifica essencialmente pela substituição do objeto: o espírito republicano (ATALIBA, 1998).
Não há dúvida quanto a que, deixando o objeto da fiscalização de ser o dinheiro, desaparece o Direito Financeiro [...]" (ATALIBA, 1998, p. 79).

[114] FORT, Ugo. I controllli dell'Addmministrazione Communale. In: *Primo Trattato Completo di Diritto Amministrativo Italiano*, de Orlando, vol II, 2ª parte, 1915 *apud* MEDAUAR (1993, 17).

faz necessária a aproximação ou confrontação entre o objeto controlado e a coisa que lhe sirva de padrão ideal e de escala de valor para a apreciação da autoridade controladora. Mas, ainda assim, *várias são as acepções* (sinônimos) atribuíveis à palavra controle: (i) *dominação*, subordinação, centralização e monopolização; (ii) *direção*, comando, gestão; (iii) *limitação*, regulamentação, proibição; (iv) *vigilância ou fiscalização*, supervisão, inspeção e censura; (v) *verificação*, exame e constatação; e (vi) *registro*, identificação, equivalência, autenticação. Essa semântica múltipla também gera impacto dos diversos conceitos jurídicos que se possa colher na doutrina sobre controle[115] (MEDAUAR, 1993, p. 16).

Mileleski (2003, p. 149, grifo nosso) assevera que a ação do controle abrange todo e qualquer ato da atividade administrativa dos três Poderes, como no âmbito da "administração direta e indireta, com o controle sendo exercitado por todos e sobre todos, com a finalidade de ser assegurada a submissão administrativa aos ditames da ordem jurídica". Pontua, entretanto, que os poderes de fiscalização e correção que o controle tem sobre os órgãos do Poder Público – conforme o seu grau de precedência e amplitude – podem ser exercidos por meio de várias espécies.

Hely Lopes Meirelles (1995, p. 568) assegura que o vocábulo controle foi consagrado no Direito Administrativo brasileiro por Miguel Seabra Fagundes (1941) na primeira edição de sua obra no ápice da implantação do Estado Burocrático no Brasil, que sagrou o controle como "*a faculdade de vigilância, orientação e correção de um poder, órgão ou autoridade que exerce sobre a conduta funcional de outro*".

A noção de controle está intimamente ligada à de regularidade do exercício de uma *função* diante de sua juridicidade, e não de mera legalidade (conformidade do ato a norma). Nesse sentido controle também é função administrativa.[116] O controle é uma das

---

[115] "Para Bergeron [1965] há quatro elementos no controle: 1) um termo concreto sobre o qual incidirá o controle; 2) um padrão, um 'rôle' que servirá de ponto de comparação para controlar; 3) a aproximação desses dois primeiros termos, que significa propriamente o ato de controle; 4) a razão de ser, o fim do controle. Outros dois elementos tornam-se necessários: o agente de controle, o controlador; o agente do ato que é objeto do controle, o controlado; o controle exige então dois agentes diferenciados, dos quais um está em supremacia funcional, não necessariamente hierárquica, em relação ao outro: um agente cuja ação é controlada, outro que efetua o ato de controlar – e seu ato, seu papel, sua função poderão denominar-se 'um controle'" (MEDAUAR, 1993, p. 20, complemento nosso).

[116] "Gianini (1991) observa que a doutrina menos recente indica três funções tradicionais da Administração pública: *administração ativa, consultiva e de controle* [...]. A doutrina mais recente prossegue o mesmo autor, reparte a função da administração ativa em três outras:

funções básicas da atividade administrativa que tem sua razão de ser na adequação e correção dos atos administrativos, nos lindes do interesse público (MELLO JUNIOR, 2001, p. 25) desenhado pelo legislador, planejado pelo gestor e legitimado pela sociedade.

É Celso Antônio Bandeira de Mello que constata, em síntese, que a atividade administrativa é marcada, sobretudo, pela ideia de função, que existe, em Direito, quando alguém dispõe de um poder à conta e dever, para satisfazer o interesse de outrem, isto é, um interesse alheio.

> A ideia de função administrativa reclama do intérprete a intelecção de que o sujeito que a exerce recebeu da ordem jurídica um dever: o dever de alcançar certa finalidade preestabelecida, de tal sorte que os poderes que lhe assim foram-lhe deferidos para serem manejados instrumentalmente, isto é, como meios reputados aptos para atender à finalidade que lhes justificou a outorga [..] tem caráter instrumental. [...] (MELLO JUNIOR, 2001, p. 195).

Dessa forma, tais poderes são irrogados, única e exclusivamente, para propiciar o cumprimento do dever a que estão jungidos, ou seja: são conferidos como meios impostergáveis ao preenchimento da finalidade que o exercente de função deverá suprir; são instrumentais: serventes do dever de cumprir a finalidade a que estão indissoluvelmente atrelados. Onde há função não há autonomia da vontade, nem a liberdade em que se expressa, nem a autodeterminação da finalidade a ser buscada, nem a procura de intérpretes próprios, pessoais[117] (MELLO JUNIOR, 2001, p. 196). Quanto às características do controle exercido pelo Estado sobre o Estado ou sobre o cidadão, esclareceu o autor:

> [...] o controle se constitui de uma soma de competências particulares atribuídas explicitamente por lei, que não podem ser ampliadas nem

---

função cognoscitiva, função decisória e função de atuação; as funções consultiva e de controle são reunidas nas chamadas 'funções complementares'.
Tanto no prisma clássico quanto em estudos mais recentes, a função de controle figura como inerente à atividade administrativa" (MEDAUAR, 1993).

[117] "Se a globalização obriga as administrações públicas dos estados nacionais a serem modernas e eficientes, a revolução democrática deste século está terminando [refere-se ao século XX] as obriga a serem de fato públicas, voltadas para o interesse geral, ao invés de autorreferidas ou submetidas a interesses de grupos econômicos [...]" (BRESSER PEREIRA, 1998, p. 151, complemento nosso).

mesmo por analogia, não há poderes gerais de controle, há poderes particulares de controle que a lei atribui a certas autoridades, com fundamento na salvaguarda do interesse geral e na necessidade de assegurar a unidade de direção na atuação de todas as pessoas administrativas descentralizadas. Formalidades – a lei pode reescrever diversas formas para o exercício do poder de controle. O desrespeito à forma determinada ou utilização de forma proibida acarreta nulidade do ato de controle. Todas as formas prescritas em lei são limites ao desempenho dos poderes de controle. Fim visado – respeito ao Direito e ao interesse geral. Motivos determinantes, a imposição legal de motivar o ato de controle apresenta-se como mais um limite ao poder de controle para órgãos e não para a sociedade (MELLO JUNIOR, 2001, p. 158-159).

O cidadão já não mais é visto como um súdito do poder, mas como destinatário final e participante da atividade administrativa, que cada vez mais deve ser finalística. Detém poder de controle inato (Direito Fundamental ao Controle do Estado), fruto do Regime Democrático acolhido na CRFB/1988 e do Princípio Republicano que lhe guia.

A transparência e a participação popular na gestão fiscal têm formação idealizada e inspirada no accountability, devendo servir para um controle de resultados e de adequação dos meios utilizados para o cumprimento da política fiscal, sem descurar do controle sobre o uso inadequado da discricionariedade (MILESKI, 2003, p. 153).

Nesse mote, a CRFB/1988 consagrou o princípio da eficiência como princípio da administração pública. Assim o controle pode ser encarado *como instrumento* para alcançar o interesse público.

Dito isto, ainda persistiria a dúvida quanto à natureza do controle realizado pela sociedade civil organizada (associações), que monitora o Estado e tem capacidade postulatória para acionar o Poder Judiciário na proteção desse patrimônio, ou ainda quando a Ordem dos Advogados do Brasil, cuja legitimidade postulatória se abstrai do texto da CRFB/1988, se movimenta no exercício desse controle.[118] Entendemos que a natureza jurídica desse controle é "prerrogativa" e,

---

[118] "Só que, enquanto Hobbes sustenta que há uma renúncia de direitos, Locke esclarece que os homens procuram unir-se em sociedade a fim de conservarem mutuamente as suas vidas, liberdades e bens, ao que dou o nome genérico de propriedade.
Quais os direitos que tem o ser humano, que se une por contrato a outro, de exigir do Estado os bens da vida? Na hipótese hobbesiana, nenhum, porque ele renuncia a seus direitos em benefício de sua segurança. No entender lockeano, o homem mantem íntegros seus direitos, podendo apô-los ao próprio Estado" (OLIVEIRA, 2012, p. 33).

para justificá-la, me servirei da diferenciação acolhida por Ayres Britto (2005), quando se debruçou sobre a natureza jurídica dos Tribunais de Contas e do controle exercido por estes:

> [...] é preciso conceituar função e competência como coisas distintas, pois a função é uma só e as competências é que são múltiplas. A função é unicamente a de controle externo e tudo o mais já se traduz em competências, a saber: competência opinativa, competência judicante, competência consultiva e informativa, competência sancionadora, competência corretiva, etc. Primeiro, é lógico, vem a função, que é a atividade típica de um órgão. Atividade que põe o órgão em movimento e que é a própria justificativa imediata desse órgão (atividade-fim, portanto). Depois é que vêm as competências, que são poderes instrumentais àquela função. Meios para o alcance de uma específica finalidade. Necessário é reconhecer, porém, que a Lei Maior, ora habilita um só órgão público para o exercício de mais de uma função essencial do Estado, ora coloca uma só função essencial do Estado aos cuidados de mais de um órgão. [...] a dualidade função/competência ainda faz subir ao palco da especulação teórica o tema das atribuições, pois é verdade que o art. 73 da Constituição emprega tal substantivo. E o faz para igualar o TCU aos tribunais judiciários, sob a cláusula da mencionada expressão "no que couber". Não sendo difícil compreender que tais atribuições tomam o sentido técnico de prerrogativas. [...] Dizendo a mesma coisa com outras palavras, as atribuições do TCU são prerrogativas e, como tais, implicam o desfrute de condições especialmente propiciadoras do melhor desempenho possível das competências que a ele, TCU, foram constitucionalmente adjudicadas[119] (AYRES BRITTO, 2005, p. 68, grifo nosso).

Se no caso da Ordem dos Advogados do Brasil a questão não é tão polêmica, devido à expressa previsão Constitucional, de competência no caso das associações civis que tenham como objeto o controle do Estado isto não está dito de forma expressa no texto constitucional, mas o está de forma implícita, uma vez que são braços organizados da cidadania e instrumentos poderosos no processo de consolidação da Democracia Participativa, tão docemente talhada na CRFB/1988. Essas não são associações quaisquer. Por visarem,

---

[119] Aqui se aponta mais uma razão para defender que Propostas de Emenda à Constituição não possam prever extinção ou diminuição das atribuições dos Tribunais de Contas, embora sempre possam melhorar seu funcionamento, a começar pela moralização da escolha dos Conselheiros e Ministros dessas instituições essenciais ao Estado Democrático de Direito.

estatutariamente, o controle e o monitoramento das atividades do Estado e serem constituídas dessa forma, assumem o *munus publico*, o encargo de fazê-lo, de garantir a concretização dos mais valiosos princípios constitucionais (o democrático e o republicano). Quem esse encargo se impõe, em nome da cidadania, há de ser protegido pelo manto constitucional das prerrogativas.[120]

Outro aspecto a investigar é a necessidade ou não de capacidade sancionatória daquele que realiza o controle, para que assuma sua face jurídica. Para Medauar (1993), o controle em sentido jurídico somente se aplica aos *mecanismos que gerem sanção por porte do controlador*: "Controle da Administração Pública é a verificação da conformidade da atuação desta a um cânone, possibilitando ao agente controlador a adoção de medida ou proposta em decorrência do juízo formado" (p. 22). Assim, o controle seria composto de um juízo e de uma medida dele decorrente (MEDAUAR, 1993, p. 11-36).

No tema de responsabilização do Estado (*accountability*), a disputa conceitual se firma em três correntes teóricas. Considerando o plexo constitucional da democracia participativa e do controle amplo do Estado, nos aproximamos da corrente intermediária para a qual toda e qualquer atividade de controle, fiscalização e monitoramento são considerados, e a capacidade de imposição de sanções legais não é fundamental para sua caracterização, uma vez que pode ser uma sanção legal, simbólica e de caráter político desde que o sujeito controlador detenha a possibilidade de acionar os mecanismos sancionatórios, se não tiver a competência para impô-los pessoalmente. Por fim, o controle foca-se em ações ou omissões políticas, independentemente de envolverem violação estrita à lei (responsabilização legal ou jurídica); assim, controlam-se todos os atos, incluindo os políticos, os de gestão e o desempenho, não se resumindo a perquirir exclusivamente a legalidade clássica.

Buscando mais uma vez o apoio em outras áreas do conhecimento, veremos que a expressão "controle da administração pública" é uma contradição em si mesma, uma vez que "a palavra administração já

---

[120] "Celso Antônio Bandeira de Mello explica que tais poderes são instrumentais, ao alcance das sobreditas finalidades. Sem eles, o sujeito investido na função não teria como desincumbir-se do dever posto a seu cargo. Donde, quem os titulariza, maneja, na verdade, 'deveres-poderes', no interesse alheio. Portanto, a função de controle nada mais é do que o exercício, pelo órgão [sujeito] legalmente incumbido, de deveres-poderes, no interesse alheio" (MELLO JÚNIOR, 2001, p. 152, complemento nosso).

implica controle: não se administra sem controlar. Em acepção esquemática da administração como técnica [...] ela envolve planejamento, organização, direção e controle" (PIRES, 2007, p. 17). *Quando o vocábulo "administração" vem acompanho da palavra "pública" pressupõe que o planejamento, organização, direção e controle sejam exercidos socialmente*, ou seja, em nome e em benefício da sociedade.

Assim, vê-se que controle pode ser encarado como um mecanismo para garantir que haja submissão ao que foi previamente programado ou planejado (concepção clássica de controle), como também como capacidade de correção de rumos (concepção finalística de controle), como "ato de coordenação de ações que tenham entre si múltiplas e simultâneas interações", e, nesse caso, visa a estabelecer uma integração harmoniosa e equilibrada entre componentes, de tal forma que a mútua e necessária influência entre as partes constituintes da organização perdure (BEER, 1969, p. 63-43). "Essa é uma concepção de que a finalidade do controle [ou o interesse público resguardado por ele], seja a de permitir a integridade da organização, e não somente a hierarquia de mando" (GUEDES, 2007b, p. 187-188, complemento nosso) e o exercício sancionatório. A punição, aqui, não é um fim, nem o objetivo principal ou o mais importante do exercício do controle.

A sanção é importante para dar efetividade à função de controle. Mas, jamais será o mais importante, num Estado que se queira gerido por resultados, e não pelo exercício de subsunção do ato administrativo à norma predeterminada. A sanção, como elemento do conceito de controle, é essencial e fundamental no Estado de Direito fundado nos respectivos mecanismos de controle burocráticos.

> O realce da diferença entre esses dois significados, um clássico e outro mais finalístico, permite perceber que a característica essencial de controle não é a de ser restrito, mas de ter correlação com a intensidade de intercâmbio entre as partes de uma mesma organização. *Isso confere ao controle características de flexibilidade e dinamismo, em vez de rigidez e imutabilidade. Tal característica evidencia-se na necessidade de que as interações internas e externas da organização sejam passíveis de alteração, pois dela depende realizar com eficiência a integração organizacional em contextos mutáveis dos quais sofrem influência e têm dependência. Além do mais, a ênfase na rígida submissão hierárquica das partes de qualquer organização desvirtua o controle, dada a exagerada autorreferência que acaba por gerar.*

*Controlar, consequentemente, carrega o significado de atuar na manutenção de organizações* que, compostas de partes distinguíveis entre si, necessitam de uma funcionalidade permanente em busca de seus objetivos. [...] Essa maior maleabilidade permitirá que gastos possam ser alterados e controles possam ser mais diversificados, ampliando sua potencialidade e garantindo efetividade na ação de controlar. [...] *Tal ênfase em controles flexíveis e amplos pretende indicar que não basta garantir o controle do próprio controle, mas sim forma de controlar que permitam aos do lado 'de fora' interagir com os do 'lado de dentro" da organização. [...] o que se visa é garantir efetividade do que se pretende por meio desse gasto público e não somente uma hierarquia de controle* (GUEDES, 2007, p. 188-190).

Assim, a noção de controle assume papel central e daí discutir-se qual o mecanismo mais eficiente, barato e satisfatório para o principal (sociedade) submeter o agente (governo e burocracia) ao interesse pactuado de forma participativa e cidadã. A relação principal-agente coloca o eleitor no papel de vigia do eleito, que monitora o burocrata, que coordena e supervisiona o trabalho de todos os agentes públicos e contratados para oferecer serviços e políticas públicas (PIRES, 2007, p. 31) referendados pelos 4Es.

A preocupação com a transparência e o efetivo desempenho da administração pública pressupõe permanente tensão entre liberdade e ordem, direitos individuais e eficácia administrativa, interesses individuais e interesses coletivos (MELLO JUNIOR, 2001, p. 25). Diante disso, o Estado-Poder procura instrumentalizar-se para atuar com desembaraço, presteza e eficiência. Reorganiza-se, reestrutura-se, tenta adaptar seus agentes tradicionais ou criar entidades melhores, predispostas ao atendimento das necessidades de uma nova sociedade, traumatizada por desigualdades, diferenças e discriminações entre grupos e pessoas. Para tanto, um Sistema de Controle Interno, preventivo, bem instrumentalizado e atuante, é essencial.

Quando esse movimento de mudança é posto em marcha, o Estado-Administração, acostumado a outro modo de agir, reage por meio da burocracia. Numa tentativa de mitigar as tensões entre Estado-Administração e cidadãos, o Estado-Poder, não importa qual seja a premissa ideológica adotada por sua maioria dominante, passa a ampliar o conteúdo de seu poder-dever de controlar, supervisionar e tutelar órgãos e entidades que executam atividades de importância para o bem-estar dos cidadãos; ao mesmo tempo em que deve abrir canais de comunicação factíveis e constantes, entre os elaboradores dos planos e programas de governo e as comunidades para os quais se destinam (MELLO JUNIOR, 2001, p. 143-144).

Desenvolvem-se, então, métodos e técnicas de planejamento, coordenação, descentralização e controle. A princípio, recomenda-se que façam de modo informal, para posteriormente se tornarem imposições legais legitimadas, que se vinculem todas as ações estatais, especialmente aquelas voltadas para atividade de natureza econômica (comercial ou industrial) e social (educação, trabalho e assistência) (MELLO JUNIOR, 2001, p. 143-144).

> [...] instaura-se entre o órgão controlado e órgão controlador um regime peculiar de direitos e obrigações públicas. Tal relação nada tem a ver com subordinação jurídica de uma das partes. A subordinação, no entanto, pode existir, quando o órgão controlador se encontra em situação de supremacia hierárquica sobre o órgão controlado (MELLO, JUNIOR, 2001, p. 159).

O controle (incluídas aqui todas as suas modalidades existentes dentre os controles políticos-democráticos e os administrativos, inclusive o controle interno) constitui-se na quinta etapa do ciclo da atividade administrativa. O Decreto-Lei nº 200/1967 estabeleceu que devem ser cinco os princípios fundamentais que a se impor ao gestor público para a atividade administrativa: planejamento, coordenação, descentralização, delegação de competência e controle (ROCHA, 2005, p. 185).

O fato é que a CRFB/1988 não criou um mecanismo de controle do Estado, mas sim um *sistema de controle* que somente atingirá o seu grau de efetividade – compensando os riscos inerentes à escolha de descentralização das decisões e execução das políticas públicas – se assumir seu *ethos* plurisubjetivo, cooperativo e intersistêmico, como da nomenclatura se infere. Atualmente, é dito que se trata de um sistema de integridade das organizações públicas.

> Como é próprio de qualquer sistema, tratar-se-á de articular de uma forma unida e coerente todos os elementos que o compõem, tendo em vista a persecução de certas finalidades ou interesses, tudo sem prejuízo da natureza e das funções específicas de cada componente do sistema. Deste modo, ao nível nacional, serão partes componentes do sistema os vários órgãos de controle em determinado domínio, nomeadamente, no que ao Tribunal diz respeito, o da atividade financeira pública.
> Dir-se-á mesmo que a sua constituição corresponde a uma exigência, satisfaz uma necessidade de relevante interesse nacional, com benefícios

evidentes, a saber, designadamente: maior cobertura do universo a controlar; harmonização de metodologias e de procedimentos (sem prejuízo da natureza substancialmente distinta do controle interno da Administração Pública e do controlo externo do Tribunal de Contas); maior racionalidade do controlo, com a consequente redução dos custos (TAVARES, 2005, p. 163-164).

A natureza jurídica do controle a que se submete o Estado[121] – em especial quando no exercício de atividades administrativas que impactem no seu patrimônio será a de *função*, quando realizados por órgãos que componham a estrutura do Estado, e não só da administração pública *stricto sensu*; *prerrogativa*, quando exercido por pessoas jurídicas fiscalizadoras, externas à estrutura do Estado ou pela Ordem dos Advogados do Brasil; e de *exercício do direito subjetivo fundamental*, sempre que desempenhado diretamente pelo cidadão, quando não pode sofrer empecilho ou limitação desarrazoada, sob pena de rompimento com os princípios constitucionais da Democracia e da República.

Partindo da delimitação de sua natureza jurídica e de uma concepção intermediária de *accountability* ou responsabilidade do Estado, *conceitua-se controle como todo e qualquer ato, formal ou informal, praticado pelos sujeitos legitimados; que visem a melhoria de processos, correções de rumos e punição de eventuais desvios no agir, dos agentes públicos estatais ou terceiros que lhes façam às vezes; no exercício de atividade administrativa ou de interesse público que possa causar impactos sociais ou impactos econômico-financeiros ao patrimônio econômico do Estado.*

---

[121] "Os controles devem ser voltados a todos os gestores públicos, a todos os poderes do Estado, sejam eles do Legislativo, Executivo ou Judiciário. Nem mesmo o Ministério Público ou o próprio Tribunal de Contas podem ficar totalmente isentos de algum tipo de controle" (BARBOSA, 2010, p. 92).

CAPÍTULO 3

# MODALIDADES DE CONTROLE DO PATRIMÔNIO E DAS POLÍTICAS PÚBLICAS DO ESTADO

> *Dizem que o mundo é governando por algarismos. O que eu sei é que são os algarismos que mostram se ele é bem ou mal governando.*
>
> Goethe

Os modelos de gestão mais recentemente implantados no Brasil (gerencial e societal), sucedendo o modelo burocrático, apontam para uma necessidade de reformulação da agenda do país, com base em quatro eixos estratégicos ou questões centrais para a modernização do Estado: (i) a profissionalização do serviço público e valorização das carreiras; (ii) eficiência; (iii) efetividade e (iv) transparência/*accountability* (BRESSER PEREIRA, 1998). Para além disso, a discussão de "como as coisas são feitas" passou a ser tão ou mais relevantes que a do "que é feito" (CONDÉ, 2011, p. 25).[122]

Enquanto o primeiro tópico refere-se à competência dos Poderes instituídos, especialmente do Poder Executivo, os três seguintes estão diretamente ligados aos sistemas de controle da gestão e de patrimônio econômico do Estado, sejam aos mecanismos

---

[122] "Por tudo isso, o debate sobre "como as coisas são feitas" é de capital importância. Pois este é o *métier* da democracia. Tudo começa pelo reconhecimento da diversidade e da diferença, da possibilidade de interesses variados que podem estar nos corações e mentes das pessoas, dos cidadãos. Passa pelo reconhecimento e aceitação das regras, bem como suas consequências, como o resultado lógico de uma eleição ou de um processo de discussão sobre determinada matéria. Formular opiniões, decidir sobre o governo e as políticas, equilibrar o resultado técnico com a disputa política, enfrentar a diferença. A essência da democracia não é o consenso sobre tudo, é o acordo sobre algo que irá afetar toda a sociedade, acordo que diferentes atores fazem em um cenário de diversidade e de regras determinadas" (CONDÉ, 2011, p. 25).

de controle interno ou externo, realizados pelos Poderes Legislativo e Judiciário, Tribunais de Contas, sociedade civil e imprensa livre.

O que se poderia imaginar de um sistema de controle plurisubjetivo nos moldes daquele que fora desenhado na CRFB/1988, é que o controle judicial seja, embora não exclusivamente, o mais habilitado para aferir a legalidade (juridicidade) dos atos administrativos. Não obstante isso, a Carta Política privilegiou, quanto ao controle do patrimônio econômico do Estado, o controle de resultados que é mais amplo que o de legalidade clássico e que historicamente foi manejado pelo Poder Executivo (gestor), no exercício do controle interno. Agora, o texto constitucional confere a todos os sujeitos legitimados a atribuição de controlar resultados. Uns como uma obrigação precípua (Tribunais de Contas, Poderes Legislativo e Judiciário), outros (todos os outros legitimados) como uma possibilidade.

Se a Constituição, ela própria, não seccionou esta competência e, além disso, adotou a cláusula de inafastabilidade do Poder Judiciário (art. 5º, XXXV da CF), conferiu também a este Poder, o dever de controlar o patrimônio econômico do Estado a partir das lentes da: (i) legalidade (art. 70 da CF); (ii) legitimidade (art. 70 da CF); (iii) economicidade (art. 70 da CF); (iv) eficiência (art. 37 da CF e art. 67, II da LRF); (v) eficácia; (vi) efetividade; (vii) anualidade ou periodicidade (arts. 2º e 34 da Lei nº 4320/1964 e art. 165, III da CF); (viii) exclusividade (art. 7º da Lei nº 4320/1964 e art. 165, §8º da CF); (ix) universalidade (arts. 2º, 3º e 4º da Lei nº 4.320/1964 e art. 65, §5º da CF); (x) unidade orçamentária (art. 2º da Lei nº 4.320/1964 e art. 165, §5º da CF); (xi) não afetação ou não vinculação da receita (art. 167, IV e IX da CF); (xii) especialização da receita (art. 5º, §4º da LFR, art. 5º da Lei nº 4.320/1964 e art. 167 VI, VII e §2º da CF); (xiii) transparência orçamentária (arts. 48 e 49 da LRF; art. 165, §6º da CF e arts. da Lei nº 12.527/2011); (xiv) publicidade orçamentária (art. 37, 165, §3º e 166, §7º da CF e LC nº 131/2009); (xv) legalidade orçamentária (art. 165, §1º da CF); (xvi) anterioridade orçamentária (art. 165, §8º e art. 167, V, §2º e 3º, ambos da CF); (xvii) programação (arts. 48, II e IV e art. 165, I e §4º ambos da CF e art. 5º, I da LRF); (xviii) responsabilidade fiscal (art. 1º LRF); e (xix) participação (art. 44 Lei nº 10.257/2001, art. 182 da CF e arts. 48 e 49 da LRF).

Assim, é de se concluir que a CRFB/1988 conferiu a competência ao Poder Judiciário e concedeu-lhe os parâmetros para a execução de suas atribuições. Não seria razoável, por uma questão de preservação de equilíbrio entre os Poderes, que o conceito constitucional e, portanto, jurídico, de economicidade, de eficiência, de eficácia e de efetividade fosse descolado e antagônico àquele utilizado nas ciências que lhe deram origem. É na Administração e na Economia que buscamos essas noções originárias, para então fazermos uma análise de sua aceitação ou não pela norma constitucional, para, por fim, apresentar uma proposta de conceito jurídico. Entendemos que este passo é fundamental, uma vez que, no mundo dos fatos, juízes, membros do Ministério Público, cidadãos e gestores se debatem nos autos dos processos, referindo-se a esses conceitos de forma bastante distintas.

Dessa análise, cabe uma proposta doutrinária – que ultrapasse o conceito autorreferenciado e tautológico da reprodução de artigos constitucionais, geralmente adotados por nós, juristas – sobre qual o sentido jurídico (que preserve a harmonia entre os Poderes da República) de economicidade, de eficiência, de eficácia e de efetividade, para fins de exercício de controle; e ainda nessa linha, quais os conceitos jurídicos de fiscalização contábil, financeira, orçamentária, operacional e patrimonial.

A delimitação desses conceitos nos remete a perquirir quais os métodos a serem adotados pelos sujeitos controladores, de acordo com cada tipo de controle a ser realizado. É investigar qual o modo de proceder e qual o instrumental disponível para os sujeitos legitimados realizá-lo adequadamente.

Na medida em que não acolhemos a mera noção de "controle do controle" (GUEDES, 2007, p. 189) ou do "controle pelo controle", mas a noção de controle "flexível e finalístico" é importante atentar-se que a análise do desempenho da administração pública possui muitas dimensões, daí a relevância de distinguir, quanto aos atos administrativos, primeiramente, a *eficácia interna* da eficácia *externa/externa-social*, já que a primeira se refere à capacidade da administração alcançar os objetivos estabelecidos pelos políticos e burocratas, na qualidade de intérpretes dos problemas coletivos, enquanto a segunda diz respeito à capacidade de satisfazer às necessidades da população. A eficácia da prática e das escolhas administrativas será aferida quando houver convergência entre eficácia interna e externa (PADOVANI, 2007, p. 219).

Dito isso, uma última observação ainda é necessária. O controle judicial não é nem a primeira, nem a mais importante via de controle. Mover a máquina judiciária tem um custo temporal, de expectativas dos cidadãos e financeiro, que são importantes. Nem sempre a sanção dele resultante é a melhor via de resolução de problemas ligados à eficiência e eficácia da prestação dos serviços públicos. A utilização de mecanismos de controle interno aos órgãos públicos, em muitos casos, pode gerar uma eficácia externa/social que a sentença judicial não alcançaria. Defendemos que a via de controle judicial seja a *ultima ratio*, sempre que, no caso concreto, vislumbrem-se outras vias menos litigiosas, mais céleres e mais efetivas. Na ausência destas últimas, nada mais legítimo que acorrer ao Poder Judiciário.

Aproveitando a tipologia prévia apresentada no quadro 3, dividiremos os tipos de controle em dois grupos: (i) controles políticos democráticos e (ii) controles administrativos no qual se encaixa o controle interno. Começaremos pelos segundos, porque são menos explorados pela doutrina, principalmente em sua versão estrita do controle interno. Antes disso, abre-se um tópico para introduzir conceitos que serão repetidamente utilizados quando da descrição dos mecanismos de controle político-democráticos e administrativos.

## 3.1 Avaliação para Administração Pública

*Avaliação* é o nome, na gestão pública, equivalente ao *controle*, adotado no Direito. Essa diferenciação tem sua lógica uma vez que na gestão prioriza-se a avaliação das políticas públicas a fim de identificar resultados, para melhorar as práticas gerenciais. No caso do Direito, como o controle assumiu o papel de checagem do atendimento à estrita legalidade que condiciona o comportamento do burocrata a protocolos rígidos (devidamente normatizados) – o enfoque punitivo e sancionatório tomou maior vulto.

A abordagem de avaliação pública deste tópico está baseada na varredura da doutrina da ciência da Administração Pública, realizada por Alves e Passador (2011) e por Condé e por Oliveira, Scorzafave e Nicolella (2011) e tem como objetivo levantar o posicionamento teórico de eficácia, eficiência e efetividade na área específica da gestão pública e da economia, para somente então, em tópico posterior lançar-se para uma proposição conceitual jurídica de controle.

A avaliação é fundamental para que a administração pública aperfeiçoe o uso dos recursos empregados na implementação das políticas públicas. Constitui-se uma necessidade e não uma opção. Deve ser vista como um instrumento útil para a ação (MOTTA, 1992, p. 173).

No Brasil, o processo de avaliar políticas e programas na esfera pública é recente e posterior à década de 1980, fruto da busca por um modelo pós-burocrático de administração pública que fez parte do movimento internacional de reforma do aparelho do Estado nas últimas décadas do século XX (PAULA, 2005a). Por outro lado, é importante ressaltar que a melhoria dos padrões de desempenho da administração pública e a consequente busca por metodologias capazes de avaliar o quanto são eficientes, eficazes, efetivas e econômicas decorrem também da pressão da cidadania para que o Estado preste melhor os serviços públicos (TORRES, 2004; ABRUCIO, 2006).

A definição de avaliação na administração pública,[123] sugerida pela OCDE, a compreende como a análise sistemática e objetiva de uma política pública,[124] programa social[125] ou qualquer ação governamental, finalizada ou em fase de execução, que examina sua concepção, implementação, desempenho e resultados com o propósito de determinar a relevância, o grau de realização de seus objetivos, sua eficiência, eficácia, efetividade e sustentabilidade do ponto de vista do desenvolvimento (UNICEF, 1990; SILVA E COSTA, 2000).

---

[123] Para Matias-Pereira (2006, p. 107): "Administração pública, num sentido amplo, é todo o sistema de governo, todo o conjunto de idéias, atitudes, normas, processos, instituições e outras formas de conduta humana que determinam: como se distribui e se exerce a autoridade política; e como se atende aos interesses públicos. Assim a administração Pública pode ser entendida como a estrutura do poder executivo que tem a missão de coordenar e implementar as políticas públicas".

[124] Política pública é "uma série de decisões ou não decisões determinadas pelo governo, que estabelece um curso de ação que afeta significativamente um grande segmento ou toda a sociedade" (MOTTA, 1992, p. 191). "[...] são compostas por normas, princípios e atos voltados a um objetivo de interesse geral e [...] hão de ser estabelecidas no espaço governamental, conjugando os objetivos e princípios das políticas de Estado" (MATIAS-PEREIRA, 2006, p. 103).

[125] "Programa social é uma intervenção sistemática planejada com o objetivo de atingir uma mudança na realidade" (CANO, 2006, p. 9).

Mundialmente, as primeiras tentativas de avaliação de programas sociais foram focadas nas áreas da saúde e educação, desde as primeiras décadas do século XX. No entanto, foi somente após a Segunda Guerra, sobretudo a partir da década de 1950, com o desenvolvimento de métodos estatísticos, o aperfeiçoamento da sistematização da coleta de dados, a sofisticação das técnicas de pesquisa e o desenvolvimento de computadores que houve grande impulso entre os países, nesse sentido.

Na década de 1960, a preocupação do governo americano em avaliar os resultados advindos de bilhões de dólares empregados na área social e os mecanismos de ajuda e financiamentos de programas sociais em países em desenvolvimento através de organismos internacionais constituíram os fatores de pressão para a grande demanda por avaliação e, consequentemente, por cientistas sociais especializados (CALMON, 1999).[126] Nesta época, segundo Shadish, Cook e Leviton (1995),[127] surgiu o primeiro estágio da teoria da avaliação de programas sociais, que foi marcado pelo rigor na aplicação de métodos científicos, pela preocupação com a validade dos instrumentos de pesquisas e pelo cuidado para que as interpretações dos experimentos não fossem ambíguas ou enviesadas.

Nos anos 70, iniciou-se o segundo estágio da teoria da avaliação, com a preocupação dos pesquisadores em dar validade consequencial às avaliações, isto é, fazer com que elas fossem utilizadas adequadamente pelos tomadores de decisões para alterar, continuar ou extinguir determinada política pública em curso. O foco estava no pragmatismo da avaliação e na utilização do seu *feedback* para melhoria das ações do setor público (CALMON, 1999).

No terceiro estágio, segundo Shadish, Cook e Leviton (1995), os teóricos que se destacaram foram Lee J. Cronbach e Peter Rossi. Os trabalhos de Cronbach (1982),[128] Chen e Rossi (1983)[129] e Rossi e

---

[126] CALMON, K. M. N. A avaliação de programas e a dinâmica da aprendizagem organizacional. *Planejamento e Políticas Públicas*, Brasília, n. 19, p. 04-70, junho 1999 *apud* Alves e Passador (2011).

[127] SHADISH, W.; COOK, T.; LEVINTON, L. *Foundations of program evaluation*: theories of practice. California: Sage, 1995 *apud* Alves e Passador (2011).

[128] CRONBACH, L.J. *Designing evaluations of educational and social programs*. San Francisco: Jossey-Bass, 1982.

[129] CHEN, H,; ROSSI, P. Evaluating with sense: the theory-driven approach. *Evaluation Review*, Newbury Park, v.7, n. 3, p. 283-302, 1983.

Freeman (1993)[130] integraram e legitimaram os métodos propostos nos outros estágios de forma condicional, defendendo que a escolha do método de avaliação deve ser adequada às suas circunstâncias, contexto e propósitos. Houve um avanço no sentido de chegar a um consenso sobre a influência da política nos programas sociais, além da diversidade epistemológica, metodológica e da impossibilidade de se eleger uma prática ideal (ALVES; PASSADOR, 2011. p.25-26).

São objetivos da avaliação (MOTTA, 1992; SILVA E COSTA, 2000; MARINHO; FAÇANHA, 2001; COSTA; CASTANHAR, 2003; CALMON, 1999 *apud* Alves e Passador, 2011): i) prover o gestor de dados e informações críveis e úteis para que conheçam os resultados gerados pelo processo decisório e seu impacto para os beneficiários; ii) propiciar que as políticas sejam desenhadas ou redirecionadas de forma mais consistente; iii) orientar tomadores de decisão quanto à continuidade, necessidade de correção ou suspensão das políticas públicas em andamento; iv) aumentar a responsabilização na gestão pública (*accountability*); v) reduzir o risco e a incerteza nas ações administrativas de interferências nas políticas públicas; vi) aumentar o controle coletivo sobre programas e políticas públicas; e vii) servir como instrumento de *feedback* para o processo de aprendizagem organizacional no setor público. Assim, os objetivos da avaliação das políticas públicas podem ser resumidos em "conhecer seus fatores positivos, apontar seus equívocos e insuficiências, com a finalidade de buscar seu aperfeiçoamento ou reformulação" (BELLONI; MAGALHÃES; SOUSA, 2000, p. 45).

Quanto aos tipos de avaliação, o *Evaluation Research Society (ERS) Standards Committee* propõe a seguinte classificação (MOTTA,1992; CALMON, 1999 *apud* Alves e Passador, 2011): i) *Front-end analysis* ou avaliação diagnóstica, que ocorre antes da implantação da política; ii) *Evaluability assessment* (avaliação de viabilidade) ou avaliação de custo-benefício, que contempla questionamentos quanto à viabilidade técnica, aspectos políticos e os interesses envolvidos; iv) *Formative evaluation* (avaliação formativa) ou avaliação de processos de programas em andamento, com o objetivo de corrigí-los; v) *Summative evaluation* (avaliação de impacto ou avaliação de efetividade), que visa diagnosticar se o programa está funcionando satisfatoriamente

---

[130] ROSSI, P.; FREEMAN, H. *Evaluation*: a systematic approach. 5. ed. Newbury Park: Sage, 1993.

e pode ser usado durante e após a implantação, sendo esta última a escolha mais comum; vi) Monitoramento do Programa, que consiste em saber o que está ocorrendo durante a execução de uma política ou programa, bem como as causas das ocorrências; e vii) *Metaevaluation* (meta-avaliação ou avaliação da avaliação), também é chamada de auditoria da avaliação. É motivada por investigações acadêmicas ou interesses de órgãos públicos responsáveis pelas políticas avaliadas e mostra-se útil por possibilitar o exame dos resultados de diferentes avaliações de um setor, a fim de analisar o impacto total.

Quanto a delimitar quem são os destinatários finais dos relatórios de avaliação, bem como sua utilização, este tema foi alvo dos teóricos do segundo estágio da teoria da avaliação, ainda na década de 1970.

> Para Motta (1992), as informações e dados gerados como resultados do processo avaliativo não podem ser direcionados à grande diversidade de usuários. De forma mais imediata e objetiva, o processo de avaliação deve beneficiar os formuladores e executores da política avaliada para possibilitar a revisão de suas práticas. É devido ao caráter de análise específica, com vistas à resposta de determinadas políticas, que a avaliação pode ser mais bem compreendida pelos usuários diretos que determinaram ou têm a capacidade de interpretar a especificidade das informações.
> Assim, o principal público beneficiado pela avaliação, ou seja, os beneficiários da melhoria gerada pela avaliação no processo de formulação e implementação das ações do setor público, devem ser os próprios beneficiários da política pública e suas entidades representativas. Isso porque é indispensável que a avaliação lhes forneça elementos para nortear sua estratégia político-social (BELLONI; MAGALHÃES; SOUSA, 2000).

No que concerne à metodologia de avaliação, esta deve ser capaz de estabelecer critérios e indicadores de avaliação para as etapas de formulação, implementação e análise de resultados (BELLONI; MAGALHÃES; SOUSA, 2000). Observa Spink (2001), que é melhor buscar métodos de avaliação que favoreçam o diálogo e a negociação de valores entre as realidades, por meio de uma avaliação democrática e da utilização de indicadores, meios de coleta e atribuição de valores comuns aos grupos que se pretende envolver (PASSADOR, 2006).

É verdade que os resultados esperados de uma política pública na fase de sua formulação são estabelecidos por critérios racionais.

Por outro lado, os métodos baseados na lógica racional linear, que seguem fases bem definidas e que, ao final de sua implementação, comparam os indicadores preestabelecidos e os resultados alcançados, não dão conta de suportar o processo avaliativo, que é bem mais complexo. O uso da racionalidade na gestão pública é limitado, visto que "nem a lógica racional se reproduz, na prática, de forma tão clara, nem os métodos racionais preenchem todas as dimensões da avaliação" (MOTTA, 1992, p. 175).

Fatores políticos permeiam todas as fases da implementação de uma política pública. Começam na identificação do problema e passam pela formulação, execução, e monitoramento, até chegarem ao processo de avaliação. Isso, muitas vezes, mina a racionalidade técnica dos planos e programas (MOTTA 1992; PASSADOR, 2006; SILVA; MELO, 2000).[131]

Os indicadores têm a finalidade de traduzir o quanto as políticas foram eficientes (relação custo-benefício), eficazes (sob a expectativa do gestor), efetivas (sob a expectativa social) ou econômicas. E, para tanto, é preciso ter clareza do que diferencia esses termos quanto à aplicação à administração ou a políticas públicas.

Há, ainda, outros critérios avaliativos importantes para as políticas públicas conforme prescrevem Belloni, Magalhães e Sousa (2000), Cohen e Franco (1994 apud Alves; Passador (2011)[132] e Costa e Castanhar (2003): i) sustentabilidade; ii) custo-efetividade; iii) satisfação do beneficiário; iv) relevância; v) adequação; vi) coerência e compatibilidade – estes critérios apontam para uma maior eficácia da política, não deixando de lado os bons indicadores de eficiência;

---

[131] "Algumas fases do processo de avaliação que comumente sofrem pressão para que atendam aos critérios políticos, e não aos técnicos, segundo Motta (1992), são: a) *A coleta de dados dos programas* – que pode ser realizada segundo critérios políticos estabelecidos pelos próprios gestores, já que as análises racionais e independentes, se acompanhadas de resultados desfavoráveis, podem ser utilizadas por seus opositores; b) *O momento de estabelecer critérios para análise da política* – neste momento podem surgir pressões para que sejam fixados critérios genéricos e ambíguos e, portanto, mais manipuláveis. Critérios com estas características são preferidos em detrimento dos métodos que utilizam critérios específicos que podem evidenciar que os resultados obtidos nem sempre foram os estabelecidos. A ambigüidade, neste caso, é tida como um instrumento de coalizão de interesses diferentes; c) *Na fixação de objetivos amplos e imprecisos* – um exemplo de redação, nesta fase, seria: "atuar na melhoria das condições socioeconômicas da comunidade". Objetivos assim possibilitam interpretações positivas, além da defesa favorável dos resultados obtidos como indícios de uma gestão bem sucedida" (ALVES; PASSADOR, 2011, p.31).

[132] COHEN, E; FRANCO, R. Avaliação de projetos sociais. Petrópolis: Vozes, 1994 apud Alves; Passador (2011).

vii) descentralização e parceria; viii) exequibilidade (objetivos, justificativa, integração com outras políticas públicas, recursos humanos e infraestrutura administrativa para conceber uma política pública); ix) estratégias para execução, supervisão, acompanhamento e avaliação externa; e x) adequada divulgação junto ao público-alvo, aos setores do governo, aos executores e aos avaliadores externos.

> Kassai (2002)[133] resumiu algumas características importantes e aplicáveis ao contexto em que são criados os indicadores de avaliação de políticas públicas. Segundo a autora, para que os indicadores se tornem ferramentas úteis aos seus usuários devem ter características como: (a) Objetividade – devem ser preferencialmente quantitativos para reduzir o nível de subjetividade que pode dificultar a mensuração; (b) Mensurabilidade – devem ser mensuráveis e permitir uma identificação de quantidade através de uma escala de valores; (c) Compreensibilidade – devem informar o desempenho de forma inteligível e traduzir algum significado para seu usuário; (d) Comparabilidade – devem permitir a comparação da performance histórica de uma mesma organização, política ou programa ou entre diferentes organizações, políticas ou programas de diferentes regiões; (e) Custo – a relação custo/benefício deve ser viável para a realização da avaliação e, consequentemente, para a geração do indicador (ALVES; PASSADOR, 2011, p. 36).

Por fim, Thiago Alves e Cláudia Passador (2011) afirmam que os indicadores de avaliação, para serem considerados úteis, devem ser embasados em padrões, traduzir dimensões de eficiência, eficácia, efetividade ou economicidade, além de possibilitar a construção de um desenho metodológico para avaliação das políticas públicas que retratam.

## 3.2 Proposição conceitual jurídica para tipos específicos do texto constitucional

O texto constitucional ampliou a matéria de controle quanto aos sujeitos legitimados a realizá-lo e quanto aos tipos, introduzindo

---

[133] KASSAI, S. *Utilização da Análise por Envoltória de Dados (DEA) na análise de demonstrações Contábeis*. 2002. 318f. Tese (Doutorado em Contabilidade e Controladoria) – Faculdade de Economia, Administração e Contabilidade. Universidade de São Paulo, São Paulo, 2002 *apud* ALVES; PASSADOR (2011).

as expressões legitimidade e economicidade, fiscalização operacional e patrimonial, quando antes se referia apenas à fiscalização financeira e orçamentária. Sendo matéria jurídica relativamente recente, vale a visitação às ciências originárias (administração pública, contabilidade pública e economia do setor público) para aferir-lhes o conceito jurídico, o que faremos a partir de incursões objetivas e curtas para preservar o foco no ponto central deste texto.

Antes, no entanto, firmamos a premissa de que os mecanismos de controles específicos serão guiados pelos princípios da prevenção e da precaução, além de todos os outros classicamente aplicáveis aos sujeitos que exercem função pública, quando no seu exercício.

Derivado do Direito Ambiental, o princípio da prevenção aplica-se quando houver certeza de que determinada atividade implicará dano injusto. A administração tem a obrigação de evitá-lo, desde que no rol das suas atribuições competenciais e orçamentárias. Ou seja, possui o dever de agir preventivamente e não pode invocar juízos de mérito (FREITAS, 2009, p. 138-139).

> Outro ângulo, a demonstrar a necessidade do controle sobre a administração pública, é a chamada 'vocação preventiva' de todos os sistemas de controle; 'ele deve suscitar na própria administração uma deontologia que previne o arbítrio e esta deontologia deve, no final de contas, fazer parte do funcionamento normal dos serviços públicos[134] (MEDAUAR, 1993, p. 12).

São elementos do princípio da prevenção: (i) altíssima e intensa probabilidade do dano especial e anômalo; (ii) atribuição e possibilidade de o Poder Público evitá-lo; e (iii) o ônus estatal de produzir a prova excludente "reserva do possível" ou outra excludente de causalidade, no caso de configuração do evento danoso (FREITAS, 2009, p. 139).

Já o princípio da precaução configura-se no dever de adotar medidas antecipatórias e proporcionais, mesmo nos casos quanto à incerteza da produção de danos justificadamente temidos. A não observância dessa obrigação, como nos casos de falta de prevenção,[135] pode gerar dano injusto, indenizável e punível (FREITAS, 2009, p. 140).

---

[134] BRAIBANT, Guy; QUESTIAUX, Nicole; WIENER; Celine – *Le Controle de l'Administration et La Protection dês Citoyens*. Paris: Ed. Cujas, 1973 apud Medauar (1993, p. 12).
[135] São princípios distintos e estão ambos contemplados, no texto constitucional (art. 196 CF). O que diferenciará ambos é o grau estimado da ocorrência do dano. Enquanto na

Esse princípio nasce das discussões sobre meio ambiente, seja no âmbito de alguns países (Suécia e Alemanha) ou em acordos internacionais. (FREITAS, 2009, p. 142). Hoje pode ser aplicado a todas as áreas de agir dos Estados Democráticos que respeitem os direitos fundamentais, com especial destaque para o direito de participação. No Brasil, foi amplamente estudado por Paulo Affonso Leme Machado e trazido de forma mais contundente para o Direito Administrativo pela doutrina inovadora de Juarez Freitas.

Quando se trata de proteção do patrimônio econômico do Estado, entendemos ser amplamente cabível e indispensável o atendimento a esses dois princípios, além dos demais princípios aplicáveis à atividade da administração, principalmente quando o sujeito controlador for um dos previstos no texto constitucional.

## 3.2.1 Fiscalização contábil

É a fiscalização da contabilidade. Com relação às entidades públicas, aplicam-se, dentre outras, as normas da Lei nº 4.320/1964 e da LC nº 101/2000 e as normas reguladoras exaradas pelos Ministérios da Fazenda e do Planejamento do governo federal, além do Conselho Federal de Contabilidade. A esta fiscalização cabe analisar as receitas e despesas públicas pelos registros contábeis feitos em valores monetários (BARBOSA, 2010, p. 106).

> A contabilidade, que consiste assim em organizar e tomar as contas aos encarregados da especial administração e aplicação das Rendas Publicas, é como se vê, o objeto da maior importância em matéria de finanças; porque assegura mais a eficaz garantia da regularidade da Receita e Despeza Publica; obstando mui directamente à negligencia e prevaricação dos Empregados; e porque offerece Administração Geral o maior dos adjutórios na facilidade de haver com exactidão e presteza todas as necessárias informações e esclarecimentos sobre os differentes objectos da mesma Receita e despeza (PEREIRA DE BARROS, 1958, p. 403)

---

prevenção há certeza; na precaução basta a verossimilhança. "Como quer que seja, ao tratar a precaução, a Administração Pública – não apenas no campo ambiental, mas no exercício de todas as suas competências – precisa agir na presunção de que a interrupção do nexo de causalidade consubstancia, no plano concreto, atitude mais adequada que a liberação do liame gerador do dano injusto, ainda que não se deva cair na armadilha do excesso de prudência" (FREITAS, 2009, p. 141).

O processo é centrado no exame de documentos, na verificação de livros contábeis, registros, de forma a determinar se os registros neles estão sendo feitos de forma apurada e adequada. Verifica a exatidão dos registros contábeis e das demonstrações contábeis.[136]

A auditoria contábil é uma técnica e um ramo específico de estudo da Contabilidade Pública. A fiscalização contábil foi um dos primeiros avanços civilizatórios dos Estados Modernos no sentido de controlar a sanha arrecadadora do Estado, bem como para garantir a capacidade contributiva do contribuinte. O primeiro aspecto (auditoria de contas públicas) é praticado na Inglaterra desde 1314, que foi a primeira nação a ter grandes empresas de comércio e a primeira grande monarquia a ser contida por um parlamento. Generalizou-se enquanto prática de Estado (auditoria do setor privado). No entanto, devido à necessidade de imposição do imposto sobre a renda, pois a partir da auditoria contábil poder-se-ia aferir o lucro do sujeito passivo da obrigação tributária e, assim, aplicar-lhe a norma tributária. Hoje também é utilizada para aferir a legalidade e qualidade do gasto público, sendo essa sua missão mais nobre, no que se refere à contabilidade pública: resguardar o patrimônio econômico do Estado.

De uma forma geral, pode-se dizer que a fiscalização contábil tem como vantagens:

(i) administrativas: reduzir a ineficiência, a negligência e a improbidade no trato dos recursos públicos, além de

---

[136] Demonstrações Contábeis são um conjunto de informações de divulgação obrigatória pela administração pública e equivale à sua prestação de contas.
A referida Portaria STN nº 828, de 14 de dezembro de 2011, estabeleceu, por meio da alteração da Portaria STN nº 406, de 20 de junho de 2011, a necessidade de os entes divulgarem, até o dia 30 de março, um cronograma de ações, nos seguintes termos: *"Art. 6º, Parágrafo Único – Cada ente da Federação divulgará, até 90 (noventa) dias após o início do exercício de 2012, em meio eletrônico de acesso público e ao Tribunal de Contas ao qual esteja jurisdicionado, os Procedimentos Contábeis Patrimoniais e Específicos adotados e o cronograma de ações a adotar até 2014, evidenciando os seguintes aspectos que seguem, em ordem cronológica a critério do poder ou Órgão"*:
A referida Portaria tem duas vertentes: O controle formal e o controle social. Com o objetivo de possibilitar o controle social das ações dos governos relacionadas ao aperfeiçoamento das informações contábeis, determina a publicação do cronograma de ações na internet, com visibilidade para a sociedade. Na vertente do controle formal, considera que ações de melhoria das informações contábeis são de interesse dos órgãos de controle, fornecendo instrumentos para a fiscalização contábil e patrimonial, em especial por parte dos Tribunais de Contas. Nesse sentido, estabelece o envio do cronograma também para esses órgãos, para que possam acompanhar de maneira mais efetiva as ações. Na visão do contador responsável pelas demonstrações contábeis de cada ente, o cronograma exigido pela Portaria também deve ser, antes de tudo, um instrumento de planejamento das ações de melhoria da contabilidade (BRASIL. Secretaria do Tesouro Nacional. Portaria 231/2002).

ser um termômetro confiável da qualidade dos controles administrativos internos.
(ii) patrimoniais: melhorar o controle de bens, direitos e obrigações do Estado.
(iii) fiscais: afere com exatidão o patrimônio tributável e promove maior atendimento às obrigações fiscais.
(iv) financeiras: resguarda os valores do seu mau uso.
(v) econômicas: se executada adequadamente garante maior veracidade e exatidão dos resultados apresentados.
(vi) éticas: afere a moralidade e legitimidade da execução orçamentária e
(vii) sociais: promove maior controle do estado pela sociedade e aumenta a *accountability* do setor público, aumentando também a legitimidade do exercício do poder.

Não obstante todas as vantagens de se operacionalizar um sistema de fiscalização contábil e sendo esse o primeiro de todos os controles sobre o patrimônio, também tem limites de atuação e de resultados, não podendo ser o único a ser utilizado para o controle do Estado. Seu principal limite de atuação está no fato de que as inconsistências detectadas tenham origens não contábeis, abrangendo, para além dos controles patrimoniais, outros aspectos institucionais, mais adequadamente aferíveis, por exemplo, em procedimentos de auditorias operacionais, administrativa ou de projetos. Além disso, como qualquer mecanismo de controle, a fiscalização contábil é uma ferramenta para identificar e inibir as fraudes e erros mas não será suficiente, por si só, para eliminá-los. Por traz de todos os atos administrativos encontra-se o "bicho homem" que se move por motivos, ética, comprometimentos e intenções que estão longe do alcance direto dos mecanimsos de controle do Estado e que poderão, no máximo, servirem de estímulo ou desestímulo para que algumas práticas sejam realizadas ou não.

A fiscalização contábil segue um método, um padrão, denominado Normas de Auditoria Contábil[137] que são regras emanadas pelos órgãos reguladores da profissão contábil e que

---

[137] BRASIL. Ministério da Fazenda. Portaria do Ministério da Fazenda nº 184 de 26 de agosto de 2008. Para mais informações sobre o processo de convergência das normas brasileiras de contabilidade e das normas internacionais, acesse <http://www.cfc.org.br/conteudo.aspx?codMenu=315>. Acessado em: 03 de jan. 2012, 10:05.

estabelecem diretrizes a serem seguidas nas auditorias contábeis. Há regras para o setor privado e há regras para o setor público. No caso do Brasil, as normas de contabilidade são editadas principalmente pelo Conselho Federal de Contabilidade (CFC), destacando-se a Resolução CFC 750/1993, que estabelece os princípios fundamentais de contabilidade e a Resolução nº 1.111/2007, que estabeleceu a interpretação dos princípios sob a perspectiva do setor público. Relativamente às empresas de capital aberto, as normas são editadas pela Comissão de Valores Mobiliários (CVM) e cabe ao Banco Central editar as normas aplicáveis ao sistema financeiro nacional. Por sua vez, a Secretaria do Tesouro Nacional, na qualidade de Órgão Central de Contabilidade da União, edita normas para fins de consolidação das contas públicas. Em março de 2004, o Conselho Federal de Contabilidade, enquanto órgão regulador das práticas contábeis no Brasil e membro da *International Federatin of Accountants* (IFAC), editou a Portaria CFC nº 37/2004, que instituiu o Grupo de Estudos voltado para a Área Pública com a finalidade de estudar e propor Normas de Contabilidade Aplicadas ao Setor Público – NBCASP de acordo com as Normas Internacionais de Contabilidade Aplicadas ao Setor Público – NICASP, editadas pela IFAC. Integram o grupo, profissionais de Contabilidade vinculados à área pública, em especial, a Secretaria do Tesouro Nacional e a Secretaria-Executiva do Ministério da Fazenda. O objetivo desse grupo é fazer com que a área pública seja dotada de normas que possam fornecer a orientação contábil, dentro dos Princípios Fundamentais de Contabilidade, e ao mesmo tempo, que avance na consolidação e integração com as Normas Internacionais.[138]

## 3.2.2 Fiscalização financeira

A fiscalização financeira diz respeito ao acompanhamento do ingresso e saída dos recursos públicos, na verificação de toda a atividade financeira do Estado e seu endividamento (incluindo aqui a noção de crédito e de dívida pública).

---

[138] BRASIL. Ministério da Fazenda. Portaria do Ministério da Fazenda nº 184 de 26 de agosto de 2008.

Os Poderes Legislativos e os Tribunais de Contas exercem permanentemente – ou deveriam fazê-lo – esse mecanismo de controle. Pode ser resumidamente definido como o controle que se realiza sobre a entrada e saída de receitas públicas, o estoque da dívida do estado, bem como de sua solvibilidade e capacidade de endividamento.

A separação do patrimônio da Conta Única do Tesouro Nacional e do Banco do Brasil, além da criação do Sistema Integrado de Administração Financeira do Governo Federal (SIAFI) foram fundamentais para que o controle financeiro pudesse se tornar confiável. Na história recente brasileira, marcada pela hiperinflação e ausência de tecnologia da informação disponível ao Estado, esse mecanismo de controle era uma mera previsão legal, sem qualquer reflexo na realidade prática do país.

Para esse mecanismo de controle, a figura do ordenador de despesas é central, sendo ele, consoante o art. 80, §1º do Decreto-Lei nº 200/1967, "toda e qualquer autoridade de cujos atos resultem emissão de notas de empenho, autorização de pagamento, suprimento ou dispêndio de recursos da União pela qual esta responda" (BARBOSA, 2010, p. 107). A ele caberá a responsabilização pela adequação ou não das despesas, das aplicações ou do endividamento autorizados.

Esse modelo de controle é o mais afetivo para combater a prática da contabilidade criativa, do uso indevido das empresas públicas para fins não republicanos, bem como do controle do endividamento dos entes públicos perante bancos públicos.

### 3.2.3 Fiscalização orçamentária

A fiscalização orçamentária diz respeito à verificação da obediência aos termos previstos nas leis orçamentárias, quanto à aplicação dos recursos públicos nos programas previstos (BARBOSA, 2010, p. 108) e a interconexão fática (material) e jurídica (formal) entre essas leis.

Esse controle se opera antes do encaminhamento da lei orçamentária, pelo próprio Poder Executivo – suscetível à pressão de grupos e da sociedade em geral – que seleciona e prioriza as demandas que irá atender; no processo de aprovação da proposta de lei orçamentária que pode ser emendada pelo Poder Legislativo; ou após sua aprovação, por todos os sujeitos legitimados a fazê-lo.

No que concerne a esse mecanismo de controle, há a célebre discussão sobre a natureza autorizativa ou impositiva das normas orçamentárias e sobre o caráter vinculativo ou discricionário das despesas públicas. A depender da premissa doutrinária acolhida, esse controle poderá ser de mera compatibilidade normativa e não da qualidade das escolhas realizadas ou da execução da peça orçamentária.

Defendemos, veementemente, que o reconhecimento de alguma eficácia material às leis orçamentárias é elemento fundamental para a qualidade do gasto público, dos resultados das políticas públicas e da responsabilização dos maus gestores.

A análise orçamentária do uso eficiente dos recursos de livre aplicação ou de aplicação discricionária (que historicamente giram em torno de 10% da previsão orçamentária) tem foco microeconômico. O aperfeiçoamento normativo, além da melhoria das práticas orçamentárias, embora altamente relevantes, encontram resistência de toda ordem e de grupos de pressão variados, cada qual desejando ampliar, ou manter as conquistas realizadas em interesse próprio (REZENDE; CUNHA, 2005). Ocorre que, uma mudança positiva nos padrões da execução orçamentária teria de rever muitas dessas regras historicamente estabelecidas com concessões de parte do orçamento público para corporações e grupos com espaços de pressão nos Poderes instituídos.

> O orçamento tem um grande potencial para a transformação qualitativa da gestão pública, tanto no nível macro quanto no organizacional. [...] A rigidez orçamentária é o resultado do acúmulo de pressões sobre o orçamento que se originam: (i) de compromissos financeiros acumulados no passado; (ii) de direitos assegurados em lei a grupos sociais mais bem organizados; (iii) das regras que estabelecem os mecanismos de transferências de recursos fiscais na Federação; (iv) de garantias instituídas com respeito ao financiamento de determinados programas governamentais (vinculações de receitas) (REZENDE; CUNHA, 2005, p. 9-10).

Um efeito direto do excesso de vinculações no orçamento da União é a utilização sucessiva de mecanismos de mitigação da rigidez orçamentária[139] (*e.g* DRU, FSE) e a superestimativa de orçamentos para acolher as Emendas Parlamentares como barganha de troca para a aprovação da peça orçamentária.

> Num ambiente em que o espaço para a livre utilização dos recursos orçamentários vai-se estreitando, as demandas por garantias vão-se acumulando, fazendo com que a rigidez orçamentária cresça, engessando a política orçamentária e criando novas e maiores dificuldades para a acomodação de outros interesses.
> Em tese, quanto mais reduzido o espaço de manobra e maior é a dificuldade de ampliá-lo, maior deveria ser a preocupação em rever a todo o momento a destinação dos recursos de livre utilização, de modo a permitir uma melhor acomodação às reais prioridades de gasto. Esta não é, entretanto, a lógica que preside a elaboração do orçamento, que obedece ao princípio do incrementalismo, pelo qual o orçamento de um ano é sempre elaborado com base no orçamento do ano anterior, com ajustes marginais em função de pequenas variações na disponibilidade de recursos. Essa prática, consagrada ao longo dos anos, também atende á necessidade de acomodar a pluralidade de interesses representados pelos distintos atores que participam do jogo orçamentário [podendo promover a não desejada apropriação privada do patrimônio público]. Quanto mais fragmentados forem esses interesses, maior é a dificuldade em prover um amplo remanejamento de recursos, o que reforça o incrementalismo e a própria rigidez do orçamento" (REZENDE; CUNHA, 2002, p. 13-14, **grifo nosso**).

Não é possível qualificar a política orçamentária, bem como o gasto orçamentário sem a revisão periódica dos direitos constituídos que, se bem planejados, podem ser prioritários num determinado período temporal, dando espaço para a revisão e realocação de prioridades e escolhas políticas em outros. Além disso, revisar o federalismo fiscal tornado equilibrada a equação atribuições *versus* capacidade de geração de receitas originárias, passando

---

[139] "Nos primeiros anos da década de 1990, a rigidez orçamentária cresceu como resultado da ampliação dos direitos sociais e do incremento na parcela de impostos federais que é repassada a estados e municípios, determinados pela Constituição de 1988. A partir de meados dessa década, o principal responsável pelo aumento da rigidez orçamentária foi o acúmulo de compromissos financeiros decorrente das medidas adotadas para sustentar a estabilidade monetária em um contexto marcado pela grande vulnerabilidade" (REZENDE; CUNHA, p. 11). Posteriormente junte-se às exigências de respeito ao limite de comprometimento de receitas da LRF, compromissos financeiros, demandas sociais crescentes frente às portas abertas pela Constituição Federal, aumento de programas assistenciais, tudo conspira para a tendência à vinculação e, com isso, à rigidez orçamentária.

efetivamente para um modelo de descentralização e empoderamento dos centros de decisões locais, deixando para a União o encargo de traçar as grandes diretrizes de temas universais e não dos locais (um dos olhares possíveis ao acolhimento princípio da subsidiariedade).

Para melhorar a qualidade da execução orçamentária, a política orçamentária do governo deve ser capaz de responder a três questões básicas: (i) até que ponto o orçamento público está servindo à orientação dos agentes públicos e privados envolvidos no processo de desenvolvimento econômico e social? (orçamento *versus* segurança jurídica); (ii) até que ponto as intenções e ações do governo federal são claramente compreensíveis no documento orçamentário? (orçamento como plano de ação do governo e instrumento de *accountability*); e (iii) como conciliar a tendência do incrementalismo orçamentário com a necessidade de mudanças mais ousadas em determinadas políticas públicas? (orçamento como móvel de mudanças de interesse social) (REZENDE; CUNHA, 2005, p. 17).

Em matéria de compatibilidade da legalidade dos atos administrativos perante as leis orçamentárias, o risco dos julgados do judiciário serem omissos e evasivos é muito grande. Há uma tendência à mera análise superficial de compatibilidade entre a despesa pública realizada ou justificada pela sua não execução, e previsão legal nas leis orçamentárias (PPL, LDO, LO), sem que se adentre na qualidade da execução orçamentária realizada, nos termos do que determinado e juridicizado na CRFB/19988.

Isso é necessário para não corrermos o risco de romper com o modelo clássico da análise fria da legalidade, preservando substancialmente a separação dos poderes e entrarmos num processo irracional e "justiceiro" (no péssimo sentido da palavra) de substituição do agente do Poder Executivo, é que o controle orçamentário, como todos os outros, deve ser exercitado a partir de metodologia desenvolvida de forma específica para uso do Poder Judiciário, bem como contar com a colaboração dos economistas, especialistas em gestão pública, contabilidade pública e ciências políticas.

### 3.2.4 Fiscalização operacional ou auditoria operacional

O Tribunal de Contas faz uso de procedimentos de auditoria operacional, que são exames independentes e objetivos da economicidade, eficiência, eficácia e efetividade de organizações, programas e atividades governamentais, com a finalidade de promover o aperfeiçoamento da gestão pública. As auditorias operacionais podem examinar, em um mesmo trabalho, uma ou mais das principais dimensões de análise. O quadro 7, representativo da relação insumo-produto, ilustra essas dimensões e suas interrelações.

A fiscalização operacional se faz pela via das auditorias operacionais e diz respeito à compatibilização entre meios e fins da administração Pública, para a avaliação de resultado. "A fiscalização operacional assume especial relevo nos tempos atuais, face à tentativa de implementação de uma Administração Pública gerencial ou da Administração Pública societal, ambas regidas por estes princípios, que, anteriormente, eram mais levados em conta no setor privado" (BARBOSA, 2010, p. 110).

A auditoria é uma das mais antigas funções do Estado (e modalidade de controle) e tem seus primórdios no Reino Unido, em 1314 embora uma versão mais próxima da atual seja derivada da *Cour dês Comptes* francesa (1318) e do *Algemene Rekenkamer* holandês (1386). A auditoria precedeu o surgimento de modernas formas de governo democrático, contudo, as entidades superiores de fiscalização (ESF) fizeram muitas adaptações no transcorrer de suas histórias e, durante os séculos XIX e XX, representaram um papel crucial dentro da organização da responsividade democrática (POLLITT; SUMMA, 2008, p. 25).

> [...] a auditoria operacional, enquanto uma prática distinta, em larga escala e autoconsciente, surgiu no final dos anos setenta. A auditoria operacional representa uma variante moderna da [atividade] de auditoria [...]. É peculiar à auditoria estatal e não possui uma contraparte próxima no setor privado, na auditoria empresarial. Ele surge paralelamente em governos da Europa Central, América do Norte e Austrália dentro dos programas extensivos de reforma da administração pública. A descentralização implementada gerou uma reflexão acerca do balanço ideal entre descentralização, autonomia e controle das organizações públicas. Funda a noção de administração de resultados e de controle de resultados, para além do mero controle de IGA, tradição de legalidade (POLLIT; SUMMA, 2008, p. 25-26).

Não obstante defendamos esse sentido já expresso, vale ressaltar o entendimento contrário de Ayres Britto (2005) que entende que controle operacional diz mais com a exigência que faz o art. 37 da Magna Carta Federal, quanto ao modo de se aplicar a lei administrativamente:

> [...] que é um modo inafastavelmente impessoal, moral, público e eficiente. Ademais, o referido controle possui um conteúdo especial que é diferente do que a Constituição estabelece para o controle jurisdicional e que corresponde, expressamente, além da legalidade, à legitimidade e economicidade.
> Tornando-se, além do quê, muito mais que simples órgãos de aplicação da lei para se transformar em órgãos de aplicação do Direito, pois o certo é que o artigo constitucional em causa estabeleceu para o Direito Positivo um tamanho maior do que o da lei (visto ser o princípio da legalidade um necessário ponto de partida para a Administração, mas não um necessário ponto de chegada) (AYRES BRITTO, 2005, p. 66).

Esta concepção do Ilustre Ministro Ayres Britto retira o controle da legalidade e da economicidade (que deveriam ser aferidos pela auditoria operacional) do espectro de controle jurisdicional, com o que discordamos, por entendermos que o novo controle jurisdicional de legalidade da captação e execução do patrimônio econômico do Estado inclui o controle da qualidade do gasto público, que tem na fiscalização operacional um dos instrumentos mais expressivos e úteis de efetivação, mas não o único, e deve ter seus resultados manejados também pelo Poder Judiciário.

No nosso entender, não é adequada a leitura de que esta modalidade de controle estaria adstrita à competência dos Tribunais de Contas e órgãos de Controle Interno. É da própria essência das democracias modernas que a sociedade tenha o poder e os meios garantidos para controlar a necessidade da tributação e a qualidade da execução das despesas públicas. Não haveria lógica constitucional conferir-se todo poder originário ao povo e usurpar-lhe instrumentos de controle para o seu exercício. Assim, pensamos que esta competência é resguardada ao povo e a todos os que tenham capacidade postulatória para representar seus interesses (MP, Defensorias, Associações Civis destinadas ao Controle do Estado) e poderá ser manejada no curso do processo judicial de controle das políticas públicas, acolhido que é pela cláusula constitucional da inafastabilidade do Poder Judiciário.

Além disso, a CRFB/1988 determinou expressamente que outros sujeitos legitimados ao controle utilizem esta modalidade (controle operacional). O que diferenciará a atuação desses sujeitos e dos cidadãos ou do MP, por exemplo, é que os primeiros (Tribunais de Contas e Controle Interno) têm a obrigação institucional de manejá-los enquanto o cidadão e os outros legitimados a representá-lo têm a possibilidade de fazê-lo.

### 3.2.5 Fiscalização patrimonial

A fiscalização patrimonial é aquela relacionada ao patrimônio econômico do Estado que, sob o ponto de vista contábil, "compreende o conjunto de todos os bens, créditos e obrigações, passíveis de avaliação em moeda corrente, num determinado momento" (BARBOSA, 2010, p. 111).

Convém salientar que a fiscalização patrimonial (dos bens do Estado) deve verificar muitos aspectos, tais como: aquisição, guarda, conservação, aplicação, disponibilidade e alienação do patrimônio público, além de envolver questões relativas à identificação, classificação, quantificação e avaliação. É, portanto, bastante abrangente e instrumental das outras modalidades de controle e pode ser manejado por todos os sujeitos competentes ao controle interno e externo da Administração Pública.

### 3.2.6 Legalidade e legitimidade

O controle de legalidade foi redefinido na CRFB/1988, ampliando-se para o controle jurisdicional de juridicidade (lei, princípios e valores) da Administração Pública, que passou a abranger seus princípios constitucionais (BARBOSA, 2010, p. 113).

Defendemos que após a CFRB/1988, o controle de legalidade clássico se expandiu para acolher o controle de qualidade do gasto público, agora juridicizados para garantir eficiência, eficácia, efetividade e economicidade da captação da receita pública e da execução das despesas pública. Em outros termos, o controle da qualidade foi introjetado no *métier* juridíco – e não em qualquer espaço, mas no texto da própria Constituição – e cada vez mais se aproxima da noção de legitimidade. A legalidade burocrática abriu seus horizontes para legalidade (gerencial, social ou societal).

O controle deve cuidar da questão substancial, dos aspectos de fundo (das finalidades apresentadas, das motivações oferecidas), ultrapassando o mero limite da regularidade formal, conclamando os controladores a não se cingirem à legalidade estrita e tímida – legalidade burocrática – abrangendo o interesse público e a moralidade administrativa (FREITAS, 2009, p. 128-129). "Diz respeito ao cumprimento da finalidade pública e moralidade administrativa" (BARBOSA, 2010, p. 116). A CRFB/1988 "tornou jurídico um princípio que, de certa maneira transcende o Direito posto, ao menos na visão do determinismo tradicional, que ignora os avanços da hermenêutica jurídica". "Numa frase: a decisão administrativa precisa ser legitimada" (FREITAS, 2009, p. 130).

> [...] o problema central de democracia contemporânea passa a ser o como garantir a legitimidade plena na ação do Poder Público. Para um adequado equacionamento da questão, é necessário partir da distinção existente entre a legitimidade originária, a legitimidade corrente e a legitimidade finalística ou teleológica. Será através dessa distinção que se poderá perceber com clareza qual deva ser o caminho para alcançar e garantir a legitimidade, ou seja, a que se realiza sob os três aspectos. A realização pelo título: a legitimidade originária [...] Mas o que realmente distingue e justifica o título nas democracias é o consenso [...]. A realização pelo desempenho: a legitimidade corrente [...] Entretanto a legitimidade originária, usque titulum, tem a duração do ato de investidura, pois tão logo o detentor do poder político passa a tomar decisões, será necessário confrontar seu desempenho com as expectativas dos governados.
> Trata-se, portanto, de uma legitimidade aferível a cada momento em que dure a detenção do poder, daí a proclamada vantagem da democracia sobre os demais regimes, pois, com a temporariedade dos mandatos, pelo menos para os agentes políticos encarregados da formulação de políticas públicas, ela sempre permitirá a periódica correção da ilegitimação corrente, ou seja, a aferição permanente da legitimidade corrente pelo desempenho. [...] A realização pelo resultado: a legitimidade finalística [...] Mas como a intenção nem sempre corresponde ao resultado, a realização da legitimidade ficará, em última análise, dependendo do que hajam produzido os agentes políticos ao aplicarem as parcelas de Poder Estatal a seu cargo. Será essa confrontação, entre o que deveria realizar, a partir de sua proposta, e o que de fato realizou, a derradeira aferição qualificatória da legitimidade – a legitimação finalística [...] Legitimam-se plenamente, portanto, em teoria, agentes e decisões, quando coincidem as escolhas democráticas subjetivas e as objetivas – dos agentes políticos e das políticas a serem perseguidas – e, na prática, quando satisfazem com plenitude à aplicação dos múltiplos controles de juridicidade à disposição da sociedade (AYRES BRITTO, 2005, p. 90-92).

Portanto, pelo controle da legitimidade, o órgão competente pode averiguar não apenas o cumprimento dos preceitos legais, mas também aspectos do direito fundamental à boa administração pública: o dever de preservar todos os princípios incidentes sobre a administração pública. No caso da proteção do patrimônio econômico do Estado o dever de observar, especialmente, os princípios básicos da prevenção e da precaução (FREITAS, 2009).

### 3.2.7 Economicidade[140]

A *economicidade* é a minimização dos custos, dos recursos utilizados na consecução de uma atividade, sem o comprometimento dos padrões de qualidade[141] (BARBOSA, 2010, p. 110). Refere-se à capacidade de uma instituição gerir adequadamente os recursos financeiros colocados à sua disposição (TCU, 2010).

Para Freitas (2009) a economicidade é sinônimo de vedação ao desperdício (art. 70 da CRFB/1988), a otimização da ação pública fazendo o mais com o menor custo.

> O controle da economicidade visa, portanto, averiguar se houve perda, prejuízo, desperdício de recursos públicos para o Estado, nas administrações, pela avaliação dos resultados obtidos e, preventivamente, procura evitar tais desperdícios, de forma a assegurar resultados economicamente mais favoráveis ao interesse público (BARBOSA, 2010, p. 118).

Conforme nos ensina Júlio Cesar de Araujo (2010), o controle da economicidade incorporou-se ao texto da CRFB/1988 por influência do art. 14.2, da Constituição da Alemanha, "na qual é previsto como *wirtschaftlichkeit* trazido literalmente para o português" (ARAUJO, 2010, p. 271). Leva em consideração a justiça financeira em que o emprego

---

[140] Segundo Juarez Freitas (2009), o direito fundamental à boa administração pública acolhe outros direitos fundamentais, dentre outros os da eficiência (respeitadora da compatibilidade entre os meios empregados e os resultados pretendidos), a eficácia (respeitadora da compatibilidade entre os resultados efetivamente alcançados e os mensuráveis objetivos traçados pela Constituição) e da economicidade (FREITAS, 2009, p. 36-37).

[141] Castro (2010) afirma que economicidade é sinônimo de eficiência: "*Efficiency means that society is getting the most it can from its scarce resources*" (CASTRO, 2010, p. 197).

das finanças públicas deve ser visto sob a óptica do melhor resultado obtenível, com o equilíbrio entre a legalidade clássica e estrita e a legitimidade das contas públicas. "O controle sobre a economicidade da atuação administrativa, tem muito a valoração da situação com a qual se deparou o administrador e a qualidade da decisão que tomou visando equacionar a demanda administrativa que lhe foi apresentada". Para além da moldura do ato ao padrão normativo (legalidade clássica), ela deve ser racional (ARAUJO, 2010, p. 271).

### 3.2.8 Eficiência

É a relação entre os produtos (bens e serviços) gerados por uma atividade e os custos dos insumos empregados em um determinado período de tempo, com a manutenção dos padrões de qualidade (BARBOSA, 2010, p. 110). Pode ser examinada sob duas perspectivas: (i) minimização do custo total ou dos meios necessários para obter a mesma quantidade e qualidade de produto; (ii) ou otimização da combinação de insumos para maximizar o produto quando o gasto total está previamente fixado (TCU, 2010) e (PRAZERES, 1996, p. 138).

Refere-se à menor relação custo/benefício possível para alcançar os objetivos propostos de maneira competente, segundo as normas preestabelecidas, podendo, assim, ser traduzida sob a forma de indicadores de produtividade das ações desenvolvidas. Essa dimensão tem foco na otimização dos recursos utilizados, nos processos e nos fatos, ou seja, em fazer mais com menos, "pouco se importando com os meios e mecanismos utilizados para atingir tais objetivos" (TORRES, 2004, p. 175).

Outra dimensão da eficiência é a não duplicação de esforços e gastos de recursos públicos, que, de forma mais ampla, leva a considerar como eficientes as ações governamentais quando estas propiciam a interação das diversas políticas públicas que são relacionadas, como forma de evitar sobreposição e duplicação de esforços. Para Belloni, Magalhães e Sousa (2000), eficiência envolve método, procedimentos, mecanismos e instrumentos para planejar, projetar e tratar objetos para que sejam alcançados, de forma criteriosa, as diretrizes e os objetivos finais propostos.

A doutrina de Juarez Freitas (2009) traduz eficiência como vedação aos meios inapropriados (art. 37 CFRB/1988), ou seja, as tarefas devem ser cumpridas com o emprego, em tempo razoável, dos meios apropriados e pertinentes. Segundo esse autor, a eficiência foi referida pela primeira vez no Direito Administrativo brasileiro por Caio Tácito (1967) que asseverava que "na medida em que o Estado assume a prestação direta dos serviços de teor econômico ou assistencial, o interesse e mesmo a sobrevivência de grande número de indivíduos passa a depender da eficiência da Administração e não apenas de sua legalidade" (TÁCITO, 1967, p. 24).

O governo eletrônico e a Lei de Acesso à Informação são instrumentos poderosos para elevar a eficiência da administração púbica. Além de reduzir gastos governamentais, têm o poder de otimizar os recursos à disposição tanto do Estado quanto dos cidadãos.

É importante realçar que a atuação conjunta ou o repasse de tarefas ao setor privado pode ser uma maneira de fortalecer a ação governamental, em vez de enfraquecê-la. Em outras palavras, é preciso superar o debate privatismo *versus* estatismo (BRESSER, 1998).

A proposta teórica de Moraes (2007) parece bastante ampla, difusa e passível de interpretações variadas, dificultando uma formulação segura do que seja o controle de eficiência. Para ele, "no âmbito do direito administrativo", devem ser consideradas como características da eficiência: (i) direcionamento de atividade e dos serviços públicos à efetividade do bem comum; (ii) imparcialidade; (iii) neutralidade; (iv) transparência; (v) participação e aproximação dos serviços públicos da população; (vi) eficácia; (vii) desburocratização; e (viii) busca de qualidade. (MORAES, 2007, p. 212-213). Sob esse enfoque quase tudo pode ser visto como ineficiente. Parece-nos que esse enfoque genérico retira a precisão útil do termo.

Defendemos que interpretações jurídico-doutrinárias nas quais quase tudo possa ser subsumido de um determinado instituto jurídico tendem a gerar sentenças que interferem de forma negativa e, por vezes indevida e ilegal, na esfera de atuação do outros Poderes. Daí porque, para delimitarmos os conceitos jurídicos dos instrumentos de aferição de qualidade do gasto público (na forma acolhida pela CRFB/1988), devemos nos socorrer de outras áreas do conhecimento.

## 3.2.9 Eficácia

É definida como o grau de alcance das metas programadas (bens e serviços) em um determinado período de tempo, independentemente dos custos implicados (TCU, 2010).

É uma medida que procura traduzir até que ponto os resultados, metas e objetivos foram alcançados. Tem foco nas ações e nos resultados tanto em termos de quantidade quanto de qualidade e, portanto, seus indicadores englobam estas duas facetas. Em projetos na área social, os resultados são complexos, devido ao grande número de variáveis intervenientes não previstas, que muitas vezes podem dificultar a aferição da qualidade (MOTTA, 1992; BELLONI; MAGALHÃES; SOUSA, 2000).

Para alguns autores, existe uma interface entre os conceitos de eficiência e eficácia, sendo eles, portanto, interdependentes e interrelacionados.

> [...] a eficácia, em função do resultado esperado, tem a possibilidade de maximizar a eficiência e concretiza-se quando precedida por esta última que, se não for levada a seu limite de aprofundamento, não é condição suficiente para atingir-se a eficácia (UNITRABALHO apud BELLONI; MAGALHÃES; SOUSA, 2000, p. 62).

A eficácia aqui referida, nascida que é da Ciência da Administração não tem correlato nos termos geralmente utilizados na Teoria Geral do Direito, normalmente referida como: eficácia; eficácia construtiva; eficácia jurídica ou sintática; eficácia pragmática; eficácia residual, eficácia semântica ou social (DINIZ, 2010, p. 229-230).

O conceito de eficácia diz respeito à capacidade da gestão de cumprir objetivos imediatos, traduzidos em metas de produção ou de atendimento, ou seja, a capacidade de prover bens ou serviços de acordo com o estabelecido no planejamento das ações (TCU, 2010); (BARBOSA, 2010, p. 110); (PRAZERES, 1996, p. 138).

> É importante observar que a análise de eficácia deve considerar os critérios adotados para fixação da meta a ser alcançada. Uma meta subestimada pode levar a conclusões equivocadas a respeito da eficácia do programa ou da atividade sob exame. Além disso, fatores externos como restrições orçamentárias podem comprometer o alcance das metas planejadas e devem ser levados em conta durante a análise da eficácia (TCU, 2010).

É mais uma vez Juarez Freitas (2009) quem nos socorre indicando que eficácia é a vedação ao descumprimento dos objetivos ou metas constitucionais (art. 74 CRFB/1988). É ainda a "obtenção de resultados harmônicos com os objetivos e metas fundamentais da gestão pública, nos termos da Constituição (especialmente os previstos no art. 3º)" (FREITAS, 2009, p. 125), sendo que este segundo entendimento nos parece mais razoável uma vez que a CRFB/1988, por altamente programática, promete o Éden dos direitos fundamentais, dificilmente alcançado sem uma larga produção de riquezas e sem uma gestão espartana da coisa pública.

> É princípio autônomo e determina que o poder público está obrigado a cumprir e atingir diligentemente as metas (mensuráveis) e os objetivos fundamentais da Carta. [...] o só agir veloz, eficiente e dinâmico de nada vale se a eficiência e a economicidade não estiverem a serviço dos direitos fundamentais. Logo, em parceria estratégica, os controles devem introjetar, com energia, os princípios da eficácia e da eficiência, imbuídos da missão de construir uma "nova história" da gestão pública brasileira (FREITAS, 2009, p. 28).

Para aferir esses princípios, o judiciário não controlará os juízos de conveniência em si, mas suas motivações obrigatórias.

> Ou seja, a vigilância quanto aos aspectos que dizem respeito não ao merecimento, mas à compatibilidade do ato administrativo com a economicidade, com a eficiência e com a eficácia, já que inexistem atos administrativos exclusivamente políticos, e o administrador se vincula às escolhas efetuadas (FREITAS, 2009, p. 126).

Até então, os conceitos jurídicos apresentados por Freitas (2009) encontravam-se em harmonia com os conceitos de gestão e contabilidade pública aceitos pelos membros do Intosai. Assim, a concepção até então comum na doutrina e expressa em julgados pregressos do STF, inclusive no que diz respeito à natureza meramente autorizadora do orçamento, parece não ser compatível com o desejo constitucional de que a execução orçamentária e as políticas públicas sejam valoradas a partir do critério da eficácia.

Ao conceituar eficácia, Freitas (2009) destaca que o ponto de chegada dos atos administrativos e das políticas públicas não são as "metas traçadas", mas as "metas constitucionais". Como já referido, alertamos para o zelo necessário para acolher essa interpretação, pois poderia gerar – num sistema constitucional programático, como o brasileiro – a sensação inglória de que a Constituição existe para ser aclamada, mas não materializada.

Metas traçadas são pactos firmados diretamente com o povo ao se apresentar o projeto político e de governo durante a campanha eleitoral e ao enviar os projetos das leis orçamentárias ao parlamento. O desvio da execução das metas traçadas não poder ser considerado algo absolutamente normal e tolerado nas democracias modernas. Deve ser excepcional, e como excepcionalidade deve ser tratado, ensejando justificativa e controle de legitimidade das escolhas substitutivas realizadas pelo gestor.

Tomemos por exemplo a função orçamentária da saúde, na Constituição, cujo art. 196 estabelece que o Estado deva prover os cidadãos de saúde integral, universal e equitativa.[142] Sabe-se que não há experiência no mundo – nem entre os países com maior índice de cobertura no sistema público de saúde – que tenha concedido a aproximadamente 200 milhões de habitantes os tratamentos mais avançados possíveis, sem qualquer limitação, para todas as necessidades de saúde, principalmente se saúde for compreendida no espectro ampliado que foi acolhido pela Constituição de 1988.

Já dissemos sobre as interpretações jurídicas primorosas e bem fundamentadas sobre os pilares do Estado Democrático de Direito e dos Direitos Fundamentais, mas inexecutáveis de forma isonômica para todos os cidadãos, deixando uma forte sensação de inefetividade do Poder Judiciário ou pior, de que este Poder é para acesso de alguns e não para todos (é para os que cheguem primeiro, antes que os recursos escassos e finitos se acabem). Pensamos que uma interpretação possível para meta constitucional dos outros direitos sociais deve ser entendida como – um conjunto de metas dispostas nas leis orçamentárias e compatíveis com o desejo crescente de se alcançar a concretude dos dispositivos ideais constitucionais, melhorando progressivamente os índices.

---

[142] "O exame da equidade, que pode ser derivado da dimensão de efetividade da política pública, baseia-se no princípio que reconhece a diferença entre os indivíduos e a necessidade de tratamento diferenciado. [...] Promover a equidade é garantir as condições para que todos tenham acesso ao exercício de seus direitos civis (liberdade de expressão, de acesso à informação, de associação, de voto, igualdade entre gêneros), políticos e sociais (saúde, educação, moradia, segurança). Portanto, as políticas públicas de proteção e de desenvolvimento social têm papel fundamental na construção da equidade" (TCU, 2010).

Isto porque, são princípios, com conceitos abertos, que mudam e tomam formas variadas em cada momento histórico (com suas escolhas políticas e limitações orçamentárias) de uma nação.

No caso específico que analisamos, o do direito à saúde, a "meta constitucional" a ser utilizada como cânon de aferição da eficácia da política pública é a interpretação literal (ou sistêmica, que seja) do art. 196 da CRFB/1988 (programático, por natureza e de materialização inalcançável se buscado de forma absoluta), ou os planos de governo e seus comprometimentos expressos nas Leis Orçamentárias e nos projetos de políticas públicas que lhe dão sustentação executória? Não tenho dúvida de que a segunda opção seja a mais racional e adequada, não obstante nas fundamentações das sentenças judiciais as primeiras é que sejam as recorrentes e gerem reporcussão e no noticiário e na opinião pública.

Mantendo essa postura, o Judiciário atende ao varejo e perde a oportunidade de efetivamente controlar a qualidade das políticas públicas implementadas pelo Estado, com efeitos decisórios de longo prazo e atendendo ao atacado das necessidades sociais.

### 3.2.10 Efetividade

A efetividade pressupõe que o serviço público foi prestado. Mas o que fará diferença é se, uma vez realizado, alcançou os resultados pretendidos. Por exemplo, a efetividade estaria em diminuir a mortalidade infantil neonatal, e não em construir mais maternidades.

Privilegia o valor e o impacto das decisões públicas junto aos beneficiários, sendo, assim, o mais complexo dos três conceitos (TORRES, 2004). Esta dimensão é mais ampla e se preocupa em analisar, em termos técnicos, econômicos, socioculturais, institucionais e ambientais, os efeitos das ações governamentais. Analisa, também, a utilidade das ações e a conformidade entre a demanda da sociedade e seu atendimento através das políticas implementadas. Os indicadores de resultados que visam traduzir a efetividade social são mais complexos, têm caráter macrossocial, além de não estarem disponíveis e serem de difícil construção por envolver resultados de longo prazo e a combinação de indicadores indiretos (BELLONI; MAGALHÃES; SOUSA, 2000). Essa dificuldade operacional é encontrada nas tentativas de construção de indicadores de efetividade que consigam expressar o impacto das políticas educacionais. Em educação, por exemplo, como avaliar se a escola faz diferença na vida do indivíduo? Uma alternativa utilizada por alguns pesquisadores é combinar informações referentes aos alunos sobre a continuidade dos estudos, o ingresso no ensino superior, colocação no mercado de trabalho, renda, nível de escolarização, entre outros (MOTTA, 1992; COSTA; CASTANHAR, 2003). (ALVES; PASSADOR, 2011, p. 32).

A efetividade também tem relação estreita com a satisfação do destinatário da política pública.

Refere-se ao alcance dos resultados pretendidos, a médio e longo prazo; à relação entre as consequências de uma intervenção ou programa, em termos de efeitos sobre a população alvo (impactos observados), e as metas pretendidas (impactos esperados), traduzidos pelos objetivos finalísticos da intervenção. Trata-se de verificar se os resultados observados foram realmente causados pelas ações desenvolvidas, e não por outros fatores alheios a essas (TCU, 2010); (BARBOSA, 2010, p. 110).

Para Paulo Mundin Prazeres (1996) efetividade é a grande satisfação das necessidades e desejos do cliente pelos produtos e/ou serviços da organização, grau de atendimento ao mercado potencial pelos produtos e/ou serviços da organização ou ainda *eficácia com eficiência*.

Para um fechamento conceitual comparativo desses três critérios de avaliação, que tanto confundem a doutrina, e para melhor visualizar a diferença entre cada um deles apresentam-se a seguir os quadros 6 e 7.

Quadro 6
Paralelo entre os Conceitos de Eficiência, Eficácia e Efetividade

| Conceito | Eficiência | Eficácia | Efetividade |
|---|---|---|---|
| Definição | Cumprimento de normas e procedimentos e redução de custos | Alcance de resultados e qualidade de produtos e de serviços | Impacto da decisão pública |
| Questão básica | Como aconteceu? | O que aconteceu? | Que diferença faz? |

| Objetivo | Verificar se um programa público foi executado de maneira mais competente e segundo uma melhor relação custo/resultado | Verificar se os resultados foram alcançados em termos de quantidade e qualidade | Verificar se os resultados foram congruentes com as demandas apoios e necessidades da comunidade |
|---|---|---|---|
| Forma de avaliação | Produção de informações para medir o processamento de insumos e seus efeitos sobre os resultados | Produção de informações sobre os resultados alcançados | Produção de informações sobre os valores e necessidades que estão explícitos e implícitos no alcance dos objetivos |
| Medidas | Procedimentos<br><br>Razão insumo/produto<br><br>Custo/resultado | Discrepâncias entre os resultados previstos e os efetivamente alcançados<br><br>Qualidade | Adequação: satisfação de necessidades que deram origem a política pública<br><br>Equidade: distribuição mais justa de recursos públicos<br><br>Propriedade política: respostas às demandas explícitas da comunidade. |

Fonte: Autora com base em Alves e Passador (2011, p. 33)

Quadro 7
Insumo-produto

Fonte: (TCU, 2010, p. 7)

Os quadros 6 e 7 resumem bem as fronteiras conceituais dos três elementos (eficácia, eficiência e efetividade), daí a compreensão de que o atendimento ao princípio da economicidade, de forma isolada, nada tem a oferecer de novo ou de positivo para a gestão pública ou para o controle de seus atos e escolhas. Nesse sentido, o controle somente atenderá ao que foi acolhido no texto constitucional se for capaz de abranger em sua análise e nas suas medidas represivas, preventivas e modificativas o expectro do conglomerado do 4Es.

## 3.3 Controles administrativos e controle interno

De acordo com o art. 74 da CRFB/1988, os sistemas de controle internos dos três Poderes precisam ser mantidos de forma integrada e devem:
(i) Avaliar o cumprimento das metas previstas no plano plurianual, a execução dos programas de governo e dos orçamentos da União – *controle de resultados*.
(ii) Comprovar a legalidade – *controle de legalidade*.
(iii) Avaliar os resultados, quanto à eficácia e eficiência, da gestão orçamentária, financeira e patrimonial pública e da aplicação de recursos públicos por entidades de direito privado – *controle de resultados*.
(iv) Controle das operações de crédito, avais e garantias, bem como dos direitos e haveres da União – *controle financeiro*.
(v) Apoiar o controle externo – *auxiliar do sistema de controle externo*.
(vi) Dar ciência ao Tribunal de Contas da União de irregularidade ou ilegalidade que tenha conhecimento – *auxiliar do sistema de controle externo*.

Vale uma crítica a este artigo da CRFB/1988: O parágrafo segundo está mal situado porque ligado ao controle externo, vincula-se ao artigo que fala do controle interno. Restringe a denúncia do cidadão aos Tribunais de Contas a uma futura regulamentação legal, como se para esse tipo de denúncia os sujeitos dependessem de lei que as autorize. Ora, primeiro existe o direito de petição que independe de lei e pode ser utilizado no caso, e a denúncia poderá sempre ser feita e o Tribunal deverá analisá-la e dar por conta se merece ou não uma investigação (MELLO JUNIOR, 2001, p. 186).

O controle interno, na forma que o vemos hoje, surgiu com o Decreto-Lei nº 200/1967. Após 1979, saiu do Ministério da Fazenda e passou para a Secretaria de Planejamento da Presidência (Seplan). Foram criadas as: Secretaria de Controle das Estatais (Sest); Secretaria Central de Controle Interno (Secin) e Secretaria de Controle Interno (Ciset). Em 1985 essa estrutura saiu da Seplan e voltou para o Ministério da Fazenda.

O controle administrativo gerencial surgiu no Brasil com a Lei nº 4.320/1964. De 1986 a 1994 o sistema de controle interno ficou sob a responsabilidade da Secretaria do Tesouro Nacional (STN) do Ministério da Fazenda (MF). A reforma da década de 1990 reestruturou, entre 1994 e 2000, o Sistema de Controle Interno ao criar a Secretaria Federal de Controle Interno (SFC)[143] da MP nº 480/1990 que outorgou ao Ministério da Fazenda a função de órgão central do sistema de controle interno, além de determinar a saída das CISETs da estrutura formal dos ministérios e sua subordinação a SFC. Somente a Presidência da República, o Ministério das Relações Exteriores (MRE) e os Ministérios Militares continuam subordinados aos órgãos iniciais de controle interno.

Por algum tempo se entendeu que o controle interno resumia-se ao poder hierárquico, nesse sentido ocorreria sempre que o superior hierárquico conferisse a legalidade e exatidão do ato praticado pelo subordinado (VEIGA FILHO, 1906).

A reforma da gestão pública da década de 1990 incorporou as pressões pela democratização dos mecanismos de controle e pela efetiva capacidade de avaliação das políticas públicas. Embora não haja uma quebra do insulamento histórico da burocracia, que cresce à medida que o Estado cresce, inicia-se uma maior pressão, especialmente da sociedade, pela transparência.

Foram fatores essenciais para a democratização do mecanismo de controle interno no Brasil: (i) criação do Siaf em 1987; (ii) redefinição do controle interno pela CRFB/1988; (iii) auditoria do TCU de 1992 e CPI do orçamento de 1993 (que detectou a ineficiência do modelo dos CISETs e recomendou ao Presidente da República a reestruturação do controle interno; (iv) reestruturação do MF e controle da inflação desde 1994; (v) reformas administrativas da década de 1990, dentre outras coisas com o investimento em uma

---

[143] A Secretaria Federal de Controle Interno (SFC), hoje submetida à estrutura organizacional da Controladoria Geral da União (CGU). Tanto a SFC quanto a CGU são órgãos de controle burocrático e não político como são o Poder Legislativo e o Tribunal de Contas. A SFC é o órgão de cúpula do sistema de controle interno do Executivo, responsável pelo monitoramento da burocracia e pela organização da prestação de contas do Poder Executivo ao Legislativo. Segundo a CRFB/1988, o Presidente deve encaminhar, no início de cada ano, a prestação de contas do Executivo ao Congresso, o que se faz através do Balanço Geral da União (BGU). Essa organização da prestação de contas do Poder Executivo somente pode ser realizada pela SFC graças aos poderes que ela detém para fiscalizar a burocracia e para cobrar, em nome do Presidente da República, suas prestações de contas; o documento pelo qual todos os órgãos burocráticos da administração direta prestam contas de sua atuação ao Presidente denomina-se, não por acaso, processo de Tomada de Contas (OLIVIERI, 2010).

carreira de controle na administração e o posicionamento da SFC como supervisora Ministerial, desde 2001; (vi) criação da CGU; e (vii) crescente normatização de ilícitos frente a administração pública, que ampliou o poder coercitivo desses órgãos.

Apesar de tudo o que foi levantado na CPI, o Congresso Nacional ainda não assumiu seu papel de ator principal no processo de controle externo. Continua correndo atrás dos fatos, apagando incêndios criando CPIs que levam a cabo punições ou modificações nos processos da administração pública. Comparado o sistema de controle Legislativo norte-americano, vê-se que o Congresso brasileiro apresenta certa passividade quanto ao dever de controle dos atos do Poder Executivo.[144]

A estabilidade econômica abriu espaço para a reforma administrativa e para a consolidação do controle interno, o que se fez pela criação de SFC (OLIVIERI, 2010, p. 83-109) e posterior criação da CGU.

Apesar de não haver uma definição legal de controle interno, um dos modelos aceitos é o Modelo COSO, proposto por um conjunto de organizações norte-americanas, como o *America Institute of Certified Public Accounting (AICPA), Institute of Mangement Accounting (IMA)*, o Instituto de Executivos Internacionais, o Instituto de Auditores Internos, que geram um relatório do Comitê de Organizações Patrocinadoras (COSO) e enfatizam que a definição de controles internos contempla os seguintes conceitos fundamentais: (i) controles internos *representam um processo*. São um *meio para atingir um fim*, não um fim em si mesmo e (ii) controles internos *são operados por pessoas*. "Não são meramente um manual de políticas e um conjunto de formulários, mas o *resultado da interação de pessoas* em todos os níveis da organização" (OLIVEIRA, 2010, p. 151).

O controle administrativo subdivide-se em dois: o controle interno *stricto sensu* caracterizado pelo disposto nos arts. 70 e 74 da CRFB/1988, o controle interno *lato* sensu ou clássico nas suas versões

---

[144] "[...] O Congresso brasileiro, ao contrário de que se espera, não usa sequer as próprias informações que produz (no caso, sobre a fraqueza de controle interno do Executivo) para propor mudanças na forma de atuação do Executivo [...] A auditoria foi realizada por iniciativa do próprio Tribunal, ou seja, sem solicitação específica do Congresso, de alguma comissão parlamentar ou de algum senador ou deputado, e a decisão dela decorrente 'dormiu em berço esplêndido' durante dois anos nos arquivos do TCU, não provocando nenhuma mudança efetiva até 1994" (OLIVIERI, 2010, p. 103).

de *poder hierárquico, tutela e autotutela* – amplamente abordados na doutrina do Direito Administrativo.

Num sentido amplo, o "controle interno da administração pública é a fiscalização que a mesma exerce sobre os atos e atividades de seus órgãos ou entidades descentralizadas que lhe estão vinculadas" (MEDAUAR, 1993, p. 40).

Medauar (1993, p. 42-58) estabelece como tipos de controle interno da administração direta: (i) autocontrole; (ii) controle hierárquico; (iii) controle de gestão; (iv) controle de eficiência; (v) inspeção, auditoria, correição;[145] (vi) supervisão ou tutela;[146] (vii) pareceres vinculantes;[147] (viii) ouvidoria; e (ix) controle financeiro.

Discordamos da autora quando tipifica os itens (v) e (vii), uma vez que estes são meios de controle, metodologias a serem aplicadas para se controlar a administração, ou seja, por meio de um parecer vinculativo exerce-se o poder hierárquico no sentido de impor um agir unívoco para todos os que se submetem à autoridade do controlador ou por meio de uma inspeção ou auditoria ou correição levanta-se elementos para o exercício do poder hierárquico. Quanto ao controle de gestão, entendo como um controle de processos, de resultados, com proximidade significativa com o controle de eficiência e do controle stricto senso.

As finalidades do controle interno (cf. MEDAUAR, 1993, p. 41-42) são: (i) conter ou estimular a ação do órgão no âmbito de sua competência; (ii) verificar se administração cumpriu suas atribuições

---

[145] Inspeção, auditoria, correição – "destinam-se, de regra, a oferecer informações e dados sobre os serviços controlados a autoridades com poder de decisão nesses setores; embora inseridos na estrutura hierárquica interna da Administração, nem sempre se situam na linha direta de hierarquia do órgão controlado; são desprovidos de poder de decisão, culminando a atividade fiscalizadora com a elaboração de relatórios dirigidos à autoridade com poder de decisão" (MEDAUAR, 1993, p. 50).

[146] O tipo de controle interno sobre a Administração Pública Indireta, normalmente referido como tutela, visa garantir que os serviços especiais e técnicos sejam prestados de conformidade com o interesse público (respeito ao direito e interesse geral). Serve para orientar e dirigir a ação das empresas para a realização dos objetivos estabelecidos pelo poder público. Juridicamente a relação da administração indireta e a administração direta não é de hierarquia. "[...] Nesse controle há duas pessoas jurídicas em confronto: o órgão central controlador, guardião do interesse geral mais amplo e o ente central controlado, com interesses próprios" (MEDAUAR, 1993, p. 67).

[147] Decorrente da atividade de órgãos consultivos que emitem parecer prévio sobre determinadas matérias e esses pareceres são vinculantes à atuação dos servidores (*e.g.* AGU). Nesses casos o parecer condiciona o conteúdo do ato; se a autoridade discordar do entendimento fixado só lhe resta à alternativa de não editar o ato (MEDAUAR, 1995, p. 54).

conforme os meios jurídicos, técnicos e humanos disponíveis; (iii) controlar a legalidade dos atos; (iv) controlar o mérito dos atos; (v) controlar a rentabilidade do ato, ou o custo da produção ou serviço; (vi) verificar sua eficácia para aferir máximo de resultados com mínimo de esforços; (vii) aferir legitimidade; e (viii) eficiência. Olivieri (2010) complementa:

> O significado político do controle interno é o controle político via instrumentos burocráticos sobre a coalisão do governo – controle sobre como indicados políticos dos partidos em postos burocráticos desempenham suas tarefas e como estados e municípios implementam políticas públicas federais, verbas federais ou programas coordenados pelo governo federal (OLIVIERI, 2010, p. 61). [...] caracterizar o controle interno do Executivo como uma atividade que, através da verificação de registros contábeis, orçamentários, físicos e financeiros, avalia a materialidade dos resultados das políticas públicas, e que, portanto, não é um controle com caráter meramente legalista e formal (OLIVIERI, 2010, p. 63).

Conclui asseverando que o controle interno governamental é o conjunto de atividades de auditoria e fiscalização da gestão pública que visa não apenas garantir a conformidade legal dos atos da administração pública, mas também prover o gestor de um instrumento de monitoramento sobre a eficiência, economicidade e eficácia das ações, com o objetivo de evitar perdas, melhorar a gestão e garantir a prestação pública de contas (OLIVIERI, 2010, p. 66).

Os mecanismos de controle interno também monitoram a execução das políticas públicas, consolidando um conjunto considerável de informações sobre os resultados da atuação estatal sob o aspecto qualitativo e quantitativo, além dos tradicionais critérios de atendimento à legalidade dos atos administrativos. O controle interno, para além de qualquer outro objetivo de gestão que o justifique, tem que servir para aumentar a transparência da administração pública – inclusive com a emissão de relatórios dos trabalhos e resultados levantados – e a responsabilização de seus agentes, sejam eles políticos ou burocráticos.

Além disso, os mecanismos de controle interno também servem para o monitoramento das ações de estados e municípios, em relação à execução da política pública, quando está envolvido algum repasse de verba da União. (OLIVIERI, 2010, p. 13). Seria uma espécie de efeito colateral do mecanismo tradicional de controle interno. Trata-se de um efeito não previsto na instituição inicial do órgão, mas que hoje atende a uma grande necessidade de vigilância e integração das políticas, nas três esferas federativas.

Além da exigência constitucional, Olivieri (2010, p. 12) assevera que o governo necessita de órgão específico de controle interno por dois motivos, um de natureza administrativa, o outro de natureza política: (i) administrativamente, por ser o governo uma máquina complexa que agrega vários órgãos com interesses diversos, que necessitam de mecanismos de coordenação para a garantia de que agirão de forma eficiente e econômica; (ii) sob o aspecto político para garantir que a máquina administrativa atenda aos interesses dos eleitores, mantendo-se responsiva aos cidadãos e às suas preferências em relação à política pública adotada. Junte-se ao isso a propria motivação legal com a expressa determinação constitucional da obrigatoriedade da instituição desses órgãos em todas as esferas administrativas.

> A SFC e a atividade de monitoramento da burocracia se relacionam, ou deveriam se relacionar, com diversas outras instituições que realizam atividades complementares ao monitoramento no âmbito do Governo Federal. Dentro do Executivo, o sistema de controle interno, ou seja, de fiscalização financeira, orçamentária etc., está, ou deveria estar, articulada com outros tipos de fiscalização, monitoramento e avaliação envolvidos no ciclo de gestão: o planejamento governamental, a formulação e implementação de políticas públicas, o monitoramento dos processos de implementação, a avaliação dos resultados e dos impactos da política pública, as alterações na formulação e no planejamento conforme as informações alimentadoras dos controles (nas suas diversas formas: monitoramento, avaliação) (OLIVIERI, 2010, p. 23-24).

Apesar da exigência Constitucional para a criação de estrutura de controle nos três Poderes (CF, art. 74), apenas o Executivo tem um órgão centralizado de controle,[148] no Judiciário cada tribunal tem sua secretaria de controle interno, assim como na Câmara e no Senado, mas nenhuma delas está ligada a um sistema coordenado, como

---

[148] O fato de o órgão do controle interno do Poder Executivo ser o mais antigo e de a Constituição de 1967 não exigir esse órgão do Legislativo e do Judiciário, além da histórica necessidade de prestação de contas do Poder Executivo ao Legislativo são hipóteses para justificar o melhor aparelhamento daquele órgão de controle interno no Poder Executivo (OLIVIERI, 2010, p 67).

no Executivo. As secretarias de controle interno da Câmara[149] e do Senado não aparecem na estruturação organizacional de seus sites e não publicam relatórios de suas atividades (OLIVIERI, 2010, p. 66).

Ainda quanto aos mecanismos de controle interno, vale ressaltar que alguns entes políticos do Estado criam as denominadas comissões de ética, que uma vez instituídas também terão um papel relevante no auxílio à proteção do patrimônio econômico do Estado e no combate à corrupção. Nos casos em que haja sindicância e observação de alguma ilegalidade, as comissões poderão disparar as medidas administrativas cabíveis e representar aos órgãos de controle externo competentes para movimentar outras modalidades reparatórias e sancionatórias, como também para apresentar aos órgãos que realizam o controle de gestão, a melhoria de processos.

### 3.3.1 Controle interno *stricto sensu*

O controle interno *stricto sensu* é um controle especialíssimo de finanças públicas, orçamento e de políticas públicas e tem como objetivos específicos: (i) a proteção do patrimônio; (ii) a fiscalização e avaliação do cumprimento do orçamento-programa; (iii) o controle de resultados; (v) o controle do equilíbrio fiscal do Estado; (vi) apoiar o controle externo[150] no exercício de sua função institucional.

---

[149] "Um exemplo da importância do órgão de controle interno, por exemplo, na Câmara dos Deputados, é a fiscalização dos gastos dos deputados com verbas indenizatórias. Os deputados têm que apresentar notas fiscais que comprovem tais gastos, mas a secretaria de controle interno da Câmara não tem estrutura para realizar essa fiscalização de forma substantiva. Em reportagem do jornal O Estado de São Paulo, os deputados reconhecem que a ausência desse controle permite a impunidade aos membros da Casa que apresentam notas frias para comprovar gastos de gasolina (OESP, 23 e 24 de abril de 2007)" (OLIVIERI, 2010, p. 67).

[150] Controle externo deve ser entendido, aqui, como aquele realizado pelo Congresso Nacional na forma dos arts. 70 e 74 da CRFB/1988:
Art 70. A fiscalização contábil, financeira, orçamentária, operacional e patrimonial da União e das entidades da administração direta e indireta, quanto à legalidade, legitimidade, economicidade, aplicação das subvenções e renúncia de receitas, será exercida pelo Congresso Nacional, mediante controle externo, *e pelo sistema de controle interno* de cada Poder.
Art. 74. Os Poderes Legislativo, Executivo e Judiciário manterão, *de forma integrada, sistema de controle interno com a finalidade de:* I – *avaliar o cumprimento das metas previstas no plano plurianual, a execução dos programas de governo e dos orçamentos da União;* II – *comprovar a legalidade e avaliar os resultados, quanto à eficácia e eficiência, da gestão orçamentária, financeira e patrimonial nos órgãos e entidades da administração federal, bem como da aplicação de recursos públicos por entidades de direito privado;* III – *exercer o controle das operações de crédito, avais e ga-*

A sanção pode ser a revogação e anulação do ato ou a mobilização das instituições específicas de controle, com poder sancionatório, para aplicação de outros mecanismos de sanção.

Os controles internos *stricto sensu* são geralmente designados como controladorias, secretarias de controle e não se confundem, nem em atribuições nem em objetivos, com os setores contábeis também presentes na administraçao pública, a quem compete à realização do balanço contábil do órgão público. Estes são operadores propedêuticos para a organização de processos de execução orçamentária, documentação das operações e facilitação das atividades de controle.

A Corregedoria Geral da União, criada em 2002 e depois foi renomeada em 2003, como Controladoria Geral da União (CGU), faz parte da estrutura da Presidência da República – com posição de supervisão em relação aos ministérios. Seu diretor tem status de Ministro. É responsável pela supervisão técnica e pela orientação normativa dos quatro órgãos que compõem o sistema de controle interno do Governo Federal: (i) Secretaria Federal de Controle, responsável pelo sistema de controle interno; (ii) Corregedoria Geral da União, responsável pelo sistema de correição; (iii) Ouvidora-geral da União, que recebe e encaminha as demandas do cidadão; e (iv) Secretaria de Prevenção da Corrupção e Informações Estratégicas, responsável pela prevenção e combate à corrupção no Poder Executivo. "A estrutura da SFC é a maior das quatro áreas da CGU, representando 80% do pessoal e 90% do seu orçamento". (OLIVIERI, 2010, p. 68-71).

As principais atividades da SFC são: (i) avaliar a execução dos programas de governo através de auditorias e fiscalizações e (ii) organizar a prestação de contas do Poder Executivo ao Congresso e ao TCU.

> [...] a avaliação da execução dos programas é realizada para 'consumo interno' do Poder Executivo, ou seja, para melhorar a gestão dos ministérios, enquanto a avaliação da gestão dos administradores é feita para 'consumo externo', ou seja, para fins de prestação de contas ao TCU e julgamento das contas dos administradores do Poder Executivo pelo Tribunal (OLIVIERI, 2010, p. 72).

---

*rantias, bem como dos direitos e haveres da União; IV – apoiar o controle externo no exercício de sua missão institucional.* §1º – Os responsáveis pelo controle interno, ao tomarem conhecimento de qualquer irregularidade ou ilegalidade, dela darão ciência ao Tribunal de Contas da União, sob pena de responsabilidade solidária.

Como não é possível analisar *in loco* todas as operações, a SFC realiza operações de controle de forma randomizada, por amostragem – não obstante sejam analisados projetos de todos os ministérios – "[...] dada à impossibilidade prática de se avaliar todos os programas, concentra suas ações de controle nos programas definidos como prioritários pelo governo, para os quais são destinados mais recursos".[151] Nesse sentido, os principais critérios de escolha dos programas são: (i) materialidade (volume de recursos dos programas); (ii) relevância (importância relativa do programa em relação às outras atividades planejadas pelos ministérios ou quanto ao contexto do governo); e (iii) criticidade (grau de risco ou vulnerabilidade dos programas à ineficiência ou a ilegalidades) (OLIVIERI, 2010, p. 74).

O processo de análise da prestação de contas pela SFC denomina-se Certificação Anual de Contas, cujas etapas são: (i) o TCU define as diretrizes anuais para avaliação; (ii) gestores fazem os processos de prestação de contas e enviam à SFC; (iii) a SFC elabora os Pedidos de Ação de Controle (PAC), e envia Ordens de Serviço (OS) para as regionais executarem fiscalizações; (iv) as Unidades de Controle Interno implementam as OS´s; (v) a SFC encaminha o Relatório Final para os ministérios por meio dos Assessores de Controle Interno; e (vi) SFC monitora as recomendações feitas aos ministérios por meio do Plano de Providências (OLIVIERI, 2010, p. 75-76).

Os mecanismos de cruzamento de dados do sistema de informação são bastante utilizados, em especial pelo SIAF, embora outros, como o Conselho de Controle de Atividades Financeiras (COAF), também possam ser manejados. Os resultados das avaliações dos programas são publicados nos relatórios de gestão da SFC. Olivieri (2010) destaca outro aspecto importante do controle interno, o seu papel proativo e educativo, que intervém positivamente na qualificação das práticas administrativas. Não obstante as práticas administrativas possam ser legais, ainda podem ser melhoradas, uma vez que o ciclo orçamentário também

---

[151] "A identificação desses programas não é feita discricionariamente pelos analistas, mas a partir de documentos oficiais, como a LOA, o PPA, o discurso presidencial de apresentação do orçamento ao Congresso" (OLIVIERI, 2010, p. 75).

passa pelas etapas de elaboração, estudo e aprovação, execução e avaliação.[152]

> Nesta fase, são realizados estudos, análises e comparações entre aquilo que foi realizado – medido pela contabilidade – e o que foi planejado – medido pelo orçamento. Busca-se no controle garantir o sucesso na implementação do plano. Planejamento e controle são de tal maneira relacionados que não tem sentido serm pensados isoladamente. A existência de um pressupõe o outro. [...] Assim como as empresas privadas, as entidades do setor público, sejam estas prefeituras, Estado, a federação, autarquias ou empresas públicas, são entidades econômicas, usam recursos que têm valor e geram produtos [...] precisam ter suas atividades planejadas e controladas [...] Do ponto de vista dos sistemas de planejamento integrado, quando o objeto de planejamento é o Estado, o processo de planejamento começa na elaboração do Plano Plurianual, pelo gestor. Envolve estudos, cenários, previsão de receitas, de investimentos e de despesas. O Orçamento é elaborado na forma de projetos, com vistas ao alcance das metas planejadas (OLIVEIRA, 2010, p. 13-14).

Para a prestação dos serviços públicos, dispõe-se de recursos escassos que, então, precisam ser administrados. Essa administração, no setor público, toma a forma do sistema de Planejamento Integrado, conforme artigo 165 da CRFB/1988, que estabelece que leis de iniciativa do poder executivo estabeleçam o Plano Plurianual, as Diretrizes Orçamentárias e os Orçamentos Anuais.

As contas do Poder Executivo são julgadas pelo TCU, sendo passíveis de punição, enquanto as contas do Presidente são apreciadas pelo TCU para emissão de parecer prévio, e julgadas pelo Poder Legislativo.

Controles financeiros não oferecem segurança absoluta. Podem, no máximo, fornecer um controle razoável, uma vez que pode haver erros de julgamento que levam a administração a tomar decisões inadequadas e às falhas do sistema de controle por não atendimento a procedimentos, falta de cuidado, distração, falta de estrutura (OLIVEIRA, 2010, p. 153). Nesse sentido, são desafios à eficácia do controle interno: (i) possibilidade de conluio; (ii) "atropelamento" pela administração, com a desobediência de

---

[152] A autora também ressalta a dupla acepção da palavra controle: controle enquanto mando para o alcance das ações e metas desejadas e, controle enquanto verificação e fiscalização (OLIVIERI, 2010, p. 151).

procedimentos preestabelecidos por conta de objetivos pessoais; e os (iii) custos internos de uma entidade que não devem ser superiores aos benefícios que dela se possa esperar (OLIVEIRA, 2010, p. 154).

### 3.3.2 Controle interno *lato sensu*

Controle interno *lato sensu* é aquele criado no modelo de gestão burocrática e tem como finalidade garantir a legalidade dos atos administrativos, mediante um comando centralizado e hierarquizado. Não deixou de ter sua importância da estrutura orgânica do Estado. Mantém todas as suas atribuições e funções, inclusive as disciplinares, amplamente tratadas na doutrina do Direito Administrativo. A sanção pode ser a revogação e anulação do ato. Também pode promover a alteração dos processos de gestão.

No exercício do controle interno *lato sensu*, o superior hierárquico poderá anular os atos atentatórios ao patrimônio econômico do Estado, quando ilegais, ou revogá-los quando inconvenientes ou inoportunos. Mantém-se com um importante ferramental no sistema plurisubjetivo de controle do patrimônio econômico do Estado.

Independentemente das sanções administrativas que possam ser adotadas em cada caso pelo controle hierárquico e de tutela, os fatos irregulares identificados deverão ser reportados aos órgãos (internos e externos) de controle stricto senso, para que as medidas necessárias sejam tomadas.

O controle hierárquico pode ser anterior, concomitante ao *a posteriori* e "é a verificação que os órgãos superiores realizam sobre atos e atividades dos órgãos subordinados". Medauar (1993) afirma que foi a primeira, e, por muito tempo, a única forma de controle que a administração reconheceu, de maneira que príncipes e depois governantes conduzissem a ação da administração pública. Manifesta-se no poder de: (i) dar ordens; (ii) emitir instruções; (iii) organizar o serviço; (iv) comandar a execução das atividades; (iv) avocar e delegar competências na forma da lei; (v) fiscalizar atos dos subordinados; revogar o anular decisões dos subordinados; (vi) julgar recurso administrativo de interessado (recurso hierárquico); (vii) julgar recurso hierárquico obrigatório; (viii) fiscalizar por provocação de controle externo institucionalizado; e (ix) ou por provocação de terceiro.

O controle de gestão foi explorado no Seminário Franco-Mexicano sobre função de controle na Administração Pública, realizado no México em 1973, quando o Francês Jean Costet[153] propôs a chamada "gestão por objetivo" ou "gestão por resultados" do que decorreria o seu controle de gestão. Ao final do evento, apresentou as seguintes conclusões: a gestão observa três fases: (i) determinação dos objetivos e dos programas; (ii) medida dos resultados e verificação dos desvios; e (iii) execução de ações corretivas. O controle da gestão baseia-se em objetivos de realização ou de produção a partir dos quais se definem produtos e produções; cada centro de responsabilidade tem fixados objetivos de ação relativos ao nível de despesas, qualidade, quantidade, respeito aos programas; cada centro de responsabilidade recebe delegações de autoridade; a realização do controle requer a utilização de indicadores de gestão, a execução de um orçamento apoiado por uma análise de custos em nível refinado; quadros periódicos efetuam a síntese das informações, os quais, por comparação com os objetivos, permitem a ação permanente de ações coercitivas. Segundo o mesmo autor a noção do chefe de projeto (gerente de projeto, na versão mais atualizada da gestão pública) é o corolário dessa nova concepção das relações entre os diferentes escalões da Administração (MEDAUAR, 1993, p. 47-48).

A nós nos parece que essa receita ainda permanece como adequada, embora não tenha sido aplicada em sua integralidade no Brasil.

> Giannini bem observa que na ciência da Administração a figura predileta é o controle da gestão ou eficiência, vendo-se com desfavor o controle de legalidade e o controle de mérito, porque limitados a atos isolados e, portanto, pouco profundos e com resultados demorados; assinala ser significativa essa mudança de concepção porque significa índice de uma visão da administração fundada na eficiência, não só na legalidade; os controles de gestão e de eficiência, ainda segundo Giannini, absorvem os de legalidade e o superam com o uso mais rico de parâmetros de controle, adaptáveis, além do mais, a diversos tipos de Administração (MEDAUAR, 1993, p. 49).

---

[153] COSTET, Jean. Le Contrôle Hierarchique. *Revista de Administración Publica*, México, jan./abr., 1973, p. 78.

Vale uma nota sobre o autocontrole, que é a fiscalização – de *officio* ou mediante provocação – (recursos administrativos – pedido de reconsideração – ou reclamação, abaixo-assinado e outros), exercida pela própria autoridade que editou o ato ou pelo responsável pela atividade (MEDAUAR, 1993, p. 43). Mantem-se como mecanismo de controle possível e desejável, porém insuficiente para uma analise sistemática dos 4Es.

### 3.3.3 Ouvidoria: entre o controle interno stricto senso e o controle social

O modelo de ouvidoria do Brasil tem características próprias, embora tenha se inspirado, nos seus primórdios, no modelo europeu do *ombudsman*,[154] típico de regimes parlamentares, no qual o responsável é eleito pelo parlamento e tem sua estrutura de atuação independente da administração pública e do órgão a ser controlado. No Brasil, as ouvidorias extraem seu fundamento da EC nº 19/1998.

As ouvidorias[155] asseguram ao cidadão o direito de comunicar-se diretamente com as instituições públicas e privadas, uma vez que podem encaminhar elogios, reclamações, sugestões, pedidos, orientação e informações (COSTA, 2011, p. 13); (PETENATE, 2011, p. 62).

> [...] a Ouvidoria vem sendo considerada, tanto nacionalmente quanto internacionalmente, como um baluarte da democracia moderna. A boa governança de instituições, públicas e privadas, implica o reconhecimento social de um projeto compatível com as necessidades dos cidadãos, um agir com legitimidade, legalidade e coerente com a realidade política, econômica e cultural, assegurando canais de participação e de diálogo, garantindo qualidade na prestação de serviços e na utilização dos recursos, e de cidadania, promovendo a participação e o acesso à informação e ao controle social (p. 19). Tem possibilitado o

---

[154] "A atuação do *ombudsman* situa-se num contexto mais político, no sentido de que ele não tem o poder de mudar as decisões administrativas, mas de criticá-las, deflagrado com isso os processos capazes de acarretar as mudanças desejáveis. Sua eficácia depende de muitos fatores, entre os quais a independência, a credibilidade, o acesso às informações governamentais, a capacidade técnica" (FONTES, 2006, p. 152).

[155] "O termo ouvidoria alcançou o reconhecimento social, identificando-a como uma instituição que visa acolher, informar e transmitir as expectativas individuais e coletivas das pessoas, cidadãos e usuários de serviços públicos" (PETENATE, 2011, p. 61).

controle da qualidade dos serviços públicos e privados, a transparência dos diversos níveis e setores administrativos desde o planejamento à gestão das políticas públicas. [...] se propõe à mediação entre Estado e sociedade (BARREIRO; PASSONE; PEREZ, 2011, p. 20).

Hoje, a ouvidoria está estabelecida na maioria dos Estados, em muitos municípios e no nível da União. O papel do ouvidor é o de "representante dos cidadãos". É um canal de comunicação e de mediação entre o cidadão e os serviços. Tem como escopo a cidadania e a ampliação dos espaços institucionalizados aos mecanismos de participação da sociedade civil junto ao Estado. O alto custo e as penas rigorosas do Código de Defesa do Consumidor (CDC) incentivaram os fornecedores de bens e serviços a ter uma conduta preventiva ao conflito, resolvendo as questões antes que sejam judicializadas. Assim, nascem as ouvidorias e, da mesma forma em 1995, a Associação Brasileira de Ouvidores/*Ombudsman* – ABO (BARREIRO; PASSONE; PEREZ, 2011, p. 20-33).

> [...] em nosso país a sociedade foi formada sob o Estado português que antecedeu e direcionou a formação da nossa sociedade [...] O cidadão, perante um Estado forte, não era reconhecido e o serviço público foi sendo encarado como um favor que lhe era concedido e não um direito que lhe é devido (p. 31). [...] Largos períodos de governos autoritários, sufocando a representação e a participação do cidadão, marcaram a relação das instituições com os indivíduos. (p. 32). A ampliação dos serviços de call center não ocupou o espaço das ouvidorias, pois essa tem a função de representar os legítimos interesses do cidadão, para isso lhe é conferido independência e autonomia [...] Atentamos para os nossos direitos de consumidores antes de assumirmos a clara condição de cidadãos. Começamos a exigir os nossos direitos de consumidores antes de exigir a prestação de serviços públicos[156] (VISMONA, 2011, p.32-33).

---

[156] "[...] Nesse processo, inicialmente com decretos e posteriormente com leis específicas (a Lei de Defesa do Usuário do Estado de São Paulo, por exemplo) a Ouvidoria foi, gradativamente, sendo implantada dentro das instituições, fazendo parte da estrutura organizacional da administração pública e das empresas privadas. A Ouvidoria brasileira, com essa inserção, ganha em agilidade na busca de soluções às questões apresentadas pelos cidadãos, mas, sem a mesma autonomia orçamentária, pode perder em independência, ficando mais suscetível às posturas e determinações da alta administração. [...] Esse caráter de representação, com independência e autonomia, deve ser preservado e assegurado – demonstrando o necessário amadurecimento democrático das nossas instituições, elevando o necessário respeito aos direitos à condição de efetivo compromisso e ação, e não de mera retórica" (VISMONA, 2011, p. 34-35).

A falta de compreensão da efetiva missão da ouvidoria nas instituições tem causado resistência às mesmas. É a missão da ouvidoria: representar os legítimos interesses do cidadão, atuando no aperfeiçoamento do relacionamento, prevenindo conflitos e aproximando as instituições das expectativas do consumidor ou usuário dos serviços (VISMONA, 2011, p. 35).

O ouvidor não é um delator de plantão, mas um interlocutor detentor de informações privilegiadas, manifestadas pelo usuário, o que propicia a oportunidade de equacionar erros, e preveni-los, pois a distância existente entre as expectativas do cidadão e as instituições é, por vezes, insuperável, elevando o contencioso constitucional e administrativo. Assim, uma ouvidoria bem estruturada e autônoma auxilia na melhora dos processos, mas não se caracteriza como uma ameaça à ordem ou ao quadro funcional. Apesar de não deter poder decisório na esfera administrativa ou judicante, pode ser munida de poder de persuasão e elevar a sensibilidade dos dirigentes e demais colaboradores do ato da decisão, sintonizando-a com a expectativa do usuário/consumidor (VISMONA, 2011, p 36-37).

> [...] o caminho de ouvir e dar sequência ao que se ouve não deve ser ignorado [...] toda instituição [...] deve estar preparada para a escuta qualificada e que permita compreender os anseios e expectativas do cidadão. Na organização das instituições públicas e privadas o "processo" e o "sistema" assumem o patamar de verdadeiros dogmas, postulados e que, portanto, não devem ser contestados. Especialmente no serviço público o "processo" deve ser rigidamente seguido. [...] assim, ainda que justo, legítimo e demonstrada a razão do pleito do consumidor, se tal demanda não se adequar ao "processo" e ao "sistema", nada poderá ser feito! Essa postura é própria do século passado, onde os dogmas devem ser respeitados e nunca contestados [...] a cultura dogmática deve ser transformada em cultura de princípios e valores. Hoje, inevitavelmente, o "sistema" e o "processo" são contestados e questionados constantemente. [...] deixamos o mundo analógico, mecânico, e ingressamos no mundo digital, global e interativo. [...] Não basta informar, tem que comunicar – informar e recepcionar a resposta. O desafio se apresenta em estabelecer um efetivo e fidedigno conhecimento, possibilitando e fortalecendo relacionamentos (VISMONA, 2011, p. 39).

A governança corporativa é baseada em conceitos que asseguram a qualidade e a transparência das informações econômicas contábeis. É preciso avançar para a governança cidadã, pois o atendimento às necessidades do usuário não é um custo, mas investimento para a sobrevivência das organizações. "Governança cidadã aponta para a necessidade de se incluir o consumidor/usuário, suas perspectivas, suas reclamações e demandas no centro das decisões estratégicas das empresas e dos dirigentes e servidores públicos" (VISMONA, 2011, p. 41), daí a importância da manutenção e empoderamento das ouvidorias nas organizações públicas.

Em São Paulo a Lei nº 10.294/1999 instituiu o sistema de ouvidorias do Estado, regulado pelo Decreto nº 44.074/1999, que enfatiza três direitos básicos dos usuários de serviços públicos: (i) informação; (ii) a qualidade; e (iii) controle adequado de serviço. O art. 1º diz que compete à ouvidoria exercer função de representante do cidadão junto à instituição em que atua. Os arts. 3º e 4º conferem independência e autonomia contra qualquer ingerência político-partidária. O Decreto nº 50.656/2006 estabeleceu o Sistema Informatizado da Rede de Ouvidorias do Estado de São Paulo, com sistematização de dados quantitativos e qualitativos levantados, bem como das ações adotadas e sugeridas para melhoria dos serviços prestados (PETENATE, 2011, p. 62-63).

> As Ouvidorias não devem ser confundidas com auditorias, corregedorias, promotorias e tribunais. São atividades totalmente diferenciadas, cada uma dentro de sua respeitável importância e instância de atuação. Com seu protagonismo voltado às mudanças sociais, a atuação da Ouvidoria representa um papel social importante no processo dialógico que envolve as relações entre os indivíduos, os grupos e as organizações, desempenhando sua função mediadora, no cotidiano de uma sociedade e de suas instituições. Tal função deve estar pautada em preceitos e dimensões valorativas inerentes ao desenvolvimento de suas prerrogativas e atividades, como a autonomia e a isenção, possibilitando assim, uma atuação menos maniqueísta e menos ajuizada por princípios pessoais e particulares [...] (PETENATE, 2011, p. 65).

O ouvidor deve desenvolver algumas habilidades para o desempenho desta função: (i) capacidade de realizar "oitivas" a partir da escuta isenta e completa; (ii) comprometimento com a transformação da realidade; (iii) reconhecimento do outro enquanto sujeito de direitos e de deveres; (iv) perspicácia interpretativa para compreender as intenções e para lidar com a sensibilidade dos envolvidos, sejam esses indivíduos grupos internos e/ou externos; saber atuar de forma pedagógica, conscientizando o próprio cidadão; (v) interiorizar novos valores e operar a transmissão de determinadas formas de relacionamento e de estruturas sociais; e (vi) mediar o objetivo, promovendo a correção e a melhoria constante da organização com a prevenção de conflitos (PETENATE, 2011, p. 68, 69).

> [...] Atualmente, segundo Speck (2008), identificam-se cinco formas de atuação que, em maior ou menor grau, estão presentes nas Ouvidorias: a) Ouvidoria como um canal de interação com o cidadão; b) Ouvidoria como instrumento de mediação; c) Ouvidoria como um instrumento de gestão da qualidade dos serviços prestados; d) Ouvidoria como um lugar difuso e de defesa dos Direitos Humanos; e, por fim, e) Ouvidoria com caráter investigativo (MACHADO; DUARTE; SILVA, 2011, p.149).

Vale ressaltar, ainda, que embora inspiradas nesse instituto, as ouvidorias não se confundem com a figura do *ombudsman*. O ponto central dessa diferenciação é a independência que este tem em relação ao investigado.

## 3.3.4 Outros mecanismos de controle interno stricto senso

Ainda no que concerne aos órgãos de controle interno (*sticto sensu*) há outros específicos, cujas atividades de controle somente são relatadas ao Congresso Nacional e ao Tribunal de Contas, na condição de órgão auxiliar daquele. São três os órgãos específicos de controle interno: (i) o da Presidência da República; (ii) do MRE; e (iii) e dos Ministérios Militares.

Além desses mecanismos de controle interno *stricto sensu*, há ainda outros mecanismos *lato senso*, como o Ministério Público (CNMP) e o Poder Judiciário (CNJ). São os Conselhos Nacionais do Ministério Público e de Justiça, ambos com poder administrativo investigatório e decisório.

Esses órgãos, malgrado se coloquem dentro de um ordenamento baseado na hierarquia pela sua própria competência, não se constituem superiores hierárquicos dos órgãos controlados. Desse modo, exercem espécie de controle que rigorosamente deveria ser, na Administração Direta, um *tertius genus* (ROCRA, 2005).

Um dos desafios a ser enfrentado é a integração desses sistemas de controle interno aos outros, dos três poderes, na forma determinada pela CRFB/1988, art. 74 A autonomia orçamentária dos Poderes e do MP, como forma de garantir a autonomia e independência, não é compatível com a falta de transparência ou mesmo a insuficiência do controle interno.

A decantada autonomia e a independência se aplicam na relação entre os Poderes, mas não prevalece na relação entre o Estado e o cidadão, que tem o pleno direito a exigir destas instituições o atendimento aos 4Es na execução da dotação orçamentária que lhe foi designada.

O controle das atividades da Administração Federal deverá exercer-se em todos os níveis e em todos os órgãos, tendo como balizamentos o: (i) controle pela chefia competente, da execução dos programas e da observância das normas que governam a atividade específica do órgão controlado; (ii) controle pelos órgãos de cada sistema, da observância das normas gerais que regulam o exercício das atividades auxiliares; e (iii) controle da aplicação dos dinheiros públicos e da guarda dos bens da União pelos órgãos próprios do sistema de contabilidade e auditoria (ROCHA, 2005, p. 186).

## 3.4 Controles político-democráticos

### 3.4.1 Controle do Poder Legislativo

O controle exercido pelo Poder Legislativo sobre a administração pública é predominantemente político, não obstante a CRFB/1998 também tenha conferido-lhe competência para o exercício do controle de legalidade e de resultados.

No sistema norte-americano, os mecanismos de controle político pactuados são: (i) nomeação política; (ii) controle orçamentário; (iii) reorganização da estrutura administrativa; (iv) *personal power*;[157] (v) monitoramento (*oversight*) e (v) legislação. Muitos destes estão replicados nos textos constitucionais modernos de diversos países, incluindo o Brasil. (OLIVIERI, 2010, p. 55).

---

[157] Poder de escolher os *sênior career executives*.

A CRFB/1988 estabeleceu uma série de controles do Poder Legislativo sobre o Poder Executivo e, em menor escala, sobre o Poder Judiciário. No que concerne ao controle financeiro-orçamentário, este é amplo e irrestrito em relação aos dois outros Ppoderes. São exemplos de controles do Poder Legislativo: (i) sustar atos normativos do Poder Executivo (art. 49, v); (ii) controle financeiro-orçamentário (arts. 49, IX; 70/ a 75; 31, 33,§2º e 52,V); (iii) tomada de contas (art. 51, II); (iv) CPI (art. 58,§3º); (v) nomeação de agentes públicos (art. 52, III); (vi) julgamento dos crimes de responsabilidade (art. 52 e 86); (vii) controle do poder regulamentar e da delegação legislativa (art. 49, v); (viii) controle dos atos do Executivo, em geral, incluídos os da administração indireta (art. 49, x); (ix) pedido de prestação de informações aos Ministros de Estado (art. 50 e 58, §2º, III); (x) controle integrado à participação popular (art. 58,§2º, IV e V); (xi) controle da atividade do Procurador Geral da República pelo Senado Federal (art. 52, XI); e (xii) apreciação dos atos de concessão e renovação de concessão de emissora de rádio e televisão (art. 49, XII e 223).

No que concerne à nomeação de agentes públicos, existe uma prevalência do Executivo em detrimento do Legislativo, uma vez que há uma enormidade de cargos de livre nomeação e alguns poucos (de maior importância) em que há participação do parlamento (Ministro do TCU, STJ, STF, Diretores de Agência). No mundo dos fatos, essa atividade tem se caracterizado como uma mera formalidade, sem implicar em um verdadeiro controle dos méritos do sujeito indicado pelo Poder Executivo (OLIVIERI, 2010, p. 58). Além disso, o Poder Executivo tem a competência conferida pelo art. 84 da CRFB/1988 para reorganizar a administração por decreto (sem a participação do Legislativo), ademais da iniciativa legislativa exclusiva quanto à criação de cargos e funções e à criação e extinção de ministérios e órgão públicos (CRFB/1988, art. 61) (OLIVIERI, 2010, p. 59).

O controle legislativo sobre a Administração Pública é o controle efetuado pelos órgãos legislativos – Congresso Nacional, Assembleias Legislativas e Câmaras de Vereadores – nos aspectos políticos e técnicos, devendo limitar-se às circunstâncias constitucionalmente previstas, na medida em que resulta na interferência de um Poder em outro.
Considerando que o regime constitucional da separação dos Poderes está assentado na harmonia e na independência, sem que haja subordinação de um Poder a outro, o controle legislativo é uma exceção a essa exigência de mútua cooperação institucional, na medida em que permite

ao Legislativo interferir na atividade dos outros dois Poderes. [...] Caso o controle exceda ao limite permitido, este será inconstitucional, inadmitindo-se o seu exercício (MILESKI, 2003, p. 150).

Quanto à questão do parlamento e a sua aparente apatia diante da concentração de poderes do Executivo, vê-se o reflexo que causa, inclusive, na utilização de mecanismos de controle da administração das políticas públicas (OLIVIERI, 2010, p. 60).

O controle rotineiro e direto do Congresso e suas comissões sobre o Executivo é fraco e pouco eficaz, apesar do aparato legal, informacional e organizacional à disposição dos congressistas. Concomitantemente a essa fraqueza, entretanto, o Congresso, exerce um controle indireto muito importante, através das CPIs, ao prover informações para a sociedade (OLIVIERI, 2010, p. 60).

Um dos elementos justificadores do controle mais amplo do parlamento é a viabilização do controle da burocracia, uma vez que o Presidente delega parte de seus poderes de decisão e execução aos burocratas. Se a CRFB/1988 criou vários mecanismos de controle da administração pública e de seu chefe maior, também o fez em relação aos seus subordinados. Como regra, a burocracia é monitorada por meio de mecanismos de controle entre políticos e burocratas: nomeação, orçamento, legislação, monitoramento.

No aspecto ainda dos controles interno e externo, mas desta feita, de caráter político, o Legislativo pode lançar mão, como já o fez, de *impeachment* do chefe do Poder Executivo que pratique crime de responsabilidade ou cassar o mandato de seus pares que pratiquem quebra de decoro parlamentar. Não obstante todas as críticas que o Poder Legislativo brasileiro ainda é merecedor, há de se reconhecer que, no mundo, foi dos poucos que usou seu poder político para "cortar da própria carne", inclusive em episódio recente de cassação de dois Senadores envolvidos em investigação por atos de corrupção, e que teriam prevaricado perante o parlamento ao negar as ligações pessoais entre eles os prováveis corruptores. Nosso parlamento promoveu a cassação não pelos atos de corrupção praticados em si, mas pela quebra do decoro ao mentir perante seus pares.

Precisamos avançar em uma legislação que determine ao investigado por corrupção o afastamento do seu cargo, ainda antes da sentença condenatória. Fazemos coro com STF e com

Freitas (2011): com o primeiro, que ao julgar a constitucionalidade da Lei Complementar nº 135/2010 (Lei da Ficha Limpa), asseverou que o princípio da inocência, no campo criminal, gera necessidade de esgotar todos os recursos antes que as sanções se tornem efetivas, já que no direito eleitoral não tem o mesmo alcance, pois se trata de condições de elegibilidade e não de condenação criminal; e com o segundo, no que concerne à aplicabilidade do princípio da prevenção – e para os que o considerarem muito rígido e desproporcional – ao menos caberia a aplicação do princípio da precaução, afastando o investigado do cargo ou função pública, principalmente quando se tratar de servidor de cargo em comissão ou de servidor público concursado.

Se para acessar ao cargo ou função pública não se permite a mácula, sequer a lavratura de um boletim de ocorrência, por que deveria se manter no exercício da função quando envolvido em casos de malversação do patrimônio público? O que se defende não é a demissão sumária e arbitrária, mas o afastamento dentro de parâmetros estabelecidos em lei que apontem a verossimilhança de materialidade e autoria dos fatos imputados em nome do princípio da prevenção e proteção do patrimônio público. Para que isso ocorra, é fundamental a participação efetiva dos três Poderes, com o mesmo foco de proteção da cidadania.

No caso de função eletiva, porque derivada da soberania popular, a lei foi sábia ao exigir a condenação por órgão colegiado, aumentando o espectro da convicção do Estado quanto à materialidade e autoria do ato de corrupção; nem tanto pelo direito fundamental de presunção de inocência do réu – que deve receber uma interpretação conforme – mas, pela interferência na decisão soberana do povo, expressa pelo voto.

## 3.4.2 Controle do Poder Judiciário

O Poder Judiciário é o único que detém o *poder* de dizer o Direito de forma definitiva, de fazer nascer a coisa julgada. Disto deriva que sua obrigação precípua em relação à avaliação das atividades administrativas e dizer o Direito e não, necessariamente, condenar ou sancionar o Estado.

A posição acusatória dos controladores é meramente condenatória do Poder Judiciário, introjetada no inconsciente coletivo dos juízes e, de certa forma, da sociedade, a função meramente condenatória, fruto das deficiências crônicas do Estado em prestar adequadamente os serviços públicos, como também dos modelos de Estado e de gestão autoritária e burocrática, donde nasce o Direito Administrativo como contentor da esfera de ação do poder público e protetor do cidadão: Estado *versus* "administrado".

Pois bem, o que se propugna na doutrina constitucional atual é a consagração da "democracia participativa" da "democracia deliberativa" e, no olhar da administração pública, a "gestão social ou societal", a "gestão democrática". Cabe-nos questionar quais os impactos que esses novos modelos teóricos causam no modo dos sujeitos controladores controlarem e do Poder Judiciário dizer o Direito?

Defende-se aqui que tanto a "democracia participativa" quanto a "gestão social ou societal" alteram o conteúdo material do Direito a ser dito, interferindo diretamente nas atribuições e limites dos sujeitos controladores quanto à postura do Poder Judicante no exercício do seu dever de interpretar e dizer o Direito: Estado e cidadão *versus* ineficiência, ineficácia, não efetividade, antieconomicidade *visando* materializar os princípios constitucionais e os direitos fundamentais na direção apontada pela Constituição.

Sabemos que o Estado é um sonegador histórico e contumaz dos direitos dos cidadãos. No entanto, a Constituição vigente tornou o cidadão copromotor de decisões públicas e, em certa medida, copartícipe de seus resultados. Nesse sentido, o papel sancionatório do Estado deve ceder lugar a espaços de soluções consensuais, sempre que possível. O Judiciário, no exercício do poder pedagógico de *avaliador*, e não exclusivamente de mero *controlador de legalidade* deve e pode mediar as relações entre cidadania e Estado, deixando sua veia condenatória para os casos em que haja a desídia, a falta de comprometimento e ausência do Estado na relação com os cidadãos.

Como parte da organização estruturante do Poder Estatal, o Poder Judicial controla e é controlado. Controlado pela sociedade, pelos outros Poderes, pelo Tribunal de Contas, pelo Ministério Público. A diferença aqui se dará no sentido de que o controle externo realizado pelo Poder Judiciário resultará não numa mera recomendação, mas numa sentença e, eventualmente, numa sanção.[158]

O controle externo a que se submete o Poder Judiciário é basicamente o controle do mérito dos seus atos pela via dos recursos nos processos judicias; e ainda, a escolha dos membros dos tribunais com a participação dos Poderes Executivo e Legislativo. Como administração pública, também se submete ao mecanismo de controle de contas de sua execução orçamentária.

Além disso, os cidadãos, cada vez mais, acompanham os grandes temas que são tratados pelo Supremo Tribunal Federal, assim como a mídia. Na história recente encontramos um caso de controle social efetivo, com a pressão para que não houvesse aumento dos vencimentos dos ministros, servidores e juízes de carreira, por conta do impacto que causariam no orçamento da União, além da absoluta discrepância com os servidores dos Poder Executivo, que de fato, desempenham as políticas públicas de maior impacto aos cidadãos e, mais recentemente, a colocação na pauta de julgamento do processo do "mensalão".[159]

---

[158] "[...] o Poder Judiciário é que detém o monopólio da interpretação e aplicação final do sistema de normas em que esse Direito consiste. É a definitiva âncora de cognição e aplicabilidade vinculativa do Direito, como uma espécie de luz no fim do túnel das nossas mais acirradas e até odientas confrontações (derramamento de bílis não combina com produção de neurônios). É o Poder que não pode jamais perder a confiança da coletividade, sob pena de esgarçar o próprio tecido da coesão nacional. [...]" (AYRES BRITTO, 2012).

[159] Sobre a discrepância na remuneração dos servidores entre os Poderes:
'Para fugir a essa situação (ou ao Plano de Classificação de Cargos e Carreiras), dois tipos de estratégias foram adotadas: o Poder Judiciário, o Ministério Público e o Poder Legislativo, tornados fortemente autônomos do ponto de vista administrativo a partir de 1988, trataram de aumentar por conta própria, independentemente do Poder Executivo, sua remuneração. Por outro lado, no Poder Executivo, as categorias tradicionalmente mais poderosas – os procuradores, os delegados de polícia, os diplomatas, os auditores fiscais, e as novas carreiras de administradores-economistas criada depois da abertura democrática – os analistas do tesouro e do orçamento e os gestores – passaram a ter 'gratificações de produtividade', que, na verdade, não era outra coisa senão uma estratégia para corrigir seus salários sem que fosse necessário aumentar a remuneração de todo o funcionalismo público de nível superior. Dado seu caráter *ad hoc*, essas duas estratégias, perfeitamente compreensíveis e até certo ponto necessárias para que o Estado pudesse voltar a recrutar pessoal de bom nível, nos setores estratégicos da administração, tiveram como resultado o aprofundamento das distorções no sistema remuneratório dos servidores.
A terceira origem das distorções do sistema remuneratório federal corresponde à possibilidade 'incorporação de vantagens', como 'quintos', somada à possibilidade de acumulação de cargos e seus respectivos proventos, por servidores ativos e inativos. Essas incorporações e acumulações, habilmente manipuladas, permitiram que um número crescente de servidores passasse a ganhar altos salários, surgindo então a expressão 'marajás' para identificar tais funcionários. A Constituição de 1988 procurou enfrentar o

Em termos de controle interno, há as corregedorias do Poder Judiciário, como modalidades de exercício de Poder Hierárquico. A investigação que promove não é pública e visa colher elementos e fazer um cruzamento de informações; uma vez levado o resultado desta primeira etapa ao colegiado, se aceito, transforma-se em processo administrativo correcional, sendo possível o afastamento do juiz de suas funções. Não obstante esse processo, o controle interno do Poder Judiciário.

O que a prática dos Tribunais demonstra é a que, na primeira instância, as corregedorias funcionam bem. No que se refere aos Tribunais, há deficiências e corporativismos que impedem tanto a transparência quanto ações mais efetivas para alcançar os 4Es, além da punição aos envolvidos em casos de corrupção. Frisamos que, nesse ponto, o Poder Judiciário tem muito a aprender com os Poderes Legislativo e Executivo.

Junto ao corporativismo, o entendimento do STF,[160] no que se refere ao processo administrativo contra magistrado, de que a Lei nº 8.429/1992 (Lei de Improbidade Administrativa) não se aplica aos juízes, aplicando-se apenas a lei específica, a Lei Complementar nº 35/1979 (LOMAN), o que favorece a impunidade e as inadmissíveis – diante da nova ordem constitucional – e questionáveis "aposentadorias a bem do serviço público" sem que haja punição adequada aos que se envolvem com malversação do patrimônio público. As incursões da Corregedoria Nacional do Conselho Nacional de Justiça, nos anos de 2012 e 2013 mostram, a exemplo do que ocorre no Tribunal de Justiça do Estado de São Paulo, que estas não são meras conjecturas, mas atentados à cidadania que estão à descoberta de uma solução factível, vinda do próprio Poder Judiciário.

---

problema por meio de um 'teto de salários', correspondente à maior remuneração em cada um dos Poderes (Ministros de Estado, Deputados Federais e Senadores e Ministros do Supremo Tribunal Federal), mas interpretações judiciais permitiram que esse teto fosse contornado [...]" (BRESSER-PEREIRA, 2002, p. 189 complemento nosso).

[160] Conforme entendimento do Supremo Tribunal Federal, ao analisar a questão de ordem veiculada na petição nº 3923/DF, que determinou que magistrados estaduais, a exemplo dos parlamentares, também não se submetem ao regime de responsabilização por crime de responsabilidade, exceto quanto aos que exerçam o cargo de Ministro do Supremo Tribunal Federal, Presidentes de Tribunais e Diretores de Foro (Lei nº 1.079/50, art. 39 e 39-A, caput e parágrafo único), de modo que o entendimento firmado na Rcl nº 2.198 não se aplica a ações de improbidade movidas contra magistrados, simplesmente porque não há lei que preveja crimes de responsabilidade para juízes, exceto para os casos já ressalvados.

O Conselho Nacional de Justiça – cuja criação foi um grande avanço a serviço da cidadania, transparência e democracia – tem um papel relevante, como já referido, nos mecanismos de controle interno, na investigação da gestão e na folha de pagamentos, para além da disciplina correicional dos membros do Poder Judiciário. Nesses termos, é um dos sujeitos da engrenagem sistêmica de proteção do patrimônio econômico do Estado. Falta-lhe, assim como faltam aos órgãos de controle interno *stricto sensu* do Poder Judiciário, a conexão sistêmica com os outros mecanismos de controle interno dos Poderes Legislativo e Executivo, com desobediência expressa à disposição constitucional, art. 74.

Defendemos que o Poder Judiciário, no exercício de seu dever de dizer o Direito e de pacificador social, pode ser provocado a controlar: (i) o mérito, por meio da análise de seu demérito (FREITAS, 2010); (ii) o atendimento a processos ou formalidades; (iii) o atendimento à juridicidade (legalidade e legitimidade); e (iv) a eficiência, eficácia, efetividade e economicidade.[161] Os itens *i* e *iv* que aqui acolhemos, reconhecemos ser passível de alguma divergência doutrinária, uma vez que não é entendimento pacificado.

Freitas (2010) e Oliveira (2007) fortalecem nosso entendimento de que há a possibilidade de sindicabilidade, pelo Poder Judiciário, dos atos de governo, principalmente quando se trata de controle orçamentário, fiscal, contábil e operacional.

Os atos de governo são aqueles praticados pelo Chefe do Poder Executivo ou seus ministros, haurindo sua competência diretamente da partilha republicana firmada na Constituição.[162] "Para nós, o ato de governo não é outra coisa senão uma espécie dos atos administrativos" [e como tal, amplamente controláveis] (OLIVEIRA, 2007, p. 181, complemento nosso).

> Não são editados ao arrepio da ordem jurídica. Não estão acima dela. Se o conceito primeiro dos atos políticos é o de buscarem conforto

---

[161] Com pensamento discordante: "O controle judicial é aquele que se efetua por meio do Poder Judiciário sobre os atos dos demais Poderes e órgãos da Administração Pública. É essencialmente um controle de legalidade e o seu exercício ocorre sempre *a posteriori*" (MILESKI, 2003, p. 151).

[162] "São atos políticos os do Presidente da República ao manter relações com o Congresso, com Estados estrangeiros e decretar providências de ordem urgente, no plano interno" (OLIVEIRA, 2007, p. 173).

em norma autorizativa constitucional, liberada da intermediação legislativa, não estão eles sobre o ordenamento normativo. [...] Não teria sentido admitir-se a existência de atos supra-ordenação positiva, sem peias e sem sujeição ao regime jurídico instaurado (OLIVEIRA, 2007, p. 170).

Fica claro pela abalizada doutrina de Regis Fernandes de Oliveira (2007) que a possibilidade de sindicabilidade dos atos administrativos é da própria essência da ordem republicana, discordando-se apenas da ressalva que faz ao mérito dos atos: "Do quanto se disse, verifica-se que nenhuma manifestação do Poder Público, no direito brasileiro, é insindicável, salvo o mérito dos atos" (OLIVEIRA, 2007, p. 170), ratificando o pensamento de que se o mérito não pode ser controlado, o seu demérito o será (FREITAS, 2010), assim como o é nos casos de controle de atos discricionários.

> Hoje, indubitavelmente, no ordenamento pátrio, a legalidade administrativa assenta em bases mais amplas e, por conseguinte, há respaldo constitucional para um controle jurisdicional mais amplo sobre a atividade da Administração, como coroamento de uma evolução já verificada na doutrina e jurisprudência antes de outubro de 1988. Significativo, nessa linha, trecho do voto do Min. Celso de Mello no MS 20.999, julgado pelo STF em 21.3.90: É preciso evoluir cada vez mais no sentido da completa justiciabilidade da atividade estatal e fortalecer o postulado da inafastabilidade de toda e qualquer fiscalização judicial. A progressiva redução e eliminação dos círculos de imunidade do poder há de gerar, como expressivo efeito consequencial, a interdição de seu exercício abusivo (RDA 179-180/117, jan.-jun./1990).
> Evidente que a ampliação do controle jurisdicional não há de levar à substituição do administrador pelo juiz; culminará com a anulação dos atos, a obrigação de fazer, a abstenção de agir, etc. (MEDAUAR, 1993, p. 175).
> Com a mesma linha: "Disso não segue a judicialização invasiva ou a falta de deferência à esfera administrativa. O mérito administrativo (relativo a juízos de conveniência ou de oportunidade) pode até não ser, no geral das vezes, diretamente controlável, mas o demérito (o excesso arbitrário ou a omissão antijurídica) o será sempre". [...]
> "Com efeito, a maximização dos princípios de Direito Público, sem ser facilmente objetável subproduto do utilitarismo, revela-se vital para as escolhas do agente público sejam vistas segundo padrões objetivos e imparciais da racionalidade dialógica, no rumo da promoção do bem de todos (art. 3º). Na vida real, em vez disso, tem-se assistido a noção de discricionariedade servir de refúgio para devastadores arbítrios, nem sempre de fácil ataque pelas vias asseguratórias atuais. (FREITAS, 2009, p. 370-373).

CAPÍTULO 3 | MODALIDADES DE CONTROLE DO PATRIMÔNIO E DAS POLÍTICAS PÚBLICAS DO ESTADO | 201

Esta ressalva está convalidada na jurisprudência que permite a sindicabilidade do mérito administrativo realizado com desvios de poder ou de finalidade, e também pode ser complementada por mérito que gere impacto negativo no patrimônio econômico do Estado e que se mostre incompatível com os ditames constitucionais da eficácia, eficiência, efetividade e economicidade da escolha implementada, além dos princípios do art. 3º da CRFB/1988. Por certo, isto deverá correr por meio de medição adequada de padrões claros e previamente estabelecidos, que possam promover o diferencial entre o cânon e os impactos da decisão levada a cabo. Daí a importância de se compreender como controlar.

O controle judicial pode se realizar pelas vias tradicionais que incluem, dentre outros: (i) mandado de segurança (art. 5º, LXIX e LXX[163]); (ii) ação popular (art. 5º, LXXIII); (iii) ação de inconstitucionalidade de ato normativo (arts. 97; 102, I, *a* e *p*; 103; 125, §2º e 129, IV); (iv) ação civil pública (art. 129, III[164]); (v) ação de descumprimento de preceito fundamental (art. 102, parágrafo único), além das ações ordinárias cabíveis. Terá como consequências mais comuns (i) suspensão de atos ou atividades; (ii) anulação; (iii) imposição de obrigação de fazer; (iv) imposição da obrigação de se

---

[163] Mandado de Segurança, cuja insuficiência (ou falta de efetividade) estimulou, na década de 1960, a criação da Ação Popular. Depois na década de 1980, criou-se a Ação Civil Pública (FONTES, 2006, p. 56). Em 1889 o Brasil abandonou o modelo de jurisdição administrativa e adota o da jurisdição unitária, sob a responsabilidade exclusiva do Poder Judiciário. O MS foi previsto em todas as constituições desde 1934. É ação de natureza civil que visa atacar ilegalidade ou abuso de poder de autoridade pública ou de agente de pessoa jurídica no exercício de atribuição do poder público (art. 5º, LXIX da CF). Está regulado na Lei nº 1.533/51. Destina-se à proteção de direitos individuais do que se aferem três dos seus aspectos: legitimidade ativa – regime da legitimação ordinária; natureza do ato atacado – ato ou omissão de natureza individual, não se resta a ato geral ou normativo; limites subjetivos da coisa julgada – a decisão tem efeitos apenas para as partes no feito. Coisa que não foi resolvida nem pelo mandado de segurança coletivo. (FONTES, 2006, p. 56-58). Também desde a CF de 1934, exceto a de 1937, foi prevista ação popular que somente foi instrumentalizada a partir da edição da Lei nº 4.717/65 e dentre outros propósitos pode ser intentada para anular atos ou contratos administrativos lesivos ao patrimônio econômico das entidades públicas (art. 5º, LXXIII, CF). O autor deve comprovar sua condição de eleitor e não deve ter interesse de cunho particular (para isso serve o MS) e não um interesse processual específico e a decisão faz coisa julgada *erga omnes* (Sumula 101 STF) e conforme jurisprudência do STJ – Resp 92317, DJ 21.2.2000, Rel. Ministro Peçanha Martins; TRF5, Apelação Cível 109586. Rel. Des. Petrucio Ferreira.

[164] "A ação civil pública constitui o principal instrumento de que se vale o Ministério Público no controle da Administração. Não obstante, a LACP não prevê explicitamente a utilização dessa ação em face da Administração; ao contrário, a Administração é legitimada a intentá-la, ao lado do Ministério Público e das associações" (FONTES, 2006, p. 62). O exercício da defesa do patrimônio público implica necessariamente em controle dos atos da administração em função da noção ampla de patrimônio público adotado na legislação brasileira (art. 1º, §1º, da Lei nº 4.717/6; art. 129, II CF; art. 25, IV, *b* da Lei nº 8.625/93).

abster; (v) imposição de pagar; (vi) imposição de indenizar; (vii) exoneração do cargo ou função pública; e (viii) suspensão de direitos políticos, dentre outros adequados a cada caso.

### 3.4.3 Controle exercido sobre a Administração Pública pelo Ministério Público

O movimento da supremacia da lei e da codificação é o ninho o qual se forja a figura do promotor. As obras de Hugo Nigro Mazzilli e de Ronaldo Porto Macedo Júnior destacam com precisão a evolução e as atribuições do Ministério Público na estrutura jurisdicional brasileira. A instituição nasceu na França e foi transferida para o Brasil na época do Império, sendo que a primeira constituição a promover sua regulamentação foi a de CRFB/1988, que previu o cargo de Procurador-Geral. Nas outras cartas constitucionais pregressas, o Ministério Público ora se subordinava ao Poder Judiciário (1967), ora ao Executivo (1946), ora se mostrava como órgão independente (1946 e 1988) (MARTINS JUNIOR, 2002, p. 13).

Tanto quanto referido ao Poder Judiciário, o Ministério Público controla e é controlado e sua autonomia (funcional, orgânica, administrativa ou de gestão financeira propõe diretamente ao Legislativo os cargos, elabora seu orçamento e encaminha para executivo art. 127§1º da CF) serve ao exercício de sua função e não impõe barreira ao controle social, sobre seus membros ou do Senado, sobre a figura do Procurador Geral da República ou ainda, de forma genérica, dos órgãos investigativos do Estado. Deve manter mecanismos regulares de controle interno (art. 70 e 74 CRFB/1988), além do controle exercido pelo Conselho Nacional do Ministério Público.

No que se refere ao controle social em face do Ministério Público, vale ressaltar o dever de transparência de seus atos (art. 5º, X, XII, LX da CF e art. 46 da Lei nº 9.784/1999) que, salvo as exceções legais (arts. 5º, XXXIII e LX da CF), deve dar efetiva publicidade aos procedimentos instaurados e das medidas adotadas (art. 26, VI, e 27, parágrafo único, IV, Lei Federal nº 8.625/1993), publicidade esta que constitui dever de todo órgão de controle da administração pública. Cabe-lhe ainda no inquérito civil ou em outros procedimentos, a promoção de audiências públicas (art. 27, parágrafo único, IV, Lei nº 8.625/1993; arts. 1º, parágrafo único, 37, *caput*, §3º, da CF).

O Ministério Público tem papel relevante na busca da moralidade administrativa e na preservação do patrimônio público. Sua evolução histórico-constitucional partiu do denunciador nas questões criminais ao zelador dos direitos difusos e coletivos.

Quadro 8
Evolução do Posicionamento do Ministério Púbico nos Textos Constitucionais

| Constituição | Artigos | Competências e localização | Características |
|---|---|---|---|
| CI/ 1824 | Art. 48 | Papel acusatório; Lotado no capítulo III (do Senado) do Título IV (do Poder Legislativo) | |
| CRFB/ 1889 | Art. 58, §2°; Art. 81, §1° | Lotado na seção III (do Poder Judiciário) | |
| CRFB/ 1934 | Art. 95, *caput* | Dos órgãos de cooperação nas atividades governamentais | Procurador Demissível *ad nutum* |
| CRFB/1937 | Art. 99; Art. 101, I, b; Art. 105 | Autoritarismo e minimização do poder do MP; Lotado na seção (Do Poder Judiciário) | |
| CRFB/ 1946 | Art. 125; Art. 126; Art. 127; Art. 128 | Título Próprio | Procurador Demissível *ad nutum* |
| CRFB/1967 | Art. 137; Art. 138; Art. 139 | Seção do capítulo (do Poder Judiciário) | Procurador Demissível *ad nutum* |
| EC n° 1/1969 | Art. 94; Art. 95; Art. 96; LC n° 40/1981; Lei ACP n° 7347/1985 | Seção IV do capítulo VII (do Poder Executivo) | |
| CRFB/1988 | Art. 127 e SS; Lei n° 8.625/1993 | Novo Ministério Público | Independente. Procurador com mandato de dois anos. Exoneração antes do fim do mandato, por maioria absoluta do Senado. |

Fonte: Formulado pela autora a partir dos textos das Constituições brasileiras

A função do Ministério Público foi reconhecida anteriormente à sua oficialização como carreira. A função foi institucionalizada "de forma permanente, e a carreira, de forma ocasional", a institucionalização da carreira e da função ocorreu em épocas distintas sob o efeito de fatores diversos (MELLO JUNIOR, 2001, p. 87).

Pode-se, pois, seguramente afirmar que a Constituição de 1988 apenas não inclui expressamente o Ministério Público entre os Poderes do Estado, mas, ao estruturá-lo, o fez de modo idêntico, em autonomia, garantias, prerrogativas, assim, equiparando-o a eles. [...] a assertiva, que já constava do art. 1º da Lei Complementar Federal nº 40/81, e que agora foi consagrada na Constituição de 1988 (art. 127), parte do pressuposto de que ele é um dos órgãos pelos quais o Estado atual manifesta sua soberania. [...] e instituição permanente, ou seja, organismo que, criado, entra no mundo jurídico para o desempenho ininterrupto das funções que lhe condicionaram o nascimento. [...] Essencial, de qualquer modo, é fundamental, indispensável. É mais do que relevante, importante. Ao dizer que o Ministério Público é instituição essencial "função jurisdicional", o legislador constituinte pretendeu ressaltar que, ausente este órgão, a Justiça não se faz de modo completo (MELLO JUNIOR, 2001, p. 109-112).[165]

Dessa constatação se extrai uma (sic) outra consequência: a impossibilidade de supressão dessa função do Ministério Público. Com efeito, essa função insere-se na órbita defensiva da denominada cláusula pétrea, que impossibilita o exercício do poder constituinte derivado sobre certas matérias reguladas na Constituição Federal. Ora, uma emenda constitucional tendente a abolir o inciso II do art. 129 da Constituição Federal teria o feito de suprimir o direito e a garantia individual de recorrer ao Ministério Público para garantia do zelo pelo efetivo respeito dos poderes públicos e dos serviços de relevância pública aos direitos constitucionalmente assegurados, sendo inconstitucional em face doa RT. 60, §4º, IV, da Constituição Federal (MARTINS JUNIOR, 2002, p. 86).

A legitimidade de atuação do Ministério Público no controle e fiscalização da administração restringe-se aos casos em que haja ofensa a direitos difusos e coletivos, compreendidos os individuais

---

[165] "Em 1915, o notável jurista Alfredo Valladão, como Ministro daquela Corte de Contas, porém inicialmente pertencente ao Ministério Público, faz publicar trabalho ontológico *Ministério Público, Quarto Poder do Estado*, que denuncia, além dos indivíduos, também o Executivo, o Legislativo e o Judiciário que violam as leis" (MELLO JUNIOR, 2001, p. 49).

homogêneos e os individuais indisponíveis. Quando competente, deve fiscalizar os atos administrativos nos três níveis da federação "promovendo-lhes a responsabilidade quer pela prática de crime contra a Administração Pública e o patrimônio econômico do Estado [...] quer por abuso de poder ou uso indevido de autoridade." (MELLO JUNIOR, 2001, p. 101).

O Ministério Público, como agente legitimado constitucionalmente, é um órgão desencadeador do controle jurisdicional da administração pública. Para além desse poder de impulso do Judiciário, a CRFB/1988 e a legislação infraconstitucional municiaram o *parquet* de instrumentos extrajudiciais de controle da administração pública, tornando o modelo brasileiro *sui generis* em relação aos equivalentes nos outros países de tradição ocidental.

Em sua origem, o Ministério Público tinha função eminentemente criminal. A CRFB/1988 conferiu-lhe competências cíveis ligadas à proteção de direitos transindividuais, como a proteção do patrimônio econômico do Estado (direitos republicanos ou direito à boa administração). Para isso, se utiliza como regra da Ação Civil Pública (ACP), que[166] não é de titularidade exclusiva do Ministério Público, como meio de controle judiciário da administração pública (OLIVEIRA, 1992). Martins Junior (2002) – a partir de uma noção restritiva de controle, contrária à que adotamos nessa tese – não considera esse como verdadeiro mecanismo de controle por parte do MP, uma vez que não aplica medidas punitivas ou de recomposição da situação anterior, o que somente é feito após provocação ao Poder Judiciário.

> [...] O Ministério Público tem prerrogativas de requisição de documentos, informações, exames, certidões etc. de órgãos públicos e privados, podendo executar busca e apreensão, colher depoimentos, enfim, desenvolver uma atividade voltada ao mais perfeito esclarecimento dos fatos. [...] A extensão dos poderes instrutórios do

---

[166] A ação popular restringe-se a proteção do patrimônio público (econômico, histórico, e cultural) e do meio ambiente. Já a clausula geral da ação civil pública (CF, art. 129, III; art. 1º da LACP; CDC) todos e quaisquer interesses difusos e coletivos e individuais homogêneos podem ser requeridos por essa via. A ação popular anula o ato, a ação civil pública pode impor obrigação de fazer e de não fazer o que alarga a possibilidade de controle da administração, uma vez que o MP é órgão independente e dotado de garantias institucionais e legislativas (FONTES, 2006, p.65-67).

Ministério Público é tão profunda que abarca informações legalmente sigilosas, prevendo-se, coerentemente, a responsabilidade pela violação do sigilo e o uso responsável das informações sigilosas (MARTINS JUNIOR, 2002, p. 46).

Partindo de uma noção de controle vinculado à capacidade sancionatória direta pelo agente controlador, Martins Júnior (2002, p. 26), na mesma linha de Medauar (1993), considera mecanismo de controle do MP tão somente os casos em que exista: (i) recomendação; (ii) notificações e requisições; (iii) representações; (iv) termos de ajustamento de conduta; e (v) inquérito civil; todos de caráter extrajudicial, manejados exclusivamente pelo próprio MP. Consideramos que estes são instrumentais adicionais para o exercício da fiscalização do Estado, além de sua legitimidade processual ativa para provocar o Poder Judiciário (ação penal pública, civil pública, de inconstitucionalidade, interventiva) uma vez que acolhemos o conceito intermediário de *accountability*, que inclui todos os mecanismos de controle com capacidade sancionatória própria ou com capacidade para provocar os órgãos institucionais que detêm poder para tal.

Mantendo a linha propositiva, fazemos coro com Fontes (2006, p. 149-157) de que é fundamental a aproximação não judicial do MP com os Poderes Executivo e Legislativo no intuito de melhorar as políticas públicas.

Mesmo as medidas não judiciais são frequentemente utilizadas pelo MP de forma intimidatória, para futuros fins judiciais, e não para a construção dialógica de caminhos para a melhora dos serviços ofertados ao cidadão pelo Estado (*e.g.* art. 27da Lei nº 8.625/1993; art. 6º, XX da Lei Complementar nº 75/1993). Pouco ou nada se faz quanto à possibilidade de emissão de relatórios anuais e especiais (Lei nº 8.625/1993). Não obstante, à época da Constituinte, as atribuições do que seria o *ombudsman* tenham sido transferidas para o Ministério Público,[167]

---

[167] "Considerou-se frequentemente que o Ministério Público brasileiro, em razão das disposições constitucionais, teria se tornado uma espécie de *ombudsman*, encarregado, em vários países, da defesa de interesses coletivos. De fato, a Assembleia Nacional Constituinte cogitou seriamente a instituição de um *ombudsman*, que seria denominado 'defensor do povo'

o histórico manejo da via judicial "implicou num desenvolvimento insuficiente do caráter político da função do *ombudsman* no MP; as formas de ação próprias a esse tipo de autoridade podem, com efeito, obter resultados satisfatórios justamente lá onde o juiz não pode prosseguir" (FONTES, 2006, p. 9, 165).

## 3.4.4 Controle exercido sobre a administração pública pelo Ministério Público que atua junto ao Tribunal de Contas

O Ministério Público que atua perante os Tribunais de Contas tem carreira independente e distinta do que designaremos Ministério Público Comum (Federal, cujo chefe é o Procurador Geral da República e Estadual, cujo chefe é o Procurador de Justiça). Sua previsão é constitucional, no art. 73.[168]

---

(MANCUSO, 2000, p. 218); esse *ombudsman* coexistiria com o Ministério Público, talvez então reduzido às suas funções tradicionais. Mas a escolha foi, finalmente, a de acumular o Ministério Público, além de suas funções penais, a da defesa dos interesses difusos e coletivos" (FONTES, 2006, p. 49-50).

[168] Art. 73. O Tribunal de Contas da União, integrado por nove Ministros, tem sede no Distrito Federal, quadro próprio de pessoal e jurisdição em todo o território nacional, exercendo, no que couber, as atribuições previstas no art. 96.
§1º – Os Ministros do Tribunal de Contas da União serão nomeados dentre brasileiros que satisfaçam os seguintes requisitos:
I – mais de trinta e cinco e menos de sessenta e cinco anos de idade;
II – idoneidade moral e reputação ilibada;
III – notórios conhecimentos jurídicos, contábeis, econômicos e financeiros ou de administração pública;
IV – mais de dez anos de exercício de função ou de efetiva atividade profissional que exija os conhecimentos mencionados no inciso anterior.
§2º – Os Ministros do Tribunal de Contas da União serão escolhidos:
I – um terço pelo Presidente da República, com aprovação do Senado Federal, sendo dois alternadamente dentre auditores e *membros do Ministério Público junto ao Tribunal*, indicados em lista tríplice pelo Tribunal, segundo os critérios de antiguidade e merecimento;
II – dois terços pelo Congresso Nacional.
§3º Os Ministros do Tribunal de Contas da União terão as mesmas garantias, prerrogativas, impedimentos, vencimentos e vantagens dos Ministros do Superior Tribunal de Justiça, aplicando-se, quanto à aposentadoria e pensão, as normas constantes do art. 40. (Redação dada pela Emenda Constitucional nº 20, de 1998)

Quanto ao exercício de sua função institucional, não detém superior hierárquico, e nas questões meramente administrativas atende ao Presidente do Tribunal de Contas. São-lhe aplicáveis todas as regras gerais servíveis ao Ministério Público Comum, inclusive quanto às prerrogativas, garantias e deveres. É criado por lei própria dos estados ou da União. Tem a missão de promover a ordem jurídica e o regime democrático. É guardião da legislação orçamentária e fiscal e, por sua execução, no âmbito da fiscalização das contas públicas, além de zelar pelo efetivo respeito da execução orçamentária, contábil, financeira, operacional e patrimonial do Estado. Como referido, tem independência funcional e regras próprias estabelecidas em regimento interno dos Tribunais de Contas (TCE, 2001, p. 41).

É preocupante a série de ataques institucionais que o Ministério Público dos Tribunais de Contas vem sofrendo. Há uma série de projetos de lei e até recentes propostas de emenda à constituição que vão desde a redução do quadro de procuradores do Ministério Público de Contas à limitação de sua atuação, como é o caso dos projetos dos Estados do Paraná, Santa Catarina e Goiás. Nos Estados do Mato Grosso do Sul e do Ceará já foi aprovada a redução dos cargos. No Estado de São Paulo há uma guerra judicial no TJSP que, no momento, impede os membros de MPTC de oficiar seus pares do MP estadual sobre atos e fatos considerados ilícitos, sob investigação do TC cabendo ao pleno do TC fazê-lo. Em termos de ampliação e valorização dos mecanismos de controle do patrimônio público, esta última medida parece um crasso erro judicial, que esperamos seja rapidamente revertido, em pleno momento de crise fiscal do fortalecimento da agenda republicana do combate à corrupção. Fortalecer o MPTC é essencial no processo civilizatório da gestão proba do patrimônio público.

Ainda no que se refere às atribuições deste órgão do MP, deve comparecer às sessões do Tribunal Pleno e se manifestar nos assuntos sujeitos à decisão do TC, sendo obrigatória sua oitiva nos processos de prestação de contas e atos de admissão de pessoal e concessão de aposentadorias, reformas e pensões, além de poder determinar diligências de qualquer natureza (TCE, 2001, p. 43).

Discute-se a constitucionalidade de algumas leis estaduais que lhe impõem o dever de promover – junto à Procuradoria-Geral do Estado ou perante os dirigentes dos órgãos fiscalizados pelo TCE – as medidas necessárias para a cobrança judicial dos débitos ou multas não recolhidas nos prazos legais. Somos pela inconstitucionalidade dessas normas uma vez em que há referência expressa na Constituição que o MP não mais representa o Estado. Penso que a saída adequada é a mesma adotada pelo Conselho Administrativo de Defesa Econômica (CADE), a criação de um cargo de procurador do TC que poderá assumir essa atribuição. A outra opção, por vezes adotada e que não nos parece muito lógica, é utilizar a estrutura organizacional da execução fiscal do Estado (Procuradores da Fazenda) para que estes executem as multas, funcionando como administração pública: ora, se o multado for o próprio ente político que tem o dever funcional de defender, parece-nos impossível fazê-lo.

A capilaridade do Ministério Público Comum, que acompanha a do Poder Judiciário, é essencial para combater a corrupção. Os Tribunais de Contas, mesmo antes do Judiciário – são os órgãos do sistema de controle mais vocacionados a realizá-lo, posto sua função institucional exclusiva. No entanto, carecem de capilaridade e estrutura. Falta também uma cultura social e do Poder Judiciário, no sentido de preservar, fortalecer e valorizar as decisões administrativas dos Tribunais de Contas porque embora celebradas com o título extrajudicial, são facilmente contestadas e suspensas judicialmente, o que dificulta a sua exequibilidade.

Por fim, dentre as fragilidades deste órgão essencial no Estado Democrático de Direito, está o percentual escandalosamente grande de ministros por mera indicação política (Legislativo e Executivo), em detrimento de auditores de carreira e membros do Ministério Público, e a interferência fundamental dos controlados (Poderes Legislativo e Executivo), sobre os controladores.

No caso do Poder Judiciário, essa crítica também é válida para o mecanismo de escolha dos ministros e desembargadores; no entanto, o caso do TCU é mais grave porque o Judiciário tratará de outros temas, para além do controle da administração pública, no exercício de sua função. Já os Tribunais de Contas têm no controle da Administração Pública sua razão de existir.

## 3.4.5 Controle exercido sobre a Administração Pública pelos Tribunais de Contas

Os primórdios dos Tribunais de Contas no Brasil remontam as instituições Portuguesas. Já em 1680 foram criadas as Juntas das Fazendas das capitanias e a Junta da Fazenda do Rio de Janeiro, que foram seguidas em 1808 pela criação do Erário Régio e o Conselho da Fazenda. Em 1826, Felisberto Caldeira Brandt, visconde de Barbacena, e José Inácio Borges apresentaram um projeto de lei no Senado do Império para a criação de Tribunal de Contas, que foi efetivamente criado após a proclamação da república por meio do Decreto nº 966-A de 1890 norteado pelos princípios da autonomia, fiscalização, julgamento, vigilância e energia. A primeira CRFB/1889 o institucionalizou definitivamente no seu art. 89 e sua instalação ocorreu em 1893.[169] O primeiro Tribunal de Contas estadual foi o do Rio de Janeiro, criado em 1892 (CARVALHO, 2007, p. 235).

Antes da instalação do regime republicano no Brasil, a fiscalização das rendas públicas compreendia tanto receitas quanto as despesas e tinha como principal foco o combate à prática de crimes de responsabilidade por parte dos agentes públicos. Ainda não havia se consolidado, à época, o controle do povo em face do Estado, representado pela figura do monarca. Nessa altura da nossa história, o parlamento, ainda nascente, não exercia institucionalmente o papel de controlador efetivo do chefe de Estado (o monarca). O quadro abaixo demonstra o desenrolar da consolidação do Tribunal de Contas da União no Brasil:

---

[169] Nasce com o regime republicano, embora já houvesse sido referido em proposta enviada à Câmara dos Deputados pelo Ministro Manoel Alves Branco, em 10 de julho de 1845, pedido que fora reiterado por representantes do Ministério da Fazenda nos anos de 1878, 1879, 1888 e 1889. Como ministro da fazenda do governo provisório, coube a Ruy Barbosa reavivar essas propostas o que fez por meio do Decreto nº 966 A, de 07 de novembro de 1890 (VEIGA FILHO, 1906, p. 58-60).

## Quadro 9
## Processo de Consolidação do Tribunal de Contas no Brasil

| Norma | Data | Ementa/dispositivo | Tipo de controle/Autor |
|---|---|---|---|
| Decreto nº 966 A | 07/11/1890 | Crêa um Tribunal de Contas para o exame, revisão e julgamento dos actos concernentes á receita e despeza da República. | Misto – belga, modelado pela lei italiana de 1862. Autoria de Rui Barbosa |
| CRFB 1891 | 24/02/1891 | Art 89 – É instituído um Tribunal de Contas para liquidar as contas da receita e despesa e verificar a sua legalidade, antes de serem prestadas ao Congresso. Os membros deste Tribunal serão nomeados pelo Presidente da República com aprovação do Senado, e somente perderão os seus lugares por sentença. | |
| Lei nº 23 | 30/10/1891 | Reorganizou os serviços da Administração Federal e incluiu o Tribunal de Contas como parte da estrutura organizacional do Ministério da Fazenda. | |
| Decreto nº 1166 | 17/12/1892 | Dá regulamento para execução da lei 23 de 30 de outubro de 1891, na parte referente ao Ministério da Fazenda. Organizou definitivamente o Tribunal de Contas | Estabeleceu nos artigos 29, 30 e 57 o exame prévio com ação impeditiva, modelo italiano. |
| | 1893 | Ato do congresso reorganizando o Tribunal de Contas, não convertido em lei por veto do Chefe de Estado em 30/09/1893. O veto foi mantido pelo congresso em ato de dezembro de 1894 | |

| Lei nº 392[170] | 08/10/1896 | Reorganiza o Tribunal de Contas. | Veto impeditivo. Autoria de Rodrigues Alves |
| --- | --- | --- | --- |
| Decreto nº 2.409 | 23/12/1896 | Aprova o regulamento do Tribunal de Contas. | |

Fonte: Formulado pela autora a partir da legislação nacional

Em sua obra clássica, *Cours de Finances: Le Budget*, o doutrinador Stourm (1891) afirma que a fiscalização judiciária deveria ser exercida pelo Tribunal de Contas, composto por um corpo de magistratura intermediária à administração e à legislatura, com posição autônoma e atribuições de revisão e de julgamento, cercado de garantias contra ameaças, para exercer suas funções vitais no organismo constitucional, para não correr o risco de se converter-se em ornato aparatado e inútil.[171]

Dentre as experiências mundiais de controle de contas, há um primeiro sistema de origem anglo-saxã denominada controladoria ou auditorias-gerais; este modelo possui como características básicas: (i) o regime de mandato; (ii) o controle de caráter opinativo ou consultivo; (iii) destituídos de poderes jurisdicionais coercitivos; (iv) vinculação a algum dos poderes que possam gerar a força coercitiva; (v) predominância da decisão monocrática; e (vi) uso prioritário de técnicas e procedimentos de auditoria próximos aos de empresas privadas do ramo. É o modelo utilizado nos Estados Unidos e na Inglaterra (COSTA, 2006).

O segundo sistema de controle, de origem romano-germânica, denomina-se sistema dos Tribunais de Contas. Este modelo possui como principais características: (i) o processo decisório resolvido por colegiado; (ii) vitaliciedade de ministros e conselheiros; (iii) poderes jurisdicionais (na instância administrativa); (iv) poder coercitivo; (v) grande grau de autonomia ante os Poderes; (v) controles administrativos judicialiformes; e (vi) procedimentos de fiscalização formais, burocráticos e eminentemente legalistas. É o

---

[170] "A lei de 8 de outubro de 1896 é um producto de collaboração das leis belga, italiana e franceza, no que estas offerecem aceitável, dadas as noções correntes sobre a estructura dos institutos fiscalizadores da execução dos orçamentos e o alcance da jurisdição e competência dos mesmos. A acção do tribunal de contas no Brazil tem sido proveitosa e fecunda. Essa instituição é digna de ser equiparada ao supremo tribunal da justiça federal, como aliás estava no espírito e lettra do §I.º, art. 6º do decr. N. 966 A, de 7 de novembro de 1890" (VEIGA FILHO, 1906, p. 61).

[171] Stourm (1891) e Veiga Filho (1906, p. 51).

modelo utilizado na França, em Portugal, na Bélgica, na Itália e, em parte, no Brasil, dentre outros países.[172]

Quadro 10
Síntese dos Principais Sistemas Mundiais de Controle de Contas

| Sistema | Características |
|---|---|
| França (Court dês Comptes – Corte) | Corte com função judicial |
| Finlândia (Valtiontalouden tarkastusvirasto – VTV) e Suécia (Riksrevisionsverket – RRV) | Departamento de auditoria encabeçado por um Auditor-Geral, dentro da estrutura do Poder Executivo |
| Holanda (Algemene Rekenkamer- AR) | Corpo colegiado sem função judicial |
| Reino Unido (Departamento Nacional de Auditoria – NAO). | Departamento de auditoria encabeçado por um Auditor-Geral, localizado fora do Poder Executivo. Reporta-se ao Comitê de Contas Públicas do Parlamento. |

Fonte: Produzido pela autora com base na descrição de Pollitt e Summa (2008, p. 31)

O controle realizado pelos Tribunais de Contas pode ser dividido em três tipos clássicos, conforme esclarece Veiga Filho (1906, p. 52-59):
 (i) Prévio com veto absoluto, conhecido como preventivo ou italiano, adotado originalmente na Itália (1862) e depois entendido com algumas adaptações para Holanda, Portugal, Chile e Japão. O Tribunal de Contas exerceria uma ação impeditiva da execução orçamentária que estivesse em desacordo com a lei do orçamento. Essa ação pode ser desde a anulação da ordem de pagamento a autorização de pagamento sob ressalva, o que lhe confere um reconhecimento a priori de ilegalidade para futura decisão do Poder Legislativo (bill de indemnidade), cuja aprovação extingue o conflito sobre sua legalidade.

---

[172] Essa imprecisão ou esse hibridismo é que levam a doutrina e a jurisprudência pátria a não alcançar um consenso quanto à natureza jurídica das decisões emanadas pelas Cortes de Contas (COSTA, 2006).

Esse modelo opõe obstáculo à realização da despesa (impeditiva) ou de prevenir o ordenador de sua ilegalidade (admonitória) (VEIGA, 1927, p. 107). Tem como vantagem o tratamento preventivo do dano ao erário público. Como desvantagem, pode inviabilizar a atuação do Estado, burocratizando o processo de execução orçamentária, que em nossa sociedade complexa exige cada vez mais agilidade na tomada de decisões e de seus atos consequentes. Na medida em que tende a burocratizar processos, também pode se tornar um fator de aumento da corrupção.

Os antagonistas desse modelo alegavam que haveria um pré-julgamento da legalidade do ato, o que exorbitaria a competência do Tribunal de Contas e, atacaria a responsabilidade dos ordenadores como executores do orçamento. Em 1947 surgem os Tribunais de Contas Estaduais. No início o controle era prévio. Os membros do corpo deliberativo eram chamados juízes e a análise se limitava a aspectos contábeis. Na década de 1960, eram chamados de ministros. Nos anos 70, o controle já incidia sobre as contas dos três Poderes, suas autarquias e fundações estaduais. Os membros do corpo deliberativo já eram conhecidos como conselheiros. A partir de 1981, começam a serem investigadas as empresas públicas e as controladas e, na sequência, as autarquias, fundações e empresas públicas municipais enquanto na década de 1980 o sistema de controle de processos se sobressaiu. Nos anos 90, destacaram-se os sistemas de auditorias de contas públicas, a informatização, verificação física de obras públicas, análise de eficiência e resultados, tudo com base na ampliação das atribuições do TCU (TCE, 2001, p.12-13).

(ii) *Prévio com o veto limitado*, conhecido como belga (1846), registro sob reserva ou registro relativo. No Relatório da Fazenda Federal de 30 de abril de 1895 (p. 166), o Conselheiro Rodrigues Alves explicou que o sistema baseava-se na combinação das duas ações, corretiva e impeditiva.

[...] A corte das contas belga institue com maior liberdade de acção, exame sobre a despesa ordenada, no que é referente à "legalidade", o seu poder fiscalizador, soffre apenas as limitações que decorrem da imcompetencia para julgar da "utilidade" e "opportunidade" da despeza. A feição característica do tribunal de contas da Belgica é o ser effectivamente um prolongamento do poder legislativo, e, como tal, considerado pelos escriptores. Nomeados os seus membros, de seis em seis annos, pelo parlamento, não póde deixar de ser verdadeira delegação deste ramo do poder publico. Entre o typo belga e o italiano, ainda existe uma differença não menos digna de reparo. O tribunal italiano gosa de toda amplitude no exercício de sua faculdade impeditiva, ao passo que no tribunal belga, Ella é assas coarctada. Na organização do tribunal do Brazil, dada pelo decr. Legislativo n. 392, de 8 de outubro de 1896, tratou o legislador de aproveitar o que de melhor encontrou nas leis belga, italiana e franceza. Cumpre todavia reconhecer que nesse trabalho, de verdadeiro ecletismo, muito prevaleceu o typo belga (VEIGA FILHO, 1906, p. 59).

(iii) *A posteriori*, conhecido como francês, corretivo, repressivo ou sucessivo foi adotado originalmente na França (1807), Alemanha, Prússia, Suécia, Espanha, Grécia, Sérvia, Romênia e Turquia.

"Thiers, embora partidário deste systema, muito bem o caracterisou, quando a seu respeito emitiu o seguinte conceito: um pouco de confiança, antes de feita a despeza, muita fiscalização depois" (VEIGA FILHO, 1906, p. 56).
Esse modelo encontrou forte oposição de Rui Barbosa, Veiga Filho e Dídimo da Veiga, expoentes da matéria à sua época. Alegavam que proporcionava a execução impune de verbas orçamentárias e ao arrepio da lei orçamentária, pois no regime parlamentar raríssimas vezes ocorreriam moções de desconfiança e nos regimes presidencialistas existiria a mera pena política de perda do cargo. Por outro lado, o Poder Legislativo não fiscalizava a contento as contas públicas, não corrigia os excessos praticados, nem punia os ordenadores culpados. Concluíam que o modelo *a posteriori* era ilusório, ineficaz e condenável.
Em favor desse modelo, alegava-se que era constituído por uma magistratura superior, apartada das funções administrativas, munida de prerrogativas que garantiam a sua independência funcional, sem violação da separação dos poderes, na medida em que seu poder judicante era destinado à matéria específica e, de outro lado, não poderia se imiscuir nas escolhas administrativas que eram competência da administração pública (CAVALCANTI, 1896, p. 490).

Assim, o método de fiscalização estabelecido em nosso sistema de controle teria sido o do *exame prévio impeditivo*; não sendo, porém, de ação completa; mas sim incompleta ou limitada. Ao Poder Executivo (Presidente da República), assistiria a faculdade de determinar que a despesa, a que foi oposto o veto pelo Tribunal de Contas, se realizasse (VEIGA, 1927, p. 107).

Ressalte-se que a fiscalização seria inteiramente eficaz se exercida nos três tempos: antes; durante e depois da prática do ato administrativo. Deveria abranger a verificação da ordem ou autorização em virtude da qual se executa a despesa pública, vigiar se a aludida execução guarda as regras específicas do caso e, por fim, rever a execução orçamentária realizada, a partir da tomada de contas posterior à sua execução (CAVALCANTI 1896, p. 488). Por óbvio que manter esse padrão de controle requer um modelo de gestão orçamentária mais complexo e talvez insustentável, principalmente após a reforma gerencial da década de 1995, que desejava retirar os controle prévios e burocráticos e firmar-se no controle de resultados.

Como já visto, na primeira república, o modelo de controle e fiscalização da execução do orçamento era exercido por alguns sujeitos, com especial destaque para o Congresso Nacional, o Tribunal do Thesouro Público Federal e o Tribunal de Contas, a quem cabia apurar a legalidade da despesa e da receita, impedido a execução ou fazendo registrar ressalvas naquela que entendesse em descompasso com a legalidade (VEIGA, 1926, p. 108).

O Thesouro Público Federal teve sua origem no Tribunal do Thesouro Nacional, instituído no art. 170 da Constituição do Império. Funcionava, ao mesmo tempo, como tribunal deliberativo ou como tribunal consultivo, além de atuar como repartição administrativa do Ministério da Fazenda. Era composto pelo Ministro da Fazenda (seu presidente) e por diretores das áreas de contabilidade, rendas, tomada de contas e do procurador fiscal do tesouro. Tinha competência para deliberar, tomar conhecimento e julgar todas as questões relativas à tomada de contas,[173] com jurisdição contenciosa e disciplinar sobre os responsáveis, perante a fazenda pública em todo o império (Decreto nº 2548 de 10 de março de 1860) (CAVALCANTI, 1896, p. 473).

---

[173] "Creado o Tribunal do Thesouro Nacional, fôra especialmente enumerada, entre as attribuições deste – a 'tomada das contas' de todas as repartições publicas, por onde se despendam dinheiros da Nação, e um 'exame rigoroso' do estado da arrecadação e distribuição das rendas (arts. 6º §3º e 9º da lei de 4 de outubro de 1831, e lei de 15 de dezembro de 1830, art. 36; idem de 15 de novembro de 1831, art. 53; idem de 8 de outubro de 1833, art. 48); attribuições, que foram mantidas e melhor explicadas por actos e leis posteriores (decreto n. 657 de 5 de dezembro de 1849; idem n. 736 de 20 de novembro de 1850, art. 2º, §§3º e 4º; decreto n. 2343 de 29 de janeiro de 1859, arts. 3º, 4º e 6º, e decreto n. 2548 de 10 de março de 1860, etc., etc.)" (CAVALCANTI, 1896, p 488).

Pelo decreto nº 2343 de 1859 foi creada no Thesouro Nacional á 'Directoria Geral da Tomada de Contas', e pelo de (sic) nº 2548 de 10 de março de 1860, se deu regulamento ao Tribunal do Thesouro, para a 'tomada de contas' dos responsáveis para com a fazenda Nacional (CAVALCANTI, 1896, p. 488).

As decisões do Tribunal do Thesouro Nacional, no exercício de sua competência deliberativa, poderiam ser anuladas pelo Conselho de Estado, mediante requerimento da parte interessada ou por avocação do Ministro da Fazenda, que somente poderia ocorrer nos casos de incompetência, excesso de poder e violação da lei ou das formalidades essenciais (CAVALCANTI, 1896, p. 474).

Esse modelo, não obstante sua utilidade para o controle da arrecadação da receita pública, por óbvio, não poderia ser efetivo, no que diz respeito ao controle da execução da despesa, uma vez que "não havia separação nem de pessoas nem de actos entre os 'fiscaes' e os fiscalizados, entre 'juizes' e os responsáveis" (CAVALCANTI, 1896, p. 489).

Antes, o controle do patrimônio econômico do Estado atinha-se aos métodos de controle de escrituração contábil, à tomada de contas, à caução que deveria ser prestada por empregados e responsáveis por dinheiros públicos[174] e à possibilidade de responsabilização que levava ao dever de ressarcimento, além dos efeitos penais.

Os ministros prestavam contas anualmente, por meio de documento de receitas e despesas consolidado e apresentado pelo Ministro da Fazenda à Câmara de Deputados. Ademais, o mesmo ministro deveria apresentar a estimativa de despesas para o orçamento anual do exercício seguinte. A Câmara de Deputados – seguindo o modelo vigente na França, entre a Revolução Francesa e a efetiva criação dos Tribunais de Contas naquele país[175] – formava

---

[174] Os tesoureiros, recebedores, pagadores, contactadores, exactores e mais responsáveis, a cujo cargo está a arrecadação, e distribuição das Rendas Públicas, caucionarão por meio de hypoteca, de fiança, ou depósito (PEREIRA DE BARROS, 1855, p. 417).

[175] A assembléa legislativa franceza, supprimindo as «chambres de comptes» da antiga monarchia, que, em época assas remota, succederam á instituição dos *missi dominici* – e dos *venerabilis magistri compotorum*, pretendeu executar a função complexa de fiscalizar todas as operações financeiras por meio da contrastação da gestão dos responsáveis, reservando para si a competência de apurar definitivamente as contas de nação. Não tardou, porém, reconhecer que essa conducta ia de encontro ao princípio da separação dos poderes que a mesma assembléa acabara de proclamar, instituído para esse fim commissões especiaes, fora da representação nacional (LÉON SAY, *Dict. Dês Finances*, vol. I, pags. 1245 e 1290, apud VEIGA FILHO, 1906, p. 51).

comissões dentre os seus membros para analisar e julgar a legalidade dos atos da execução orçamentária.

Conforme Pereira de Barros (1855), no que se refere à receita, a fiscalização se dava para averiguar se havia sido arrecadada e administrada na forma das leis vigentes e, quanto à despesa, que nos interessa de forma especial nesse tópico, se "a distribuição das rendas foi feita pelo modo, e no tempo marcado nas leis e ordens que a autorisa e regula" (PEREIRA BARROS, 1855, p. 17). Esse labor ficava ao encargo[176] do: Tribunal do Thesouro Público Nacional; inspetores; delegados fiscais; contadores; fiscais das tesourarias; presidentes das províncias; inspetores das alfândegas; administradores das mesas do consulado e rendas; recebedorias; chefes ou diretores das repartições ou serviços industriais do Estado, todos os empregados da fazenda em geral; Supremo Tribunal de Justiça; autoridade judiciária; promotor público, todos e cada um deles nos limites de suas competências funcionais. O rito processual da responsabilização, via controle, estava especificado no Código de Processo Criminal de 29 de novembro de 1832, nos seus artigos 37,[177] 74, 150,[178] 151,[179] 152, 153[180], 154[181],

---

[176] Criado pela Lei de 4 de outubro de 1831 e pelo Decreto nº 736 de 20 de novembro de 1850.

[177] Art. 37. Ao Promotor pertencem as attribuições seguintes:
1º Denunciar os crimes publicos, e policiaes, e accusar os delinquentes perante os Jurados, assim como os crimes de reduzir á escravidão pessoas livres, carcere privado, homicidio, ou a tentativa delle, ou ferimentos com as qualificações dos artigos 202, 203, 204 do Codigo Criminal; e roubos, calumnias, e injurias contra o Imperador, e membros da Familia Imperial, contra a Regencia, e cada um de seus membros, contra a Assembléa Geral, e contra cada uma das Câmaras.
2º Solicitar a prisão, e punição dos criminosos, e promover a execução das sentenças, e mandados judiciaes.
3º Dar parte ás autoridades competentes das negligencias, omissões, e prevaricações dos empregados na administração da Justiça.

[178] Art. 150. Todo o cidadão póde denunciar, ou queixar-se perante a autoridade competente, de qualquer empregado público, pelos crimes de responsabilidade, no prazo de tres annos, para que ex-officio se proceda, ou se mande proceder contra os mesmos na fórma da Lei.

[179] Art. 151. A queixa, ou denuncia póde ser apresentada á qualquer das Camaras Legislativas, ou ao Governo, ou aos Presidentes das Provincias, ou ás autoridades judiciarias, a quem competir o conhecimento do facto.

[180] Art. 153. Qualquer das Camaras Legislativas, ou o Governo, ou os Presidentes de Provincia, a quem uma queixa, ou denuncia fôr apresentada, depois dos esclarecimentos, que entender necessarios, se a julgar concludente a enviarão ás Camaras Legislativas, ou ao Governo, e este e os Presidentes das Provincias á autoridade judiciaria, a quem competir, para proceder na fórma da Lei. O Governo, e Presidentes, além disso, darão as providencias que couberem nas suas attribuições.

[181] Art. 154. A acção para verificar a responsabilidade dos empregados publicos deverá ser intentada ex-officio pela autoridade judiciaria, ou por ordem superior dentro em oito annos

155 §1º,¹⁸² 157¹⁸³ (PEREIRA BARROS, 1855, p. 17-18; CAVALCANTI, 1896, p. 487).

Nesse modelo de controle, a preocupação era muito maior com a proteção do fisco, a arrecadação, a garantia de que as receitas derivadas dos tributos realmente seriam destinadas ao Tesouro Nacional. No que se refere às despesas públicas, o foco era checar se seriam realizadas atendendo às formalidades da lei e do ato autorizador.

A CRFB/1988 estendeu ao controle externo a competência para analisar também a legitimidade e a economicidade do gasto público. Há uma tendência mundial no sentido de (CARVALHO, 2007, p. 233):

> Romper as barreiras do mero exame de legalidade e regularidade dos atos administrativos, tem avançado na fiscalização do grau de eficiência, eficácia e economicidade da gestão, mediante a realização de auditorias operacionais, entre as quais a auditoria analítica. [...]
> As auditorias visam promover recomendações destinadas ao aprimoramento do gerenciamento dos bens públicos. Contrapõem-se às auditorias de conformidade, que visão aplicar sanções aos responsáveis por irregularidades ou práticas lesivas aos cofres públicos. (CARVALHO, 2007, p. 234).

Quanto mais democrático o regime, maiores são as competências e atribuições dos Tribunais de Contas. O inverso também é uma verdade. Quanto mais autoritário, menores serão as competências e liberdades dessas cortes. Hoje as atribuições dos Tribunais de Contas são variadas, conforme os quadros que seguem:

---

depois do crime commettido. Será, porém dentro do ando, e dia: 1º sendo intentada pelo proprio queixoso; 2º quando qualquer do povo o fizer por infracção de Constituição, usurpação do exercicio de algum dos poderes politicos, contra a segurança interna, ou externa do Estado, e por suborno, peita, peculato, ou concussão. O estrangeiro tambem o póde fazer, mas em causa propria sómente.

[182] Art. 155. A formação da culpa dos empregados publicos compete:
§1º Ao Supremo Tribunal de Justiça nos crimes de responsabilidade dos seus membros, e dos das Relações, dos empregados do Corpo Diplomatico, e dos Presidentes de Provincia.

[183] Art. 157. O Supremo Tribunal de Justiça, as Relações, e mais autoridades judiciarias, quando lhes forem presentes alguns autos, ou papeis, se nelles se encontrar crime de responsabilidade, formarão culpa a quem a tiver, sendo de sua competencia; e não o sendo, remetterão cópia authentica dos papeis, ou da parte dos autos, que contiver o crime, á autoridade judiciaria competente para a formação da culpa. Esta cópia será extrahida por qualquer Escrivão do Juizo (ou pelo Secretario do Tribunal) e concertada por outro Escrivão ou Tabellião qualquer.

## Quadro 11
### Atribuições dos Tribunais de Contas

| Atribuições dos Tribunais de Contas | |
|---|---|
| Fiscalização (Apreciar as contas prestadas) | Contábil |
| | Financeira |
| | Orçamentária |
| | Patrimonial |
| Atender a representação quanto ao art. 113 da Lei de Licitação | Gasto com pessoal – limites CF |
| | Operação de crédito – Resolução 78/98 do Senado |
| | Antecipação de receita (ARO) |
| | Restos a pagar |
| | Relatório de Gestão Fiscal do Município |
| | Relatório de Gestão Fiscal do Estado |
| | Relatório da Gestão Fiscal da União |
| Responder a consultas | |
| Fiscalizar cumprimento das normas da LRF | |
| Apurar denúncias | |
| Análise dos contratos | |
| Análise preliminar de editais de concorrência pública | |
| Auxílio ao controle externo | |
| Tomadas de contas especiais | |
| Controle das obras públicas | |

Fonte: TCE (2001, p. 14-16)

## Quadro 12
### Competências dos Tribunais de Contas

| Competências dos Tribunais de Contas | |
|---|---|
| Opinativa[184] | |
| Consultiva | Emite parecer prévio sobre as contas anuais do Presidente, Governador, Prefeitos. O parecer técnico não é vinculante no caso da União e dos Estados. No caso dos municípios o parecer técnico prevalece se não houver voto contrário de 2/3 dos vereadores. O Pleno pode responsabilizar o prefeito por despesas julgadas irregulares a partir das auditorias realizadas, aplicando-lhe sanções. |
| Corretiva | Responder às consultas formuladas em tese sobre atos sujeitos à sua fiscalização. |
| Jurisdicional | Fixa prazo para que o responsável tome as medidas necessárias ao cumprimento da lei. |
| Assessoramento | Restrito ao âmbito administrativo. Julga contas, e não os responsáveis por elas. É julgamento administrativo. "Os presidentes das Câmaras de Vereadores, com autonomia financeira, devem prestar suas contas diretamente ao Tribunal. Com isso, o Pleno emite pareceres prévios sobre as contas das prefeituras, as quais são submetidas ao julgamento das Câmaras Municipais e, paralelamente, o órgão julga as contas dos presidentes do Legislativo, o que pode implicar em responsabilizações ou imputação de débitos ou aplicação de multas diante de atos irregulares." (TCE, 2001, p. 27). Julgar recursos interpostos em face de suas próprias decisões. |
| Orientadora | Quando determina representação ou a recomendação ao responsável para proceder às correções determinadas. Seu papel preventivo e educativo da sociedade e dos gestores com debates, cursos e palestras. |

Fonte: TCE (2001, p. 29-30).

No exercício de sua atividade de controle, os Tribunais de Contas têm as seguintes atribuições: (i) parecer prévio das contas do chefe do Poder Executivo; (ii) análise de editais de concorrência; (iii) auditorias de execução de contratos; (iv) auditorias operacionais; e (v) visita técnicas.[185] O controle das execuções contratuais caracteriza-se por ser do tipo concomitante.

---

[184] A emissão do parecer prévio sobre as contas anuais pelo TC e o julgamento pelo legislativo não eliminam o julgamento técnico-administrativo das contas da gestão de cada um dos titulares dos órgãos públicos ou Poderes do Estado, Ministério Público e o próprio Tribunal de Contas (TCE, 2001, p. 19).

[185] Visita técnica – é o controle efetuado rotineiramente por meio de *check list*. Tendo em vista a busca de celeridade no resultado, as visitas técnicas são rápidas e semanais, ensejando relatórios sucintos, com fotografias numeradas e descrição do que foi observado pelo

As decisões do Tribunal Pleno podem ser de ordem: (i) preliminar; (ii) definitiva; e (iii) terminativa. A preliminar é tomada antes do pronunciamento sobre o mérito da matéria, o Tribunal Pleno suspende o julgamento, ordena a citação ou audiência dos responsáveis ou determina outras diligências necessárias ao saneamento do processo. A definitiva decide conclusivamente sobre o mérito da matéria. A terminativa ordena o trancamento das contas consideradas iliquidáveis nos processos de prestação ou tomada de contas (TCE, 2001, p. 35).

As deliberações dos Tribunais de Contas geram coisa julgada administrativa, uma vez exauridos os recursos legais no âmbito do próprio Tribunal de Contas. As decisões que resultem imputação de débito ou multa têm força de título extrajudicial (art. 585 do CPC), autorizam a execução forçada pelo Estado, via órgão próprio, e podem instruir diretamente um processo executivo. Se não houver manifestação do responsável, o Tribunal poderá determinar o desconto da dívida nos vencimentos, salários e proventos, além de encaminhar o processo para cobrança judicial (TCE, 2001, p. 36).

Modalidades de recursos: (i) reexame; (ii) embargos de declaração; e (iii) pedido de reconsideração. O reexame é solicitado por iniciativa do presidente ou de qualquer conselheiro. Os embargos de declaração são interpostos pelo interessado ou pelo Ministério Público junto ao TCE, para corrigir obscuridade, omissão ou contradição da decisão recorrida. O pedido de reconsideração pode ser feito uma só vez, pelo interessado ou pelo MPTC para apresentar defesa das imputações constantes na decisão do processo (multa ou débito) com efeito suspensivo (TCE, 2001, p. 52).

Além dos conselheiros, os Tribunais de Contas são compostos pelo chamado corpo técnico, formado por auditores que substituem os conselheiros em seus afastamentos. Tem a atribuição de presidir a instrução dos processos, relatar e apresentar proposta de decisão para as matérias durante as sessões (TCE, 2001, p. 37).

Sanções: (i) multa de até 100% do valor do dano causado aos cofres públicos; (ii) no caso de crime ou de improbidade administrativa representada ao MPTC; (iii) inabilitação para

---

técnico, registrando as medidas essenciais para uma comparação breve entre o projetado e o executado (CARVALHO, 2007, p. 240).

o exercício de cargo ou função; (iv) solicitar ao MPTC ou a Procuradoria o arresto de bens de responsáveis para assegurar o ressarcimento ao erário. Lei nº 10.028/2000, art. 5º, §2º – multa de 30% dos vencimentos anuais do agente que der causa administrativa contra as leis de finanças públicas previstas; e (v) declaração de inidoneidade para contratação com a administração pública.

Cabe aos Tribunais de Contas: (i) receber denúncias sobre ilegalidades ou irregularidades por qualquer um do povo; (ii) responder às consultas formuladas em tese pelos administradores; e (iii) apreciar representações contra irregularidades na aplicação da Lei nº 8.666/1993 e emitir certidões.

> [...] os Tribunais de Contas contam com expressa autorização constitucional para avaliar a conveniência e oportunidade da escolha administrativa, adentrando no seu mérito, pois somente assim, poderá apreciar o seu resultado. Com o controle operacional, o Tribunal de Contas avaliará o que for ou teria sido mais idôneo, mais conveniente e mais oportuno para uma melhor atividade administrativa (BARBOSA, 2010, p. 110).

Como já referido, os Tribunais de Contas não devem ficar adstritos, unicamente, a princípios estabelecidos pelo direito, mas devem ir além, através de outras ciências, em especial a contabilidade, economia e da administração públicas. O controle a cargo dos Tribunais de Contas aborda variados aspectos da Administração Pública, havendo a necessidade da participação de profissionais das mais diferentes áreas a auxiliar esta atividade, tais como: contabilistas, economistas, engenheiros e bacharéis em direito.[186]

---

[186] Auditoria analítica ou de processos – há vários tipos de auditorias disponíveis aos órgãos de controle, a analítica é "técnica de auditoria que propicia avaliar os resultados alcançados pelas políticas públicas" (p. 240). São objetivos principais da auditoria analítica: antecipar, preventivamente, a ocorrência de falhas; propiciar informações confiáveis sobre resultados alcançados; salvaguardar os ativos quanto a sua boa e regular utilização; assegurar aderência às diretrizes; permitir a implementação de programas, projetos e atividades, visando eficácia, eficiência e economicidade de recursos (p. 242). Procedimentos da auditoria analítica: levantamento do processo; análise dos controles internos (Documentar o fluxo do processo e elaborar planilha de risco do processo); verificação de conformidade dos processos executados; eficácia dos controles internos adotados no processo (razão de ser da auditoria analítica); identificação de melhorias para aperfeiçoamento do processo; monitoramento. A busca de um trabalho de parceria com auditado é imprescindível para que as possíveis ações corretivas sejam definidas em conjunto com a área auditada (CARVALHO, 2007, p. 243-244).

Seu grande desafio é ter de, em cada caso, optar entre a prestação de orientação às entidades jurisdicionadas ou aplicação de sanções previstas na lei. O desconhecimento da legislação é o maior fator de condenações, segundo a experiência do TCRJ: "orientar e punir, eis a questão que muito comumente se levanta sobre o papel dos Tribunais de Contas do país" (CARVALHO, 2007, p. 233).

Atualmente, há um movimento ds Tribunais de Contas, capitaneado pelo TCU e inspirando nos estudos da OCDE, que priorisa o fortalecimento da governança e que pressupõe, dentre outras coisas, o fortalecimento dos sistemas de controle interno nas organizações públicas.

### 3.4.6 Controle exercido sobre a Administração Pública pela sociedade

O estudo da crise de efetividade do parlamento no cumprimento de suas funções institucionais é antigo. Quando o assunto se refere ao exercício regular de sua função de controle da administração pública é velha a queixa de que o Poder Legislativo estaria em crise. No caso brasileiro atual, a crise funcional do parlamento não só atinge sua função fiscalizadora, como também sua função legislativa. Veiga Filho (1906) aponta-nos a resposta dada pelo professor belga Cobden-Club sobre o tema do controle da administração pelo parlamento:

> Para que o systema de fiscalização estabelecido theoricamente pela constituição e pelas leis, se torne realidade, deveria o ministério ser tirado da minoria do parlamento, sendo a oposição real e effectiva. Assim a questão do imposto seria discutida sem transacções e as despezas perfeitamente estudadas e examinadas em suas particularidades (VEIGA FILHO, 1906, p. 43-44).

Como já analisado no capítulo 1, à medida que o Legislativo, por meio da democracia representativa, não consegue fazer chegar as demandas da cidadania para os gestores, cresce o movimento – juntamente com a chegada da CRFB/1988 e da reforma gerencial de 1995 – que promoveu uma convergência de interesses. Se de um lado havia uma crescente preocupação da sociedade com o controle social da administração pública, que por muitos anos tinha se apresentado como um opressor, de outro começou a se formar uma disposição crescente na área pública (agentes políticos e burocracia) para aceitar e reconhecer maior controle social e participação da sociedade na escolha e implementação das políticas públicas (SPINK; TEIXEIRA, 2007).

> "O que eram antes responsabilidades específicas e exclusivas das burocracias técnicas e profissionais governamentais logo começaram a ser vistas como responsabilidades mais amplas da sociedade, onde as instituições políticas têm seu papel, mas não de maneira monopolista" (SPINK; TEIXEIRA, 2007, p. 43).

Na conjuntura que se arrasta desde 2008, de crise fiscal dos países a causar efeitos mundiais, em que a carência de recursos financeiros deixa o Estado com dificuldades para sustentar a economia e garantir o desenvolvimento; o controle social torna-se uma alavanca fundamental para apontar novos rumos de ação. Na atualidade, o controle social também está direcionado para a política fiscal. A transparência e a participação popular são elementos fundamentais para o seu exercício no processo orçamentário e dão as condições para propor, acompanhar, avaliar e controlar a ação dos Gestores Públicos (MILESKI, 2003, p. 156).

> A transparência e a participação popular na gestão fiscal têm formação idealizada e inspirada no accountability, devendo servir para um controle de resultados e de adequação dos meios utilizados para o cumprimento da política fiscal, sem descurar do controle sobre o uso inadequado da discricionariedade (MILESKI, 2003, p. 153).

Interessante à proposta de Lúcia do Valle Figueiredo (1994), para quem o controle popular é um tipo de controle interno com participação do administrado.

A participação social fortalece a democracia,[187] complementa os mecanismos da democracia representativa com aqueles derivados da

---

[187] Conceito peculiar de participação social em Bresser Pereira (1998): "O controle do estado, entretanto, será necessariamente antecedido e complementado pelo controle social direto, derivado do poder dos conselhos de administração constituídos pela sociedade. E o controle do mercado se materializará na eventual cobrança de serviços prestados e principalmente na competição entre as entidades. Dessa forma, a sociedade estará

democracia direta (BRELÀZ; ALVES; FORANAZARI, 2007, p. 104). Os constituintes entenderam, portanto, que o regime político brasileiro deveria ser uma democracia semidireta, combinando elementos de participação indireta (representação) e de participação direta.

> [...] podemos propor que as mudanças em curso em relação ao controle social têm origem em três vertentes, às vezes de maneira singular, às vezes plural. A primeira é quando há um encontro de interesses entre governo e sociedade civil, em que governantes e governados firmam um pacto para tratar coletivamente e de maneira horizontal a gestão do interesse público. A segunda ocorre de dentro para fora, quando o administrador público toma a iniciativa de abrir canais de participação social e passa a estimular a sociedade para que tais espaços sejam não apenas ocupados, mas se constituam em um espaço institucional de recepção e produção de interesse público. A terceira, de fora para dentro, faz o caminho inverso da anterior. A sociedade civil organizada pressiona o poder público e se mobiliza para que os espaços de protagonismo social junto a administração pública venham ser criados (SPINK; TEIXEIRA, 2007, p. 52).
> [...] já por controle social entende-se a existência de mecanismos formais (consultivos ou deliberativos) existentes na esfera pública, cujos objetivos são, para além do momento eleitoral: fiscalizar ações governamentais nas mais diversas áreas e de formas distintas; interceder abertamente quanto à formulação e implementação de políticas públicas; e canalizar opiniões e interesses dos grupos politicamente organizados em determinado tema com o objetivo de ouvi-los quanto à execução de políticas. Em outras palavras, controle social diz respeito à possibilidade de o Estado (que não é neutro, embora objetive a igualdade jurídico-política e socioeconômica) ser controlado pelos mais diversos grupos sociais que conflitam na sociedade (FONSECA; BEUTTENMULLER, 2007, p. 75, grifo nosso).

Dentre as teorias do controle social está a de Dahl (1997, p. 32), da qual erige o conceito de poliarquia como sendo uma espécie de aproximação imperfeita de um modelo ideal (o democrático), no qual há a democratização das instituições políticas, com transparência a ponto de que todos possam obter as mesmas informações sobre as alternativas possíveis e ainda participar das decisões, como também contestá-las (FONSECA; BEUTTENMULLER, 2007, p. 82).

---

permanentemente atestando a validade dos serviços prestados, ao mesmo tempo em que se estabelecerá um sistema de parceria ou de cogestão entre o estado e a sociedade civil" (BRESSER PEREIRA, 1998).

Norberto Bobbio define o governo da democracia como sendo "o governo do poder público em público" (1986, p. 84) que nos remete à ideia de que a participação somente é possível quando há transparência. Isso também vale para o controle, possível somente quando é dado o conhecimento dos atos administrativos. Atos secretos não convivem bem com a ideia de controle, nem tão pouco com a de democracia, não obstante o modelo democrático os aceite em casos excepcionalíssimos. E falta de controle não convive bem com democracia.

Assim, os observatórios locais de políticas públicas[188] são resultantes da ação de instituições da sociedade politicamente organizada, que coleta, produz e dissemina informações estratégicas para subsidiar a atuação de atores sociais em políticas públicas específicas. Essas instituições derivam de uma confluência de vários fatores: (i) desenvolvimento das tecnologias de informação e comunicação; (ii) articulação de grupos em rede; (iii) necessidade de acesso à informação qualificada; (iv) crescimento da participação cidadã; e (v) maior organização de atores sociais que reivindicam maior acesso à informação pública (FONSECA; BEUTTENMULLER, 2007, p. 87).

O processo de produção de informações nos observatórios pode gerar conhecimento complementar e alternativas aos dados oficiais (FONSECA; BEUTTENMULLER, 2007, p. 89). "Os atores sociais, municiados dessas informações, estão, dessa forma, mais preparados para realizar o controle das ações dos governos" (FONSECA; BEUTTENMULLER, 2007, p. 90).

---

[188] "Apesar de ainda não haver um consenso sobre o que seria um observatório de políticas públicas, a análise do GUO pode evidenciar alguns aspectos e funções dos observatórios, ou seja: A) avaliar situações e evidências e publicar análises e boletins para informar e subsidiar negociações e decisões; b) assessorar atores sociais a melhorarem a coleta, gerenciamento, análise e uso da informação na formulação das políticas públicas mais efetivas; c) estimular processos de consulta que sejam amplamente distribuídos com vistas a identificar quais demandas por informação existem; d) prover informação e análises a todos os *stakeholdes* para uma participação mais efetiva no processo de tomada de decisão (note-se aqui a proximidade com a perspectiva da poliarquia); e) compartilhar informação, conhecimento e *expertise*, utilizando modernas Tecnologias de Informação e Comunicação; f) permitir o funcionamento em rede para compartilhar informação sobre a implementação da Agenda Habitat e agenda 21; g) melhorar o fluxo e a troca de informações relacionadas às políticas públicas; e h) capacitar autoridades e lideranças locais para a implementação de determinada agenda de compromissos e políticas" (FONSECA; BEUTTENMULLER, 2007, p. 89).

Importantes conquistas da sociedade brasileira inseridas na Constituição de 1988 estão relacionadas ao aparecimento dos primeiros observatórios locais de políticas públicas: (i) as leis de acesso à informação; (ii) criação dos conselhos gestores de políticas públicas, abrindo assim, espaços institucionais para a participação; e (iii) mecanismos de participação nos Planos Diretores Municipais (FONSECA; BEUTTENMULLER, 2007, p. 92).

Quanto à classificação das organizações da sociedade civil,[189] estas podem ser definidas como "operacionais" e de "*advocacy*". As organizações operacionais são aquelas tipicamente provedoras de serviços, como educação e saúde, entre outros. Já as organizações de *advocacy* são aquelas que trabalham, primeiro, nos corredores dos órgãos governamentais fazendo *lobby* e as organizações internacionais. (BRELÀZ; ALVES; FORANAZARI, 2007, p. 109).

> Advocacy envolve identificar, adotar e promover uma causa. É um esforço para moldar a percepção pública ou conseguir alguma mudança, seja através de lei ou não (AVNER, 2002) [...] pode ser para indivíduos, para populações específicas ou causas, para o próprio interesse de uma organização ou setor, ou para amplos benefícios de interesse público (BORIS; KREHELY; 2003)[190] (BRELÀZ; ALVES; FORANAZARI, 2007, p. 111).
>
> Estudos na área da Administração Pública e da Ciência Política indicam que os grupos de interesse possuem uma influência significativa no processo decisório de instituições públicas. A influência de um grupo de interesse é maior quando maior for o acesso ao administrador público e quanto maior a percepção do administrador da importância desse grupo de interesse em relação a outros atores do ambiente organizacional (NICHOLSON-CROTTY, 2004) (BRELÀZ; ALVES; FORANAZARI, 2007, p. 113).

No Brasil, a atividade de *lobby* ainda não está regulamentada, o que é um atraso no sentido de regulamentar novas formas de interface e coparticipação na relação cidadão e Estado. A regulamentação dessa atividade deve deixar clara para a sociedade

---

[189] VAN TUIL, Peter. NGO's and human rights: sources of justice and democracy. *Journal of International Affairs*, v. 52, n. 2, p. 493-512, 1999 apud BRELÀZ; ALVES; FORANAZARI (2007).

[190] Boris, Elizabeth T.; KREHELY, Jeff. Civic participation and advocacy. In: LESTER, M. Salamon. *The state of nonprofit America*. Washington, C.C.: Brookings Institution Press, 2002 apud BRELÀZ; ALVES; FORANAZARI (2007).

quem é o lobista, que interesses representam e quais os impactos gerais dessas demandas para a sociedade.

Um avanço recente e fundamental para a ampliação dos mecanismos de controle dos atos administrativos pela sociedade foi a promulgação da Lei de Acesso à Informação, Lei nº 12.527/2011; sem informação qualificada não há controle. Essa transparência tem de ocorrer com o acesso à informação, que deve ser feito de forma simples e compreensível.

> Se a sociedade não consegue enxergar as informações que estão cristalizadas nas estatísticas e nas cartografias produzidas sobre a cidade, a qualidade da participação decai (BIZELLI; ALVES, 2007, p. 273).
> Mas será realmente exato que o povo conseguiu finalmente conhecer as atribuições a que o obrigam e o emprego real que lhes é dado? – A sinceridade impõe resposta negativa. Balanços e orçamentos modernos permanecem para a grande massa dos contribuintes, para a impressa e para a maior parte do parlamento numa região sombria, mysteriosa e cheia de sorpresas. (DAVID CAMPISTA – 1905. Parecer sobre projeto do Código da Contabilidade Pública publicado no Jornal do Commercio de 31 de dezembro de 1905 apud VEIGA FILHO, 1906, p. 43 nota de rodapé n. 2).

Para investir na capacidade de resolver problemas da Administração Pública, ganha importância à discussão sobre valores éticos que norteiam suas ações, assim como a de seus agentes. As esferas técnicas redesenham seus compromissos perante a representação popular e assumem um papel pedagógico diante da população (BIZELLI; ALVES, 2007, p. 282).

> Não há imparcialidade possível. Os técnicos são simuladores de possibilidades, mas perdem o controle sobre a totalidade da decisão. Acentua-se o caráter pedagógico de sua atuação: explicitam o conjunto de soluções prováveis, criam cenários, coletam e transmitem informações com transparência, e os participantes avaliam e decidem segundo suas conveniências, que podem ser econômicas, sociais, ambientais, simbólicas, culturais etc.
> O interesse técnico também é legítimo, mas deve ser manifesto como tal. É legítima, portanto, a defesa técnica ideológica de princípios, desde que explícita no contexto da participação, no qual as demais alternativas estejam presentes. Desarmar o argumento de autoridade é, porém, tarefa que ainda irá consumir muito esforço. Não devemos esquecer, no entanto, que as "leituras técnicas" estão subordinadas a "leituras comunitárias", e não o contrário (BIZELLI; ALVES, 2007, p. 282).

Ser cidadão ainda pressupõe a existência de deveres; ser agente fomentador da cidadania, cumprir as normas aprovadas coletivamente e, ao votar, fazer parte do governo, direta ou indiretamente, inclusive, fiscalizando os atos de gestão dos administradores públicos (TCE, 2001, p. 49).

Qualquer cidadão, partido político, associação ou sindicato tem direito de denunciar atos ilegais, ilegítimos e antieconômicos praticados por administradores públicos ou ainda irregularidades em processo licitatório. Para tanto, basta que o faça de forma clara e objetiva, acompanhada de indício de prova, com nome legível, assinatura do denunciante, sua qualificação e endereço. A exigência da qualificação e do endereço tem sido mitigada em alguns orgãos públicos, considerando-se a necessidade e animportancia da colaborção da sociedade no combate de atos ilícitos que afetam a probidade administrativa e o patrimônio público.

Ademais, o cidadão tem direito de requerer certidões relacionadas a decisões adotadas em processos apreciados pelo Tribunal (art. 5, XXXIV, b da CF). Há ainda a possibilidade de participação nas sessões abertas ao público (Tribunal Pleno).[191]

É possível ter acesso aos sites dos órgãos, os quais apresentam vários dados, inclusive a composição do órgão, jurisprudência, andamento de processos, disponibilidade de dados de gestão, pautas de sessões, resultados de consultas, relatórios de contas e dados econômicos.

Os institutos de contas promovem cursos e cartilhas voltados à educação para a cidadania e o controle. Produzem ainda indicadores e periódicos sobre a gestão, com o objetivo de orientar os administradores. Todas as instituições públicas mantêm um setor de comunicação social, geralmente denominado Ascom, que tem o dever de oferecer informações gerais sobre o órgão na forma de *releases*, contatos com a imprensa, *clipping*, assessoramento e publicações (TCE, 2001).

O controle social tem assento na regra insculpida no art. 5º, XXXV, da Magna Carta Federal, e pode ser dar diretamente por meio de imposição de sanções morais ou reputacionais e de sanções

---

[191] Geralmente sessões administrativas são reservadas, bem como as que tiverem declarado o sigilo nos termos da legislação vigente. O sigilo sempre deverá ser motivado. Tipos de sessão dos Tribunais de Contas: (i) ordinárias; (ii) extraordinárias; (iii) especiais ou solenes e (v) administrativas (TCE, 2001, p. 60).

políticas, como a não recondução à função pública pela via do voto. Há também o exercício de controle social indireto, quanto às vias de sanção, e não do exercício do controle. São meios para o exercício do controle social do patrimônio econômico do Estado: (i) abertura das contas do município aos cidadãos (art. 31,§3º da CF); (ii) direito de petição (art. 5º, XXXIV, a da CF); (iii) ação popular (Art. 5º, LXXX); (iv) iniciativa popular de leis e referendo (art. 14, III; 27, §4º; 29, XI; 61, §2º; 49, XV); (v) plebiscito (art. 14, I e 18, §§3º e 4º da CF); (vi) participação em colegiados de órgãos públicos (art. 10 da CF); (vii) planejamento público (art. 29, XII da CF); (viii) seguridade social (art. 194, §único, VII da CF); (ix) ensino público (art. 206, VI da CF); (x) reclamações relativas à prestação de serviços (art. 37, §3º); (xi) denúncia de irregularidades perante o Tribunal de Contas (art. 74,§2º); (xii) divulgação mensal do montante de tributo arrecadado (art. 162 da CF); (xiii) publicação em até 30 dias de relatório de execução orçamentária de cada bimestre (art. 162 e 165,§3º da CF), (xiii) realização de denúncias junto às polícias, CGU e Ouvidorias; e (xiv) participação em audiências públicas.

Em termos de vias processuais, a partir das quais o controle social pode ser viabilizado, servem: (i) mandado de segurança individual e coletivo (art. 5º, LXIX, LXX, da CF/1988 e Lei nº 1.533, de 31.12.1951); (ii) ação popular (art. 5º, LXXXIII, da CF/1988 e Lei nº 4.717, de 29.06.1965); (iii) ação civil pública (art. 129, III, da CF/1988 e Lei nº 7.347, de 24.07.1985); (iv) mandado de injunção (art. 5º, LXXI, da CF/1988; (v) habeas corpus (art. 5º, LXVIII, da CF/1988); (vi) habeas data (art. 5º, LXXII, da CF/1988) e (vii) ações diretas de inconstitucionalidade por ação (art. 102, I, a c/c art. 103, ambos da CF/1988), por omissão (art. 103, §2º, da CF/1988); e (viii) ação declaratória de constitucionalidade (art. 102, I, a c/c art. 103, §4º, da CF/1988), dentre outros (COSTA, 2006, p. 49).[192]

Retomando a doutrina de Bresser Pereira (1998), é público o espaço que é de todos e para todos. É estatal o espaço ou propriedade pública que faça parte do Estado. É privada a propriedade que se volta para o lucro ou para o consumo dos indivíduos ou dos grupos. O público não estatal – para a produção de bens e

---

[192] Há ainda possibilidade expressa de controle social na Lei de Telecomunicações (Lei nº 9.472/1997), na Lei de Licitações (Lei nº 8.666/1993) e Contratos e Lei do Processo Administrativo (Lei nº 9.784/1999).

serviços sociais e científicos – é um dos mecanismos de controle social. Assim, o espaço público não estatal está dividido em entidades de controle social e organizações Públicas Não Estatais (associações comunitárias, associações de caridade, ONGs, fundações empresariais e organizações de Serviço Públicas Não Estatais) que exercerão um amplo controle sobre os atos administrativos e as políticas públicas do Estado.

O controle social é inerente ao Estado Democrático de Direito e, em matéria financeira e orçamentária, vem ganhado adjuvantes importantes para a participação cidadã em todas as etapas das políticas públicas, desde a sua concepção até o controle de seus resultados. Importante destacar, a despeito de tentativas de se legislar estritamente o modo de participação popular, que deve essa deve ser expontânea e que nenhuma regulamentação pode ser levada a cabo para difiultar o acesso do cidadão (individual ou ornagizadamente) aos mecanismos de governança presentes no Estado.

# DESAFIOS E CONCLUSÕES

O relacionamento entre Estado, sociedade e a *res publica* foi substancialmente alterado nos últimos 200 anos.

Não obstante o estudo dos mecanismos de controle do Estado não seja novidade, há ainda uma zona pouco explorada quanto aos mecanismos de controle interno, controle social e controle de eficiência, eficácia, efetividade e economicidade (4 Es) a realizar-se pelos sujeitos legitimados ao controle do patrimônio econômico do Estados, bem como de suas políticas públicas, na CRFB/1988. Nós, juristas, estamos quase sempre prontos para responder sobre a legalidade dos atos administrativos e nem sempre para responder sobre sua qualidade, tão valorizada no texto constitucional vigente.

Foram duas as hipóteses levantadas inicialmente no trabalho: inexistência de institutos formais ou falta de desenvolvimento destes para uso imediato; ou estaríamos lidando com expressões de outras áreas, apropriadas pelo Direito, e que ainda não dominamos. Confirmamos, a partir da pesquisa, a segunda hipótese, ou seja, a Constituição nos ofertou o aparelhamento e instituições adequadas para realizarmos o controle em seu sentido amplo (legitimidade e qualidade do gasto público), falta- manejar adequadamente esses conceitos e metodologias que se originam nas áreas transdisciplinares da Política, Direito, Economia e a Gestão Pública.

Para analisar o controle a ser efetivado sobre atos que causem impacto no patrimônio econômico do Estado, a partir da CRFB/1988, é participativo, sistêmico e intersubjetivo, indo além da noção de controle jurisdicional de mera legalidade clássica.

A CRFB/1988 estabeleceu que o controle sobre o patrimônio econômico e as políticas públicas do Estado deve abarcar legalidade, legitimidade e qualidade. É neste último referencial que o Poder Judiciário encontra dificuldades de avaliação, principalmente pelo prurido em macular a cláusula pétrea de separação dos poderes. Assim, historicamente, o Poder Judiciário oscila entre a imposição da autocensura ou e ânsia por se substituir ao próprio gestor público, no intuito de "materializar" os princípios constitucionalmente estabelecidos para garantia dos direitos fundamentais.

Partimos da premissa de que toda ciência deve ter um método de trabalho para apresentar o resultado de seu trabalho. O direito burocrático (no sentido neutro da palavra) cujo produto principal a ser ofertado à sociedade era "interpretar e dizer o direito" a partir da subsunção do fato à norma, atento aos princípios da hierarquia e previsão máxima de condutas no texto normativo, foi conclamado a fazer mais: analisar não só a legalidade, a compatibilidade do ato administrativo com a norma preestabelecida, mas a perquirir a legitimidade e a qualidade desses atos. Assim, o método de trabalho da Hermenêutica Jurídica, amplamente desenvolvido pelos juristas e já consolidado, não consegue aferir a qualidade do ato administrativo.

O direito ("social, societal"), filho da democracia participativa e finalística, necessita agora desenvolver um método de aferição de legitimidade e de qualidade do ato administrativo. Continuará lançando mão da hermenêutica para interpretar o texto normativo, mas ciente de sua insuficiência para dar respostas qualificadas à sociedade, pois tenderiam a não efetividade ou a excessos de intervenção do Judiciário, o que não é desejado em regimes democráticos, nos quais o desequilíbrio entre os poderes é sempre mal visto.

Para se aferir qualidade é necessário mensuração, construção de indicadores, estabelecimento de cânons, já que não são atingidos por meio de conceitos meramente normativos (filhos do método hermenêutico) de eficácia, eficiência, efetividade e economicidade.

Assim como a democracia participativa requer uma administração dialógica, também pressupõe um Direito aberto, inclusive às outras ciências, para a construção da metodologia urgente e necessária. Essa transição não é fácil e já mostra seu "Calcanhar de Aquiles", como, por exemplo, com a grande quantidade de textos doutrinários e eventos para discutir a chamada "judicialização das políticas públicas". Qual o papel do novo Poder Judiciário em matéria de controle das políticas públicas e do patrimônio econômico do Estado? Esse pano de fundo foi o que nos dirigiu a pesquisa e as conclusões ora apresentadas e que também inspirou o mais recente PL nº 8058/2014 que aponda a possibilidade de regulamentação da participação do Poder Judiciário no controle das políticas públicas.

O grande desafio das democracias modernas é a procura por metodologias que tragam a participação popular do plano teórico das normas constitucionais para o plano prático das relações entre Estado e cidadania.

A participação popular e o controle das atividades realizadas pelo Estado, bem como seus impactos nas finanças públicas e na melhoria de índices de qualidade de vida da população, dependem fortemente do aparelhamento de um sistema de controle. Sistema, como parte interconectada de sujeitos e instituições que visam a um fim. A Constituição brasileira, a despeito de todos os interesses distintos que abarcou no texto normativo, conseguiu criar esse sistema.

O sistema de controle constitucional parte de uma premissa de instrumentalização máxima da democracia participativa que, além de demandar a mera responsabilização do Estado, pressupõe a colaboração dialógica entre este e a cidadania na concepção, execução, avaliação e correção das políticas públicas.

Para colocar esse sistema em movimento de forma adequada, é necessário repensar o papel social de todos os sujeitos legitimados ao controle, desenvolver metodologias de aferição adequadas e pensar de forma colaborativa e coordenada suas atividades.

Por outro lado, a riqueza de significados da palavra controle gera uma divergência sobre qual o enfoque é mais adequado. Insistir e perpetuar o mero controle de legalidade ou suas versões modernas (legitimidade), que louvam princípios e valores sem desenvolver métodos para sua materialização sustentável, somente promove o aumento da sensação de insegurança jurídica ou de ineficácia do Poder Judiciário, e da existência de direitos fundamentais constitucionais, meramente formais.

Em termos de liberdade para o exercício do controle social, resta-nos responder: como utilizá-la? Não pode ser um mecanismo anárquico de controle, deve ser institucionalizado, mas sua institucionalização não pode ser um impedimento ao exercício de dois direitos fundamentais: o direito à boa administração e o direito de resistência.

Há alguns desafios que precisam ser superados para se alcançar os 4Es, não somente na administração, mas também no próprio sistema de controle.

O primeiro deles é ultrapassar a noção de que controle é meio de punição daquele que não adequou suas práticas à norma. Controlar os resultados inclui este passo, mas seu aspecto principal, de forma a melhorar processos, é o pedagógico, preventivo, educativo e participativo, que toma vulto nos modelos de gestão gerencial e societal atuais, plenamente abarcados pelos dispositivos da CRFB/1988. O efetivo controle evita a má gestão pública, corrige o que se manifesta abusivo ou desconforme ao Direito e pune os maus gestores, propiciando melhorias para a administração pública.

No aspecto orçamentário é necessário mudar a lógica atual, marcada pelo descompasso entre o planejamento mais geral de metas e a forma como a peça é elaborada e executada anualmente. Isso gera desconfiança sobre as emendas parlamentares e sobre o contingenciamento de despesas excessivas do Executivo. Deputados Federais comportam-se como verdadeiros "Vereadores Federais" e o Poder Legislativo perde a oportunidade de definir uma agenda programática e sistêmica de políticas governamentais de caráter nacional.

Ainda no aspecto orçamentário, juntar o controle de resultados, adequadamente realizado, com a instituição de orçamentos premiais no Brasil.

Seria importante ainda, via parlamento, ampliar o espectro de atuação da Lei da Ficha Limpa para todos os órgãos dos três Poderes, nos três níveis da federação (União, estados e municípios) independentemente das vontades dos Poderes Executivo e Legislativos locais.

Em termos estruturais, é fundamental o fortalecimento institucional dos órgãos de controle, inclusive no tocante à discrepância de remuneração existente entre os agentes da burocracia dos três Poderes.

Criar sistemas coordenados de controle interno em cada ente da federação não como um órgão a mais, e sim como Câmaras de coordenação. Ademais, os mecanismos de controle interno devem apresentar relatórios de suas atividades de forma clara e objetiva, facilitando o controle social.

Pensar na construção de um banco nacional de indicadores, de forma a viabilizar o controle de resultados. Se não houver o parâmetro, não haverá a possibilidade do "registro duplo" e a consequência lógica será a inexistência de controle de fato. Diante disso, vê-se que o grande desafio a ser superado pelo jurista é o de aceitar que o cânon não é exclusivamente a interpretação normativa dos textos legais.

Habilitar juristas e Tribunais a compreender o sentido, bem como o manejo da construção de indicadores e metas de monitoramento da administração pública (gestão por resultados e controle para resultados), no sentido de materializar os direitos fundamentais constitucionais é um desafio a ser enfrentado.

No combate à corrupção, é preciso elevar os níveis de eficácia da aplicação das normas vigentes. Isto pode ser feito (i) com o aumento dos incentivos para a denúncia de atos corruptos; (ii) com o oferecimento de recompensa aos delatores; (iii) pela elevação das penalidades para atos ilícitos; ou (iv) por meio da valorização dos servidores.

O Poder Judiciário deve adotar uma estrutura sistêmica para o controle interno, inspirada na experiência do Poder Executivo Federal, que, por largo tempo, foi responsável pelo controle interno da União e possui um sistema bem estruturado para implantar na órbita judiciária uma sistematização assemelhada, no sentido de atender ao sistema de controle preconizado na CRFB/1988 para a fiscalização contábil, financeira e orçamentária. O judiciário também deve abrir-se ao controle social do patrimônio econômico e das políticas públicas do Estado que está sob sua guarda para a prestação do serviço público de distribuição da justiça.

Ministério Público e Judiciário devem repensar seus papéis, aproximando-se mais dos gestores no sentido de conferir mais efetividade das políticas públicas. A administração dialógica também atinge a relação interinstitucional entre os órgãos do Estado. Promover uma ação integrada entre os diversos organismos de controle, com troca de informações atualizadas e confiáveis, para que o sistema funcione como retroalimentador do processo de programação e possibilite decisões mais adequadas, no que tange ao estabelecimento de prioridades e escolha do que deva ser realizado para melhor atender ao interesse público.

É importante, também, mudar a forma de composição dos Tribunais Superiores e do Tribunal de Contas, privilegiando aqueles servidores de carreira, desde que alçados a essa função por terem alcançado mérito com meios objetivos de aferição, e sempre de acordo com as regras de ingresso no serviço público.

O sistema constitucional de controle de contas é complexo e plurisubjetivo. Institucionalmente, apoia-se nos pilares dos Tribunais de Contas, Ministério Público, Poder Judiciário e controle interno stricto senso. No entanto, somente alcançará um ponto ótimo de eficiência quando houver uma ação ativa e conjunta dos outros sujeitos de direito, o que faz do controle interno e do controle social verdadeiros vetores de eficácia e efetividade do modelo gerencial de Estado adotado.

O mero controle do controle ou controle pelo controle que estávamos corriqueiramente acostumados a fazer no modo de julgar burocrático, já superado pelo texto da CRFB/1988, teve seu espaço bastante mitigado. Juridicizaram-se os 4Es. Não há julgamento possível dos 4Es sem a formulação de indicadores mutuamente pactuados. O modelo condenatório jurídico público é o modelo clássico de controle e não atende a noção finalística de convergência da eficácia interna (atendimento à vontade do gestor) e externa (desejo social), tornando-se, em termos de organização, pouco impactante. Não alcança o cerne da questão nem altera as estruturas do modelo.

Para que haja eficácia dos mecanismos de controle, é fundamental a interrelação entre os sistemas de informações contábeis com os processos de planejamento, execução e controle, assim como os sistemas de controle devem abranger a análise das variações.

O cidadão passa a exigir não só a probidade do gasto público, mas sua satisfação com o serviço prestado. Os mecanismos de controle mudam e, para isso, também tendem a crescer os mecanismos de transparência do Estado.

Assim, a natureza jurídica dos mecanismos de controle posto à disposição no cardápio constitucional poderá ser: de função, quando realizado por órgãos que componham a estrutura do Estado, e não só da administração pública; de prerrogativa, quando exercido por pessoas jurídicas fiscalizadoras externas à estrutura do Estado, ou pela Ordem dos Advogados do Brasil; e de exercício do direito fundamental, quando desempenhado diretamente pelo cidadão que não pode sofrer empecilho ou limitação desarrazoada ao seu exercício sob pena de rompimento com os princípios constitucionais da Democracia e da República.

# REFERÊNCIAS

ABRUCIO, Fernando Luiz. Trajetória Recente da Gestão Pública Brasileira: Um Balanço Crítico e a Renovação da Agenda de Reformas. *Revista de Administração Pública* [online] vol.41, p. 67-86, 2007.

ABRUCIO, Fernando Luiz. Os Avanços e os Dilemas do Modelo Pós-burocrático: a Reforma da Administração Pública à Luz da Experiência Internacional Recente. In: BRESSER PEREREIRA, Luiz Carlos; SPINK, Peter Kevin(org.). *Reforma do Estado e Administração Pública Gerencial*. Tradução Carolina Andrade. 7. ed. Rio de Janeiro: Editora FGV, 2006, p. 173-200.

ABRUCIO, Fernando Luiz; LOUREIRO, Maria Rita. Finanças Públicas, democracia e accountability. In: BIDERMAN, Ciro; ARVATE, Paulo (orgs.). *A Economia do Setor Público no Brasil*. Rio de Janeiro: Campus, 2005.

AGUIAR, Ubiratan. *Controle Externo, anotações à Jurisprudência do Tribunal de Contas da União, Temas Polêmicos*. Belo Horizonte: Fórum, 2006.

AGUIAR, Ubiratan; ALBUQUERQUE, Marcio André Santos de; MEDEIROS, Paulo Henrique Ramos. *A Administração Pública sob a Perspectiva do Controle Externo*. Belo Horizonte: Fórum, 2011.

ALBUQUERQUE, Claudiano; MEDEIROS, Márcio; FEIJÓ, Paulo Henrique. *Gestão das Finanças Públicas:* Fundamentos e Práticas de Planejamento, Orçamento e Administração Financeira com Responsabilidade Fiscal. 2. ed. Brasília: Editora Gestão Pública, 2008.

ALVES, Thiago; PASSADOR, Cláudia Souza. *Educação Pública no Brasil:* Condições de oferta, nível socioeconômico dos alunos e avaliação. 1. ed. São Paulo-SP: Annablume/Capes/Inep, 2011.

AMARAL, Diogo de Freitas do. *Curso de Direito Administrativo*. 3. ed. Coimbra: Almedina, 1998.

ANDIVIG, Jens Chr; FJELDSTAD, Odde-Hedge; AMUNDSEN, Inge; SISSENER, Tone e SOREID, Tina. *Research on corruption: a policy oriented survey*. Bergen; Oslo: NARAD, 2000. Disponível em: <http://www.icgg.org/downloads/contribution07_andvig.pdf>. Acesso em: 01 set. 2012, 16:00.

ARAUJO, Julio Cesar M. de. *Controle da atividade administrativa pelo Tribunal de Contas na Constituição de 1988*. Curitiba: Juruá, 2010.

ASSIS, Luiz Gustavo Bambini. *Processo Administrativo e Orçamento Público:* Função de Controle do Parlamento. São Paulo: Saraiva, 2012.

ATALIBA, Geraldo. *República e Constituição*. 2. ed. atual. por Rosalea Miranda Folgosi. São Paulo, 1998.

AVELLAR Hélio de Alcântara. *História Administrativa e Econômica do Brasil*. Rio de Janeiro: MEC/FENAME, 1970.

AVNER, Marcia. *The lobbying and advocacy handbook for nonprofit organizations:* shaping public policy at the state and local level. Minnesota: Amherst H. Wilder Foundation, 2002.

AYRES BRITTO, Carlos. *Discurso de Posse na Presidência do STF*. 19 abr. 2012. Disponível em: <http://veja.abril.com.br/blog/reinaldo/documentos/discurso-de-posse-na-presidencia-do-stf-de-carlos-ayres-britto/>. Acesso em: 20 abr. 2012.

AYRES BRITO, Carlos. Regime Constitucional dos Tribunais de Contas. In: SOUZA, Alfredo José de et all. *O novo Tribunal de Contas:* órgão protetor dos direitos fundamentais. 3. ed. ampl. Belo Horizonte: Fórum, 2005, p. 59 – 76.

BARBOSA, Raíssa Maria Rezende de Deus. *Os Tribunais de Contas e a moralidade administrativa*. Belo Horizonte: Fórum, 2010.

BEER, Stafford. *Cibernética e Administração Industrial*. Rio de Janeiro: Zahar, 1967.

BELLONI, I.; MAGALHÃES, H.; SOUSA, L. C. *Metodologia de Avaliação em Políticas Públicas*. São Paulo: Cortez Editora, 2000.

BERLIN, Isaiah. Two concepts of liberty, In: BERLIN, Isaiah (1969). *Four essays on liberty*. Oxford: Oxford University Press. Originalmente publicado em 1958.

BERTOLDI, Márcia Rodrigues; OLIVEIRA, Kátia Cristine Santos de Oliveira (Coods.). *Direitos Fundamentais em Construção:* Estudos em Homenagem ao Ministro Carlos Ayres Britto. Belo Horizonte: Fórum, 2010.

BIZELLI, José Luis; ALVES, José Xaídes de Sampaio. Planejamento Estatal, Gestão Participativa e Regulação do Território Urbano. In: GUEDES, A. M.; FONSECA, Francisco (org.). *Controle Social da Administração Pública, Cenários, Avanços e Dilemas no Brasil*. São Paulo: Cultura Acadêmica; Oficina Municipal. Rio de Janeiro: FGV, 2007, p. 253-284.

BLIACHERIENE, Ana Carla; SANTANA, José Lima, RIBEIRO, Renato Jorge Brown. *Direito Financeiro* (coord.). Série Universitária. São Paulo: Campus Jurídico; Rio de Janeiro: Elsevier, 2012.

BOBBIO, Norberto. *A Era dos Direitos*. Rio de Janeiro: Editora Campus, 2004.

BOBBIO, Norberto. *O Futuro da Democracia:* Uma Defesa das Regras do Jogo. Rio de Janeiro: Paz e Terra, 1986.

BOUZON, Emanuel. *As Cartas de Hamurabi*. 4. ed. Petrópolis: Vozes, 1987.

BRASIL. *Constituição (1988)*. Constituição da República Federativa do Brasil. Brasília, DF: Senado, 1988.

BRASIL. Ministério da Administração Federal e da Reforma do Estado (MARE). *Plano Diretor da Reforma do Aparelho do Estado*. Brasília, DF: Imprensa Oficial, nov. 1995.

BRASIL. Ministério da Fazenda. Secretaria do Tesouro Nacional. Portaria nº 231 de 29 de março de 2012.

BRASIL. Lei Complementar nº 64 de 18 de maio de 1990. *Diário Oficial [da] República Federativa do Brasil*, Poder Executivo, Brasília, DF, 21 mai. 1990.

BRASIL. Lei Complementar nº 135de 04 de junho de 20100. *Diário Oficial [da] República Federativa do Brasil*, Poder Executivo, Brasília, DF, 07 de jun. 2010.

BRASIL. Lei nº 8.429 de 02 de junho de 1992. *Diário Oficial [da] República Federativa do Brasil*, Poder Executivo, Brasília, DF, 02 jun. 1992.

BRASIL. Lei Complementar nº 35 de 14 de março de 1979. *Diário Oficial [da] República Federativa do Brasil*, Poder Executivo, Brasília, DF, 13 mar. 1979.

BRASIL. Decreto nº 966 A, de 07 de novembro de 1890.

BRASIL. Lei nº 10.028 de 19 de outubro de 2000. *Diário Oficial [da] República Federativa do Brasil*, Poder Executivo, Brasília, DF, 20 de out. 2008.

BRASIL. Lei nº 8.666 de 21 de junho de 1993. *Diário Oficial [da] República Federativa do Brasil*, Poder Executivo, Brasília, DF, 22 jun. 1993 e republicada em 06 jul. 1994.

BRELÁZ, Gabriela de; ALVES, Mário Aquino; FORANAZARI, Fábio Kobol. *Advocacy* das organizações da sociedade civil e controle social do Estado e da administração pública. In: GUEDES, A. M.; FONSECA, Francisco (org.). *Controle Social da Administração Pública, Cenários:* Avanços e Dilemas no Brasil. São Paulo: Cultura Acadêmica; Oficina Municipal. Rio de Janeiro: FGV, 2007.

BRESSER PEREIRA, Luiz Carlos. *Reforma do estado para a cidadania: a reforma gerencial brasileira na perspectiva internacional.* São Paulo: Editora 34; Brasília: ENAP, 1998.

BRESSER PEREIRA, Luiz Carlos; SPINK, Peter Kevin (org). *Reforma do Estado e Administração Pública Gerencial.* Tradução Carolina Andrade. 7. ed. Rio de janeiro: Editora FGV, 2006.

BRESSER PEREIRA, Luiz Carlos; WILHEIM, Jorge; SOLA, Lourdes (orgs). *Sociedade e Estado em Transformação.* São Paulo: Editora Unesp; Brasília: ENAP, 1999.

BRESSER PEREIRA, Luiz Carlos. *A Crise do Estado Ensaios sobre a Economia Brasileira.* São Paulo: Nobel, 2002.

BUCCI, Maria Paula Calari. Notas para uma metodologia jurídica de análise de políticas públicas. In: FORTINI, Cristina; ESTEVES, Júlio César dos Santos; DIAS, Maria Tereza Fonseca (Orgs). *Políticas Públicas Possibilidades e Limites.* Belo Horizonte: Fórum, 2008.

BUGARIN, Paulo Soares. *O princípio Constitucional da Economicidade na Jurisprudência do Tribunal de Constas da União.* Belo Horizonte: Fórum, 2011.

CAETANO, Marcello. *Estudos de História da Administração Pública Portuguesa.* Coimbra: Coimbra Ed., 1994.

CANO, I. *Introdução à Avaliação de Programas Sociais.* Rio de Janeiro: FGV, 2006.

CANTÚ, Césare. *História Universal.* v. I. Tradução de Savério Fittipaldi. São Paulo: Editora das Américas – Edmaris, 1963.

CARDOSO, Fernando Henrique. Prefácio. In: BRESSER PEREREIRA, Luiz Carlos. *A Crise do Estado Ensaios sobre a Economia Brasileira.* São Paulo: Nobel, 2002, p. 7-9.

CARVALHO, Luis Gustavo Grandinetti Castanho de. O Supremo Tribunal Federal Brasileiro e o Direito de Imprensa: Análise da Decisão do STF na ADPF nº 130-DF. In: BERTOLDI, Márcia Rodrigues; Oliveira, Kátia Cristine Santos de (coord.). *Direitos Fundamentais em Construção:* Estudos em Homenagem ao Ministro Carlos Ayres Britto. Belo Horizonte: Fórum, 2010.

CASSESE, Sabino. As transformações do direito administrativo do século XIX ao XXI. *Interesse Público*. Porto Alegre, ano 5, n. 24, mar./abr. de 2004.

CASTRO, Marcílio Moreira. *Dicionário de direito, economia e contabilidade*: português-inglês/inglês-português. 3. ed. Rio de Janeiro: Forense, 2010.

CASTRO, Rodrigo Pironti Aguire de. *Sistema de Controle Interno*: uma Perspectiva do Modelo de Gestão Pública Gerencial. 2. ed. Belo Horizonte: Fórum, 2008.

CAVALCANTI, Amaro. *Elementos de Finanças*: Estudo Theorico-Prático. Rio de Janeiro: Imprensa Nacional, 1896.

CENEVIVA, Ricardo; FARAH, Marta Ferreira Santos. O papel da avaliação de políticas públicas como mecanismo de controle democrático da administração pública. In: GUEDES, A. M.; FONSECA, Francisco (org.). *Controle Social da Administração Pública, Cenários, Avanços e Dilemas no Brasil*. São Paulo: Cultura Acadêmica; Oficina Municipal. Rio de Janeiro: FGV, 2007, p. 129-156.

CHEN, H.; ROSSI, P. Evaluating with sense: the theory-driven approach. Evaluation Review. *Newbury Park*, v.7, n. 3, p. 283-302, 1983.

CLAD. La *Responsabilización en La Nueva Gestión Publica Latinoamericana*. Buenos Aires: CLAD/BID, 2000.

COELLI, Tim; RAO, D. S. PRASADA; BATTESE, George E. Introdution. In: COELLI, Tim; RAO, D. S. PRASADA; BATTESE, George E. *An Introduction to Efficiency and Productivity Analysis*. Boston: Kluwer Academic Publishers, 1998, p. 1-10.

COMISSÃO DE FISCALIZAÇÃO FINANCEIRA E CONTROLE DO CONGRESSO NACIONAL. *Seminário Nacional de Fiscalização e Controle dos Recursos Públicos*. Brasília: Câmara dos Deputados, 2003.

CONDÉ, Eduardo Salomão. Política: Aprendendo a Leitura dos Sinais. In: CONDÉ, Eduardo Salomão; OLIVEIRA, Rosimar de Fátima; SCORZAFAVE, Luiz Guilherme; NICOLELLA, Alexandre. (Org.) *Políticas Educacionais e Avaliação de programas*. Volume I. Juiz de Fora: UFJF, 2011, p. 11-28.

CONDÉ, Eduardo Salomão; OLIVEIRA, Rosimar de Fátima; SCORZAFAVE, Luiz Guilherme; NICOLELLA, Alexandre. *Políticas Educacionais e Avaliação de programas*. Volume I. Juiz de Fora: UFJF, 2011.

COOPER, Cary L.; ARGYRIS, Chris (orgs). *Dicionário Enciclopédico de Administração*. Coord. Tradução por: ESTEVES, Lenita Maria Rimoli; RIMOLI, Celso Augusto. São Paulo: Atlas, 2003.

COSTA JÚNIOR, *A Legislação Simbólica Como Fator de Envenenamento do Ordenamento Jurídico Brasileiro*. Belo Horizonte: Fórum, 2011.

COSTA, F. L; CASTANHAR, J. C. Avaliação de Programas Públicos: Desafios Conceituais e Metodológicos. *Revista de Administração Pública*, Rio de Janeiro, v. 5, n. 37, p. 969-992, set-out. 2003. Disponível em: <http://unpan1.un.org/intradoc/groups/public/documents/CLAD/clad0044552.pdf>. Acesso em 16 ago. 2012.

COSTA, Luiz Bernardo Dias. *Tribunal de Contas*: Evolução e Principais Atribuições no Estado Democrático de Direito. Belo Horizonte: Fórum, 2006.

COSTA, Fernando Ferreira. Prefácio In: PEREZ, José Roberto Rus; BARREIRO, Adriana Eugênia Alvim; PASSONE, Eric (orgs). *Construindo a Ouvidoria no Brasil:* Avanços e Perspectivas. Campinas: Unicamp, 2011, p. 13-16.

COSTET, Jean. Le Contrôle Hierarchique. *Revista de Administración Publica*, México, p. 78, jan./abr. 1973.

CREIGHTON, James L. *The Public Participation Handbook:* making Better Decisions Though Citizen Involvement. Hoboken: Jossey-Bass Publisher, 2005.

CRETELLA JÚNIOR, José. *Controle Jurisdicional do Ato Administrativo.* Rio de Janeiro: Forense, 1984.

CRONBACH, L.J. *Designing evaluations of educational and social programs.* San Francisco: Jossey-Bass, 1982.

DAL POZZO, Gabriela Tomaselli Bresser Pereira. *As Funções do Tribunal de Contos e o Estado do Direito.* Belo Horizonte: Fórum, 2010.

DAHL, Robert. *Poliarquia.* São Paulo: Edusp, 1997.

DAY, Patricia; KLEIN, Rudolf. *Accountabilities:* Five public services. London and New York: Travistock, 1987.

DENHARDT, Robert B.; DENHARDT, Janet Vinzant. The New Public Service: Serving Rather than Steering. *Public Administration Review.* Arizona State University. v. 60, n. 6, nov./dec. 2000.

DI PIETRO, Maria Silvia Zanella. *Discricionariedade Administrativa na Constituição de 1988.* São Paulo: Atlas, 1991.

DINIZ, Eli. Governabilidade, governance e reforma do Estado: considerações sobre o novo paradigma. *Revista do Serviço Público*, v. 120, n. 2, p. 12-13, mai./ago. 1996.

DINIZ, Maria Helena. *Dicionário Jurídico Universitário.* São Paulo: Saraiva, 2010.

DOMINGUES, Carlos Vasconcelos. *O Controle externo e os Novos Modelos de Gestão de Serviços Públicos, as Organizações Sociais.* Salvador: tribunal de contas da Bahia, 2000.

DUTRA, Pedro Paulo de Almeida. *Controle de Empresas Estatais*: Uma Proposta de Mudança. São Paulo: 1991.

FAGUNDES Miguel Seabra. *O Controle dos atos Administrativo pelo Poder Judiciário.* 6. ed. rev. e atua. São Paulo: Saraiva, 1984.

FÉDER, João. *O Controle do Dinheiro Público.* Rio de Janeiro: Âmbito Cultural Edições, (s/a).

FIGUEIREDO, Lúcia do Valle. *Curso de Direito Administrativo.* São Paulo: Malheiros, 1994.

FIGUEIREDO, Lúcia do Valle. *Controle da Administração Pública.* São Paulo: Revista dos Tribunais, 1991.

FILHO, Gil Branco. *Dicionário de Termos de Manutenção, Confiabilidade e Qualidade.* Rio de Janeiro: Editora Ciência Moderna Ltda., 2004

FINGER, Júlio Cesar. O Direito Fundamental à Boa Administração Pública e o Princípio da Publicidade Administrativa. *Interesse Público*, Belo Horizonte, v. 11, n. 58, p. 133-143, nov./dez. 2009.

FONSECA, Francisco; BEUTTENMULLER, Gustavo. Democracia, Informação e Controle Social: Reflexões Conceituais e o Pael dos Observatórios Locais. In: GUEDES, Álvaro Martim; FONSECA, Francisco (orgs.). *Controle Social da Administração Pública:* Cenário, Avanços e Dilemas no Brasil. São Paulo: Cultura Acadêmica: Oficina Municipal; Rio de Janeiro: FGV, 2007, p. 75-102.

FONTES, Paulo Gustavo Guedes. *O Controle da Administração pelo Ministério Público.* Belo Horizonte: 2006.

FORTINI, Cristina; ESTEVES, Júlio César dos Santos; DIAS, Maria Tereza Fonseca (Orgs). *Políticas Públicas Possibilidades e Limites.* Belo Horizonte: Fórum, 2008.

FOX, Jonathan A.; BROWN, David L. Introduction. In: FOX, Jonathan A.; BROWN, David L. (Eds.). *The struggle for Accountability:* The World, NGOs and Grassroots Movements. Cambridge: The MIT Press.

FRANÇA, Phillip Gil. *O Controle da Administração Pública:* Tutela Jurisdicional, Regulação Econômica e Desenvolvimento. São Paulo: RT, 2008.

FREITAS, Juarez. O controle Social do Orçamento Público. *Revista Interesse Público*, Sapucaia do Sul, v.11/27, ano 3, jul./set. 2001.

FREITAS, Juarez. Controle dos Atos Administrativos e o Princípio da Precaução. *Revista Gestão Pública e Controle*, v. 1, n.3, p. 11-30, 2007a.

FREITAS, Juarez. Princípio da precaução e o direito fundamental à boa Administração Pública. *RDE. Revista de Direito do Estado*, n. 7, p. 201-215, 2007b.

FREITAS, Juarez. Direito Fundamental à Boa Administração Pública e o Direito Administrativo Brasileiro do Século XXI. *Del Rey Jurídica*, v. 19, p. 5-7, 2008.

FREITAS, Juarez. *Discricionariedade Administrativa e o Direito Fundamental à Boa Administração Pública.* 2. ed. São Paulo: Malheiros, 2009.

FREITAS, Juarez. *O Controle dos Atos Administrativos e os Princípios Fundamentais.* 4. ed. refundida e ampliada. São Paulo: Malheiros, 2009.

FREITAS, Juarez. Carreiras de Estado e o Direito Fundamental à Boa Administração Pública. *Interesse Público*, v. 53, p. 13-28, 2009a.

FREITAS, Juarez. *Discricionariedade Administrativa e o Direito Fundamental à Boa Administração Pública.* 2. ed. São Paulo: Malheiros Editores, 2009b.

FREITAS, Juarez. Princípio constitucional da democracia participativa, orçamento e responsabilidade fiscal. In: Ney José de Freitas. (Org.). Tribunais de Contas - Aspectos Polêmicos. *Tribunais de Contas - Aspectos Polêmicos.* Belo Horizonte: Fórum, 2009c, p. 117-135.

FREITAS, Juarez. Princípio da precaução e o direito fundamental à boa Administração Pública. In: Volvei Ivo Carlin. (Org.). *Grandes Temas de Direito Administrativo - Homenagem ao Professor Paulo Henrique Blasi.* Florianópolis: Conceito Editorial; Millennium Editora, 2009d, p. 449-465.

FREITAS, Juarez. Direito Fundamental à Boa Administração Pública e a Constitucionalização das Relações Administrativas Brasileiras. *Interesse Público*, v. 60, p. 13-24, 2010.

FREITAS, Juarez. *Sustentabilidade*: Direito ao Futuro. Belo Horizonte: Fórum, 2011.

FREITAS, Juarez. Regulação de Estado, Sustentabilidade e o Direito Fundamental à Boa Administração Pública. *Revista de Direito da Procuradoria Geral do Estado do Rio de Janeiro*, v. Especial, p. 173-185, 2012.

GABARDO, Emerson. *Interesse Público e Subsidiariedade*. Belo Horizonte: Fórum, 2009.

GARCIA, Mônica Nicida. *Responsabilidade do Agente Público*. Belo Horizonte: Fórum, 2009.

GASPARINI, Diógenes. *Direito Administrativo*. 12. ed. São Paulo: Saraiva, 2007.

GENRO, Tarso. Teses para a Criação de uma Política Democrática e Socialista. In: GENRO, T. (Coord.). *Porto da Cidadania: esquerda no governo de Porto Alegre*. Porto Alegre: Artes e Ofícios, 1997.

GIAMBIAGI, Fabio; ALÉM, Ana Cláudia. *Finanças Públicas*. *Teoria e prática no Brasil*. 4. ed., ver. e atual. São Paulo: Campus, 2011.

GIANNINI, Massimo Severo. *Derecho Administrativo*. Tradução de Luis Ortega. Madrid: Ministério para las Administraciones Publicas, 1991. v. 1.

GIORDANI, Mário Curtis. *Iniciação ao Direito Romano*. 3. ed. Rio de Janeiro: Lumen Juris, 1996.

GOMES, José Mauro. Controle sobre gastos públicos: dos processos burocráticos à participação da sociedade. In: *Anais do XVIII ENANPAD*, p. 119.

GOMES, Luis Roberto. *O Ministério Público e o Controle da Omissão Administrativa*: o Controle da Omissão Estatal no Direito Administrativo. Rio de Janeiro, Forense, 2003.

GUEDES, Álvaro Martim; FONSECA, Francisco (orgs.). *Controle social da Administração Pública*: Cenário, Avanços e Dilemas no Brasil. São Paulo: Cultura Acadêmica: Oficina Municipal; Rio de Janeiro: FGV, 2007a.

GUEDES, Álvaro Martim. A Eficiência no Gasto Público e os Dilemas de seu Controle. In: GUEDES, A. M.; FONSECA, Francisco (org.). *Controle Social da administração pública, cenários, avanços e dilemas no Brasil*. São Paulo: Cultura Acadêmica; Oficina Municipal. Rio de Janeiro: FGV, 2007b, p.187-207.

GUERRA, Sérgio. *Discricionariedade e Reflexividade*: Uma Nova Teoria sobre as Escolhas Administrativas. Belo Horizonte: Fórum, 2008.

*Guia de Ouvidorias Brasil 2011*: Consumidor Exigente, Cidadão Consciente. São Paulo: Padrão Editorial, 2011,

HABERMAS, Jürgen. *Between facts and norms*. Cambridge: The MIT Press, 1992.

ISSAI 3000/1.4. Disponível em: <http://www.issai.org/media(890,1033)/Performance_Audit_Guidelines_E.pdf>. Acesso em: 05 jun. 2012.

JACOBI, Pedro. *Políticas Sociais e Ampliação da Cidadania*. Rio de Janeiro: Editora FGV, 2000.

JACOBI, P. R. Reflexões sobre as Possibilidades de Inovação na Relação Poder Público – Sociedade Civil no Brasil. *Revista Organizações e Sociedade*, Salvador, v. 8, n. 22, p. 91-106, set./dez. 2001.

JAIN, Arvind K. Corruption: a Review. *Journal of Economics Surveys*, vol. 15, n. 1, 2001.

KELLES, Márcio Ferreira. *Controle da Administração Pública Democrática:* Tribunal de Contas no Controle da LRF. Belo Horizonte: Editora Forum, 2007.

KENNEY, Charles D. Horizontal Accountability: Concepts and Conflicts. In: MAINWARING, Scott; WELMA, Chistopher (Eds.). *Democratic accountability in Latin America.* (Oxford Studies in Democratization). Oxford: Oxford University Press, 2003.

KEOHANE, Robert O. *Global Governance and Democratic Accountability.* Unpublished paper from de Miliband Lectures, London School of Economics, Spring 2002. Disponível em: <http://unpan1.un.org/intradoc/groups/public/documents/apcity/unpan034133.pdf>. Acesso em: 15 de ago. 2012.

KETTL, Donald F. A Revolução Global: Reforma da Administração do Setor Público. In: BRESSER PERERE IRA, Luiz Carlos; SPINK, Peter Kevin (org). *Reforma do Estado e Administração Pública Gerencial.* Tradução Carolina Andrade. 7. ed. Rio de Janeiro: Editora FGV, 2006, p. 75-122.

KLITGAARD, Robert. *A Corrupção sob Controle.* Rio de Janeiro Jorge Zahar, 1994.

LEACH, William D. Collaborative Public Management and Democracy: Evidence from Western Watershed Partnerships. *Public Administration Review.* v. 66, Issue Supplement s1, p. 100–110, Dec. 2006.

LEAL, Estado, *Administração Pública e Sociedade:* Novos Paradigmas. Porto Alegre: Livraria do Advogado, 2006.

LEVY, Evelyn. Controle Social e Controle de Resultados: Um Balanço dos Argumentos a Experiência Recente. In: BRESSER PEREIRA, Luiz Carlos; CUNILL GRAU, Nuria (Orgs). *O Público Não-Estatal na Reforma do Estado.* Rio de Janeiro: Editora FGV, 1999.

LONGMAN. *Dictionary of contemporary English*: The complete guide to written and spoken English. Third Edition. Barcelona: Longman Group Ltd, 1995.

LOUREIRO, Maria Rita. *Os Economistas no Governo*: Gestão Econômica e Democracia. Rio de Janeiro: Fundação Getúlio Vargas, 1997.

MACEDO JUNIOR, Ronaldo Porto. A evolução institucional do Ministério Público Brasileiro. In: Maria Tereza Sadek. (Org.). *Uma introdução ao Estudo da Justiça.* São Paulo: Editora Sumaré, 1995, v. 1, p. 39-52.

MACEDO JUNIOR, Ronaldo Porto. A Evolução Institucional do Ministério Público Brasileiro. In: FERRAZ, Antônio Augusto Camargo. (Org.). *Ministério Público*: Instituição e Processo. 1. ed. São Paulo: Atlas, 1997, v. 1, p. 35-64.

MACIEL, Felipe Guatimosim. *O controle da corrupção no Brasil.* [S.l.: s.n.], 2005. Disponível em: <https://bvc.cgu.gov.br/bitstream/123456789/2662/1/o_controle_da_corrupcao.pdf>. Acesso em: 14 jul. 2012.

MACHADO, Antonio Claudio da Costa. *A intervenção do Ministério Público no Processo Civil Brasileiro.* São Paulo: Saraiva, 1989, p. 17-18.

MACHADO, José de Ambrosio Pinheiro; DUARTE, Silvio; SILVA, Vera Lucia Rodrigues da. A Implantação de Ouvidorias Públicas e Privadas: Modelo de Gestão por Processos. In: PEREZ, José Roberto Rus; BARREIRO, Adriana Eugênia Alvim; PASSONE, Eric (orgs). Construindo a Ouvidoria no Brasil: Avanços e Perspectivas. Campinas: Unicamp, 2011, p. 145-166.

MAINWARING, Scott; WELMA, Chistopher (Eds.). *Democratic accountability in Latin America*. (Oxford Studies in Democratization). Oxford: Oxford University Press, 2003.

MARQUES, Verônica Teixeira. Democracia e Participação como Direito. In: BERTOLDI, Márcia Rodrigues; Oliveira, Kátia Cristine Santos de (coord.). *Direitos Fundamentais em Construção*: Estudos em Homenagem ao Ministro Carlos Ayres Britto. Belo Horizonte: Fórum, 2010.

MATIAS-PEREIRA, J. *Finanças Públicas*: a Política Orçamentária no Brasil. São Paulo: Atlas, 2006.

MARINHO, A; FAÇANHA, L. O. *Programas Sociais*: efetividade, eficiência e eficácia como dimensões operacionais da avaliação. Texto para discussão n. 787. Rio de Janeiro: IPEA, 2001. Disponível em:<http://www.ipea.gov.br/pub/td/td_2001/td0787.pdf>. Acesso em: 16 ago. 2012.

MARTIN, L. *Reforma da Administração Pública e Cultura Política no Brasil: Uma Visão Geral*. Cadernos ENAP, n. 8, Brasília: ENAP, 1995.

MARTINS, Carlos Estevam. Governabilidade e controles. *Revista de Administração Pública*. Rio de Janeiro, vol. 23, n. 1.

MARTINS, Fernando Rodrigo. *Controle do Patrimônio Público*. São Paulo: RT, 2000.

MARTINS, Luciano. Reforma da Administração Pública e Cultura Política no Brasil: Uma Visão Geral. *Cadernos ENAP*, Brasília, n. 8. 1997.

MARTINS JÚNIOR, Wallace Paiva. *Controle da Administração Pública pelo Ministério Público*: Ministério Público Defensor do Povo. São Paulo: Juarez de Oliveira, 2002.

MARTINS, Roseane Silva. *Modernização do sistema de controle interno no Brasil:* a importância do controle concomitante. Dissertação (Mestrado em Administração), Universidade de Brasília, Brasília, 1997.

MAZZILLI, Hugo Nigro. *O Ministério Público na Constituição de 1988*. São Paulo: Saraiva, 1989.

MEDAUAR, Odete. *Controle da Administração Pública*. São Paulo: RT, 1993.

MEDAUAR, Odete. *Direito Administrativo em Evolução*. São Paulo: Revista dos Tribunais, 1992, p. 204-205.

MEDAUAR, Odete. *Direito Administrativo Moderno*. 14. ed. São Paulo: Ed. Revista dos Tribunais, 2010.

MEIRELES, Hely Lopes. *Direito Administrativo Brasileiro*. 20. ed. São Paulo: Malheiros, 1995.

MELLO Junior, João Cancio de. *A Função de Controle dos Atos da Administração Pública pelo Ministério Público*. Belo Horizonte: Líder Cultura Jurídica, 2001.

MENDES, Marcos (org.). *Gasto Público Eficiente*: 91 Propostas para o Desenvolvimento do Brasil. São Paulo: Instituto Braudel; Rio de Janeiro: Topbooks, 2006.

MEZZOMO KEINERT, T. M. *Administração Pública no Brasil*: Crises e Mudanças de Paradigmas. São Paulo: Annablume, Fapesp, 2000.

MILESKI, Helio Saul. *O Controle da Gestão Pública*. São Paulo: Editora Revista dos Tribunais, 2003.

MORAES, Antonio Carlos Flores de. *Legalidade, Eficiência e Controle da Administração Pública*. Belo Horizonte: Fórum, 2007.

MOREIRA ALVES, José Carlos. *Direito Romano*. 10. ed. Rio de Janeiro: Forense, 1997. v. 1

MOREIRA, João Batista Gomes. *Direito Administrativo da Rigidez Autoritária à Flexibilidade Democrática*. 2. ed. ver. atual. e ampl. Belo Horizonte: Fórum, 2010.

MOREIRA NETO, Diogo de Figueiredo. *Curso de Direito Administrativo*: Parte Introdutória, Parte Geral, Parte Especial. 15. ed. rev. refund. e atual. Rio de Janeiro: Forense, 2009.

MOREIRA NETO, Diogo de Figueredo. *Quatro Paradigmas do Direito Administrativo Pós-Moderno*. Belo Horizonte: Fórum, 2008.

MORIN, Edgar, *A cabeça bem-feita*: repensar a reforma, reformar o pensamento. Tradução Eloá Jacobina. 8. ed. Rio de Janeiro: Bertrand Brasil, 2003.

MOTTA, P. R. Avaliação da administração pública: eficiência, eficácia e efetividade. In: *Projeto "um novo Estado para São Paulo"*. São Paulo: FUNDAP, 1992. p. 172-212.

NICOLELLA, Alexandre; SCORZAFAVE, Luiz Guilherme. Indicadores e Medidas Educacionais no Brasil. In: CONDÉ, Eduardo Salomão; OLIVEIRA, Rosimar de Fátima; SCORZAFAVE, Luiz Guilherme; NICOLELLA, Alexandre. *Políticas Educacionais e Avaliação de Programas*. v. 1. Juiz de Fora: UFJF, 2011, p. 65-87.

NICHOLSON-CROTTY, Sean; NICHOLSON-CROTTY, Jill. Interest group influence on managerial priorities in public organizations. *Journal of public administration research and theory*, v. 14, n. 4, oct. 2004.

NOGUEIRA, M. A. *As possibilidades da política*. São Paulo: Paz e Terra, 1998.

NUNES, Edson. *A Gramática Política do Brasil*: Clientelismo e Insulamento Burocrático. 2. ed. Rio De Janeiro: Jorge Zahar; Brasília: ENAP, 1999.

O'DONNELL, Guilhermo. Polyarchies and the rule of Law in Latin America: a partial conclusion. In: MENDES, Juan; ___. Horizontal accountability: the legal institutionalization of mistrust. In: MAINWARING, Scott; Welma, Christoper (Eds.). *Democratic accountability in Latin America*. (Oxford Studies in Democratization). Oxford: Oxford University Press, 2003.

O'DONNELL, Guilhermo. Accountability Horizontal e as Novas Poliarquias. *Lua Nova*, São Paulo, n. 44. P.27-54, 1998.

O'DONNELL, Guilhermo; PINHEIRO, Paulo Sergio (eds.) *The (un)rule of Law and the underprivileged in Latin America*. Notre Dame: University of Notre Dame Press, 1999.

OKERSON, Ronald J. Governance structures for Enhancing Accountability and Responsiveness. In: PERRY, James L. (Ed.). *Handbook of Public Administration*. San Francisco: Jossey-Bass Publishers, 1998.

OLIVEIRA, Antonio Benedito Silva Oliveira. *Controladoria Governamental, Governança e Controle Econômico na Implementação das Políticas Públicas*. São Paulo: Atlas, 2010.

OLIVEIRA, Gustavo Justino. Responsabilidade Civil do Estado: Reflexões a Partir do Direito Fundamental à Boa Administração Pública. *Revista de Administração Municipal*, v. 54, n. 267, p. 60-68, jul;/set. 2008.

OLIVEIRA, Gustavo Justino; VARESCHINI, Julieta Lopes. Administração Pública

Brasileira e os 20 Anos da Constituição de 1988: Momentos de predomínio das Sujeições Constitucionais em Face do direito Fundamental a Boa Administração Pública. *Revista JML de Licitações e Contratos*, v. 3, n. 10, p. 20-30, mar. 2009.

OLIVEIRA, Regis Fernandes de. Instrumentos Brasileiros de Defesa e Participação dos atos da administração. *Revista dos Tribunais*, São Paulo, n. 677.p. 82-94, mar. 1992.

OLIVEIRA, Régis Fernandes. *Ato administrativo*. 5. ed. São Paulo: Revista dos Tribunais, 2007.

OLIVEIRA, Régis Fernandes. *Gastos Públicos*. São Paulo: RT, 2012.

OLIVEIRA, Régis Fernandes. *Curso de Direito Financeiro*. 3. ed. São Paulo: RT, 2010.

OLIVEIRA, Régis Fernandes. *Curso de Direito Financeiro*. 4. ed. São Paulo: RT, 2011.

OLIVEIRA FILHO, João de. O Ombudsman Parlamentar. *Revista de Informação Legislativa*, Brasília, n. 67, p. 122-126 jul./set. 1980.

OLIVIERI, Cecília. *A lógica política do Controle Interno, o Monitoramento das Políticas Públicas no Presidencialismo Brasileiro*. São Paulo: Anna Blumen, 2010.

OSBORN, David; GAEBLER, Ted. *Reinventing Government*: How the Entrepreneurial Spirit is Transforming the Public Sector. New York: Plume, 1992.

PALU, Oswaldo Luiz. *Controle dos Atos de Governo pela Jurisdição*. São Paulo: RT, 2004.

PASSADOR, C. S. *A Educação Rural no Brasil:* O Caso da Escola do Campo no Paraná. São Paulo: Annablume, 2006.

PASSADOR, C. S. *Observações sobre Educação no Campo e Desenvolvimento no Brasil*. Tese de livre-docência. Faculdade de Economia, Administração e Contabilidade/USP, 2012.

PAUL, Samuel. Accountability in Public Service: Exit, Voice and Control. *World Development*, v. 29, n. 7, p. 1047-1060, jul. 2002.

PAULA. A. P. P. Administração pública brasileira entre o gerencialismo e a gestão social. *Revista de Administração de Empresas*, São Paulo, v. 45, p. 37-53, jan./mar. 2005a.

PAULA. A. P. P. *Por uma nova gestão pública*: limites e potencialidades da experiência contemporânea. Rio de Janeiro: FGV, 2005b.

PAUPÉRIO, Arthur Machado. *Teoria Democrática da Resistência*. Coleção Teoria Democrática do Poder. v. 3. 3. ed. Rio de Janeiro: Forense Universitária, 1997.

PEREIRA, Cláudia Fernanda de Oliveira (org.). *Controle Externo, Temas Polêmicos na Visão do Ministério Público de Contas*. Belo Horizonte: Fórum, 2008.

PEREIRA DE BARROS, José Maurício Fernandes. *Apontamentos de Direito Financeiro Brasileiro*. Rio de Janeiro: (s/ed.) 1855.

PEREZ, José Roberto Rus; BARREIRO, Adriana Eugênia Alvim; PASSONE, Eric (orgs). *Construindo a Ouvidoria no Brasil:* Avanços e Perspectivas. Campinas: Unicamp, 2011.

PETENATE, Ademir José. Gestão e Melhoria de Processos. In: PEREZ, José Roberto Rus; BARREIRO, Adriana Eugênia Alvim; PASSONE, Eric (orgs). *Construindo a Ouvidoria no Brasil:* Avanços e Perspectivas. Campinas: Unicamp, 2011, p. 43-58.

PIRES, Luis Manuel Fonseca. *Controle Judicial da Discricionariedade Administrativa*: dos Conceitos Jurídicos Indeterminados às Políticas Públicas. São Paulo: Campus; Rio de Janeiro: Elsevier, 2009.

PIRES, Valdemir. Controle Social da Administração Pública: Entre o Político e o Econômico. In: GUEDES, Álvaro Martim; FONSECA, Francisco (orgs.). *Controle social da Administração Pública:* Cenário, Avanços e Dilemas no Brasil. São Paulo: Cultura Acadêmica: Oficina Municipal; Rio de Janeiro: FGV, 2007, p. 17-42.

POLLITT, Christopher; SUMMA, Hilkka. Auditoria operacional e reforma da administração pública. In: POLLITT, Christopher; GIRE, Xavier; LONSDALE, Jeremy; MUL, Robert; SUMMA, Hilkka; WAERNESS, Marit. *Desempenho ou Legalidade*: Auditoria Operacional e de Gestão Pública em Cinco Países. Belo Horizonte: Fórum, 2008.

PRAZERES, Paulo Mundin. *Dicionário de Termos de Qualidade*. São Paulo: Atlas, 1996.

REZENDE, Fernando; CUNHA, Armando (org). *Disciplina Fiscal e Qualidade do gasto Público*: Fundamento da Reforma Orçamentária. Rio de Janeiro: Editora FGV, 2005.

ROCHA, Ronald Fontanele. *Direito Democrático de Resistência*. Belo Horizonte, 2010.

ROSENFIELD, Denis. *A Ética na Política*. São Paulo: Editora Brasiliense, 1992.

ROSSI, P.; FREEMAN, H. *Evaluation:* A Systematic Approach. 5. ed. Newbury Park: Sage, 1993.

SADER, Eder. *Quando os Novos Personagens Entram em Cena*: Experiências e Lutas dos Trabalhadores na Grande São Paulo. Rio de Janeiro: Paz e Terra, 1988.

SANTOS, Reginaldo Souza (org). *Administração Pública para o Desenvolvimento do Brasil*. São Paulo: Hucitec, 2010.

SANTOS, Jair Lima. *Tribunal de Contas da União e Controle Estatal e Social da Administração Pública*. Curitiba: 2005.

SARLET, Ingo Wolfgang. *A administração Pública e os Direitos Fundamentais*. Disponível em: <http://www.trf4.jus.br/trf4/upload/arquivos/emagis_atividades/ingowolfgangsarlet.pdf> Acesso em: 14 jul. 2012.

SCHWARTZMAN, S. *Bases do autoritarismo brasileiro*. Rio de Janeiro: Campus, 1982.

SCORZAFAVE, Luiz Guilherme; NICOLELLA, Alexandre. Avaliação de Impacto e Monitoramento de Políticas Educacionais. In: CONDÉ, Eduardo Salomão; OLIVEIRA, Rosimar de Fátima; SCORZAFAVE, Luiz Guilherme; NICOLELLA, Alexandre. *Políticas Educacionais e Avaliação de Programas*. v. 1. Juiz de Fora: UFJF, 2011.

SHAH, Anwar (org.). Participatory Budgeting. *Public Sector Governance and Accountability Series*. Washington D.C.: The World Bank, 2007.

SILVA, P. L. B; COSTA, N. R. Avaliação de políticas públicas na América do Sul. A avaliação de programas públicos: uma estratégia de análise. In: V Congreso Internacional Del Clad Sobre La Reforma Del Estado Y De La Administración Pública. *Anais do X Congreso Internacional del CLAD*. Santo Domingo, República Dominicana, 24-27 de oct. 2000. Disponível em: <http://unpan1.un.org/intradoc/groups/public/documents/clad/clad0038402.pdf>. Acesso em: 16 ago. 2012.

SILVA, P. L. B; MELO, M. A. B. O Processo de Implementação de Políticas Públicas no Brasil: Características e Determinantes da Avaliação de Programas e Projetos. V CONGRESO INTERNACIONAL DEL CLAD SOBRE LA REFORMA DEL ESTADO Y DE LA ADMINISTRACIÓN PÚBLICA. *Anais do X Congreso Internacional del CLAD,* Santo Domingo, República Dominicana, 24-27 de oct. 2000. Disponível em: <http://www.nepp.unicamp.br/d.php?f=42>. Acesso em 16/08/2012.

SIRAQUE, Vanderlei. *Controle Social da Função Administrativa do Estado:* Possibilidades e Limites na Constituição de 1988. 2. ed. São Paulo: Saraiva, 2009.

SMULOVITZ, Catalina; PERUZZOTTI, Henrique. Societal Accountability in Latin America. *Journal of Democracy*, n. 11, 4:147-58, 2000.

SOBRAL DE SOUZA, Patrícia Veronica Nunes Carvalho. *Corrupção e Improbidade Críticas e Controle.* Belo Horizonte: Fórum, 2011.

SOUZA, Alfredo José de et alli. *O novo Tribunal de Contas:* Órgão Protetor dos Direitos Fundamentais. 3 ed. ver. e ampl. Belo Horizonte: Fórum, 2005.

SOUZA SANTOS, B. A reinvenção solidária e participativa do Estado. In: BRESSER-PEREIRA, L. C.; WILHEIM, J.; SOLA, L. *Sociedade e Estado em Transformação.* São Paulo: Unesp; Brasília: ENAP, 1999.

SPECK, B. W. *Curso de Aperfeiçoamento em Ouvidoria Públicas e Privadas no Brasil.* Curso Ministrado em Campinas: Instituto de Economia da Unicamp, 2008. .

SPINK, P. *Avaliação democrática: propostas e práticas.* (Coleção Abia: Fundamentos de avaliação). n. 3. Rio de Janeiro: Abia, 2001.

SPINK, Peter; TEIXEIRA, Antonio. A disponibilidade de ser controlado: o controle social da administração pública visto com base no programa gestão pública e cidadania. In: GUEDES, A. M. (org.); FONSECA, Francisco (org.). *Controle Social da Administração Pública:* Cenários, Avanços e Dilemas no Brasil. São Paulo: Cultura Acadêmica; Oficina Municipal. Rio de Janeiro: FGV, 2007, p. 43-74.

TÁCITO, Caio. O Controle da Administração e a Nova Constituição do Brasil. *Revista de Direito Administrativo*, out/dez., 1967.

TÁCITO, Caio. *Curso de Direito Administrativo.* 1. ed. São Paulo: Saraiva, 1975.

TAVARES, José F. F. Relações entre Órgãos de Controle Interno e Externo. In: Souza at all. *O Novo Tribunal de Contas:* Órgão Protetor dos Direitos Fundamentais. 3. ed. ver. e ampl. Belo Horizonte: Fórum, 2005.

TCESC. *Controle Público e Cidadania.* Florianópolis: TCE, 2001.

TCU. Prêmio Serzedello Correia 2001. *Perspectivas para o Controle Social e Transparência da Administração Pública.* Monografias Vencedoras. 2001

TCU. *Manual de Auditoria Operacional.* Portaria-Segecex nº 4, de 26 de fevereiro de 2010, Secretaria-Geral. Boletim do Tribunal de Contas. Ano XLIII - Nº 4. Brasília, 19 de março de 2010 - <Disponível em: http://portal2.tcu.gov.br/portal/page/portal/TCU/comunidades/fiscalizacao_controle/normas_auditoria/BTCU_ESPECIAL_04_de_19_03_2010_Manual_de_Auditoria_de_Na.pdf>. Acesso em: 18 jul. 2012.

TCU. *Normas de Auditoria do Tribunal de Contas da União.* Revisão Junho de 2011. Brasília, 5 de julho de 2011 - Ano XLIV - Nº 12. Disponível em: <http://portal2.tcu.gov.br/portal/page/portal/TCU/comunidades/fiscalizacao_controle/normas_auditoria/BTCU-ESPECIAL-12-de-05-07-2011%20Normas%20de%20Auditoria.pdf>. Acesso em: 13 jun. 2012.

TENÓRIO, Fernando G. Inovando com Democracia, Ainda Uma Utopia. *Revista De Administração Pública*, v. 33, n.6, p. 229-38, nov./dez. 1999

THE WORLD BANK. *The Quality of Growth*. 2000. Disponível em: < http://www-wds. worldbank.org/external/default/WDSContentServer/WDSP/IB/2000/10/07/000094946_0 0092205320345/Rendered/PDF/multi_page.pdf>. Acesso em: 14 jul. 2012.

THE WORLD BANK. *Governance: The World's Bank Experience (Development in Practice)*. 1992. Disponível em: <http://www-wds.worldbank.org/external/default/ WDSContentServer/WDSP/IB/1994/05/01/000009265_3970716142854/Rendered/PDF/ multi0page.pdf>. Acesso em: 14 jul. 2012.

THE WORLD BANK. Strengthening World Bank group engagement on governance and anti-corruption. 2007, p. 67. Disponível em: <http://www-wds.worldbank.org/external/ default/WDSContentServer/WDSP/IB/2007/03/22/000090341_20070322092529/Rendered/ PDF/39179.pdf>. Acesso em: 14 jul. 2012.

TREVISAN, Antonio Marmo; CHIZZOTTI, Antonio; LANHEZ, João Alberto; CHIZZOTTI, José; VERILLO, Josmar. *O Combate à Corrupção nas Prefeituras do Brasil*. Cotia: Ateliê Editorial, 2004.

TORRES, M. D. F. *Estado, democracia e administração pública no Brasil*. Rio de Janeiro: FGV, 2004.

União Europeia. *Carta de Nice*. Disponível em: <http://www.europarl.europa.eu/charter/ default_pt.htm>. Acesso em: 14 jul, 2012.

UNICEF. *Guide for Monitoring and Evaluation*. New York: Unicef, 1990. Disponível em:< http://preval.org/documentos/00473.pdf>. Acesso em: 16 ago. 2012.

VALLE, Vanice Regina Lírio do. Direito Fundamental à Boa Administração, Políticas Públicas Eficientes e a Prevenção do Desgoverno. *Interesse Público*, v. 48, p. 87-110, 2008.

VALLE, Vanice Regina Lírio do. *Direito Fundamental à Boa Administração e Governança*. Belo Horizonte: Fórum, 2011.

VEIGA FILHO, João Pedro da. *Manual da Sciencia das Finanças*. 2. ed. (s/c): (s/ed.), 1906.

VIANNA, Hélio. *História do Brasil*. 12. ed. São Paulo: Malheiros; Editora da Universidade de São Paulo, 1975.

VISMONA, Edson Luiz. A Evolução das Ouvidorias no Brasil. In: PEREZ, José Roberto Rus; BARREIRO, Adriana Eugênia Alvim; PASSONE, Eric. *Construindo a Ouvidoria no Brasil – Avanços e Perspectivas*. Campinas: Unicamp, 2011, p.31-42.

WAHRLICH, Beatriz Marques de Souza. A Reforma Administrativa no Brasil: Experiência Anterior, Situação atual e Perspectivas. Uma Apreciação Geral. *Revista de Administração Pública*, v.18, n. 1, jan. 1984.

WEBER, Max. *Os Fundamentos da Organização Burocrática*. 3. ed. Rio de Janeiro: Zahar, 1976.

ZIMLER, Benjamin. *Direito Administrativo e Controle*. 2. ed. Belo Horizonte: Fórum, 2010.

"Esta obra foi composta em fonte Palatino Linotype, corpo 10,5
e impressa em papel Offset 75g (miolo) e Supremo 250g (capa)
pela Gráfica e Editora Laser Plus, em Belo Horizonte/MG."